Découvertes

Passerelle

Lehrerbuch

5

von
Mirja Ebertz
Britta Jung
Dieter Kunert
Ute Rellecke
Antje Schmidt

unter Mitarbeit von
Kristin Bernstein

Ernst Klett Verlag
Stuttgart · Leipzig

I Allgemeiner Teil

II Übersichten

III Lektionsbezogener Teil

IV Anhang

1. Ziele und Adressaten des Lehrwerks

Découvertes ist ein Unterrichtswerk für Französisch als zweite Fremdsprache an Gymnasien und verwandten Schulformen.
Es erscheint als einheitliche Ausgabe für alle Bundesländer und berücksichtigt deren spezifische Lehrplanvorgaben. Pensen, die nicht in allen Bundesländern verbindlich behandelt werden müssen, sind durch eckige Klammern ausgewiesen. Generell als fakultativ zu betrachtende Inhalte sind durch Spitzklammern kenntlich gemacht. Die einzelnen Bände sind jeweils als Jahrgangsbände konzipiert, d. h. ihre Durchnahme ist innerhalb eines Schuljahres machbar. Band 5 ist für drei Wochenstunden konzipiert und erfordert ca. 90–120 Unterrichtsstunden. Mit dem Sekundarabschluss I schafft *Découvertes* die sprachlichen, methodischen und inhaltlichen Voraussetzungen für das Niveau B1 des **G**emeinsamen **e**uropäischen **R**eferenzrahmens (GeR) und bereitet auf die Arbeit in der Sekundarstufe II vor. Die Vermittlung eines authentischen, an realen Kommunikationssituationen orientierten Französisch ist Ziel des Lehrwerks, wobei die Schülerinnen und Schüler von Anfang an dazu ermuntert werden, eigene Erfahrungen einzubringen und ihren Lernprozess zu reflektieren und zu evaluieren.

2. Didaktisch-methodische Leitlinien

In *Découvertes* werden Prinzipien der aktuellen Französischdidaktik berücksichtigt, von denen die wichtigsten kurz im Hinblick auf ihre Umsetzung im Lehrwerk erläutert werden.

2.1 Schülerorientierung

Die Schülerinnen und Schüler können an vielen Stellen des Lehrgangs ihr sprachliches und weltliches Vorwissen einbringen und neuen Lernstoff damit verbinden. Auch die Identifizierung mit der Sichtweise französischer Jugendlicher erleichtert den Lernprozess. Die Lektionstexte sind abwechslungsreich, humorvoll und spannend geschrieben; außerdem bieten sie Konfliktpunkte, die zu unterschiedlichen Stellungnahmen herausfordern. Es wird ein altersgemäßer Zugang zur französischen Sprache vermittelt.

2.2 Handlungsorientierung

Découvertes bietet den Schülerinnen und Schülern in zahlreichen Aktivitäten und Übungen Möglichkeiten zu sprachlichem Handeln an. Sprachliche Redemittel werden stets situativ eingeführt und geübt. Viele Übungen sind ganzheitlich angelegt, d. h. sie sprechen sowohl den logisch-rationalen als auch den affektiv-kreativen Bereich an. Einen besonderen Stellenwert nehmen kreativitätsfördernde Aktivitäten ein, die zum Verfassen von Geschichten oder situativen Dialogen anregen, nicht ohne den Schülerinnen und Schülern entsprechende Hilfestellungen zu geben.

2.3 Prozessorientierung

Die Reflexion über den individuellen Lernprozess (Was kann ich schon? Was muss ich noch lernen? Wie kann ich am besten lernen?) begleitet das Lehrwerk an vielen Stellen. Damit einher geht der Aufbau von Sprachbewusstsein, das durch das selbstständige Erkennen neuer grammatischer Strukturen, durch das eigenständige Zusammenstellen von Wortschatz und durch das Reflektieren von Verstehens- und Produktionsprozessen gefördert wird.

2.4 Selbstständiges Lernen, Selbstevaluation und Lernerautonomie

Die Entwicklung von Selbstständigkeit und in Teilen von Selbstverantwortlichkeit in Bezug auf den Lernprozess ist ein besonderes Anliegen von *Découvertes*. Vor allem die Lernstrategien, die im Rahmen der *Stratégie*-Übungen fest in den Lektionen verankert sind, befähigen die Schülerinnen und Schüler durch den Aufbau von Lernwissen zu eigenverantwortlichem Lernen und Arbeiten. Übungen zur Selbstkontrolle (die Lösungen befinden sich am Ende des Schülerbuchs) und zur Überprüfung des Methodenwissens *(Savoir faire)* geben den Schülerinnen und Schülern Rückmeldungen zu ihrem Lernerfolg. Auch das *Cahier d'activités* bietet in regelmäßigen Abständen die Möglichkeit zur eigenständigen Leistungsüberprüfung.
Im *Cahier d'activités* werden zudem in Form von Bögen zur *Auto-Evaluation* nach den Dossiers 3 und 5 Angebote zur kriterienorientierten Selbsteinschätzung des erreichten Lernstands unterbreitet. Auch die Idee eines Französisch-Dossiers wird aufgegriffen. Die Schülerinnen und Schüler werden dazu angeregt, ihre schönsten Ergebnisse (Collagen, Gedichte etc.) aus dem Französischunterricht in einer Mappe zu sammeln. Entsprechende SB- und CdA-Übungen sind mit dem Symbol ♥ gekennzeichnet. Die *Auto-Evaluation* und das Französisch-Dossier können als Elemente eines Sprachenportfolios genutzt werden.
Gelegentlich angebotene, themenorientierte Projekte (Übungstyp *Projet*) stärken das eigenverantwortliche Arbeiten innerhalb eines Teams.

2.5 Autentizität

Im progressionstragenden Lektionstext sowie in den Übungen werden authentische Inhalte, französische Sehenswürdigkeiten, französische Feste und Gebräuche, kulturelle und geographische Besonderheiten Frankreichs sowie Aspekte der *Civilisation quotidienne* dargeboten. Als authentische Materialien kommen *Bandes dessinées*, Chansons, Gedichte, Websites, Werbung, Romanauszüge, Zeitungsartikel usw. zum Einsatz.

2.6 Hinführung zur Mehrsprachigkeit

Da Französisch als zweite Fremdsprache gelernt wird, wird systematisch sprachliches Vorwissen aus dem Englischen und der Muttersprache bei der Erschließung von Wort- und Textbedeutung sowie bei der Bewusstmachung von Sprachkontrasten genutzt.
Im Laufe der Jahrgangsbände werden die vor- und nachgelernten Sprachen aufeinander bezogen. Die Funktion von Französisch als „Brückensprache" vor allem zum Spanischen oder Italienischen wird besonders im Vokabelbereich verdeutlicht. Durch die im Lehrwerk intendierte Förderung des Sprach- und Sprachlernbewusstseins wird ein Beitrag zum lebenslangen Fremdsprachenlernen geleistet.

2.7 Integration internationaler Standards

Mit dem **G**emeinsamen **e**uropäischen **R**eferenzrahmen für Sprachen (GeR) steht ein europaweit anerkanntes Instrument zur Beschreibung sprachlicher Kompetenzen zur Verfügung, das in vielen Lehrplänen und Beschreibungen von Bildungsstandards seinen Niederschlag gefunden hat.
In *Découvertes* Band 5 werden Kompetenzen aufgebaut, die dem Niveau B 1 des Referenzrahmens zuzuordnen sind.
Zur Verdeutlichung werden hier exemplarisch einige B 1-Kompetenzen aufgelistet, über die die Schülerinnen und Schüler am Ende des Schuljahres verfügen:

	Hören	Lesen	Sprechen	Schreiben
B1	Hauptpunkten einer längeren Diskussion folgen, wenn deutlich gesprochen und Standardsprache verwendet wird und wenn es um vertraute Themen wie Arbeit, Schule und Hobbies geht. (z. B. Cda, C2, Ex. 5) Die Wesentlichen Inhalte in Sendungen über bekannte Themen verstehen (z. B. Cda, D3, Ex. 9)	Einfache Texte verstehen, deren Themen sich mit meinen Interessen decken (z. B. SB C2, Autour du texte, S. 68) Die Beschreibung von Ereignissen, Gefühlen und Wünschen in persönlichen Briefen gut verstehen (z. B. SB D3, Autour du texte, S. 30)	Mit den meisten Situationen während einer Reise in einer Region zurechtkommen (z. B. SB C2B, S. 70) Ohne Vorbereitung an einem Gespräch über vertraute Themen teilnehmen (z. B. SB D2C, Ex. 3) Über Erfahrungen, Ereignisse, Träume, Hoffnungen und Ziele erzählen (z. B. SB D2C, S. 24) Die Handlung eines Buches, eines Films erzählen und seine Meinung ausdrücken (z. B. SB D3B, Ex. 3)	Unterschiedliche Ideen und Lösungsmöglichkeiten für ein Problem gegeneinander abwägen (z. B. SB D3A, S. 30) Informationen und Argumente aus unterschiedlichen Quellen zusammenfassen. (z. B. SB D4D, Ex. 3) Über Ursachen, Folgen und hypothetische Situationen spekulieren (z. B. SB D2C, Ex. 3)

Die Deskriptoren des GeR bilden in schülerverständlicher Sprache auch das Grundgerüst für die Auto-Evaluationsbögen des *Cahier d'activités*.

Auf das Sprachzertifikat *DELF (Diplôme d'études en langue française)*, dessen geforderte kommunikative Kompetenzen und Progression sich ebenfalls am Referenzrahmen orientieren, wird langfristig ab dem ersten Band im Schülerbuch und auch im *Cahier d'activités* durch zahlreiche, besonders gekennzeichnete Übungen vorbereitet.

3. Lernbereiche und Lerninhalte

3.1 Themen und Situationen

Im fünften Band wird in jedem Dossier und jedem Modul (A la carte) eine andere Situation dargestellt.

Dossier/Modul	Handlungsort	Themenschwerpunkt
Dossier 1	Bretagne	Jugendkultur: Liebe/Freundschaft
Dossier 2	Vorstädte	Integration
Dossier 3	Rombly/Lyon	Stadt/Land Vor-/Nachteile
Dossier 4	Draguignan/Berlin	Deutschland/Frankreich
Dossier 5	Amerika/Afrika	Die frankophone Welt

Dossier/Modul	Handlungsort	Themenschwerpunkt
A la carte 1	–	Information/Medien
A la carte 2	Pyrenäen	Natur/Umwelt/Technik
A la carte 3	–	Frz. Revolution/19. + 20. Jh.
A la carte 4	–	Erwachsenwerden/seinen Weg finden

3.2 Wortschatz und Redemittel

Sprachlich orientiert sich das Lehrwerk am *français standard*. Gelegentlich werden Registerunterschiede zum *français familier* und zur Jugendsprache thematisiert.
Orthographische Vereinfachungen und Toleranzen werden berücksichtigt, soweit sie Eingang in das Wörterbuch *Le Petit Robert de la langue française* (2006) gefunden haben. Bei Korrekturen im Sinne einer größeren Fehlertoleranz kann die vom *Conseil supérieur de la langue française* erarbeitete Liste der *rectifications orthographiques* herangezogen werden. Sie ist im Internet unter der Adresse http://www.orthographe-recommandee.info/ (Adresse gültig zum Zeitpunkt der Drucklegung, Angabe ohne Gewähr) zu finden. Diese Liste enthält Modifikationen, die aber keinen normativen Charakter haben. Sowohl die alte Schreibweise als auch die neuen Empfehlungen sind korrekt. Folgende Wörter aus *Découvertes 1, 2, 3, 4* und *5* sind von den *Tolérances* betroffen:

Schreibweise in Découvertes	Tolérances
zusammengesetzte Zahlen **ohne** Bindestrich: p.ex.: vingt et un, deux cents	zusammengesetzte Zahlen **mit** Bindestrich p.ex.: vingt-et-un, deux-cents
des après-midi (I,4) des sous-marin (II,1)	des après-midis des sous-marins
sûrement (II,4) sûr (II, 3A) connaître (II, 3A) goûter (II,5) une chaîne (II,6) coûter (II,7)	surement sur connaitre gouter une chaine couter
un porte-monnaie (I,5) un week-end (I,7) un porte-bonheur (II,9; III,2)	un portemonnaie un weekend un portebonheur

Die Vermittlung des Wortschatzes erfolgt nach thematischen Schwerpunkten und gemäß den Erfordernissen motivierender Lektionstexte. Die Auswahl orientiert sich dabei an der Häufigkeit und Nützlichkeit der Wendungen.
Découvertes unterscheidet zwischen einem produktiven (aktiven) Lernwortschatz, der in den obligatorischen Dossiers vermittelt wird, und einem rezeptiven (passiven) Wortschatz und Fachwortschatz, der in den fakultativen Modulen (A la carte) annotiert wurde.
Mit dem Übungstyp *Mot à mot* werden gesonderte Wortschatzübungen angeboten, darüber hinaus wird in einer Vielzahl von Übungen der neue Wortschatz umgewälzt und lexikalische und grammatische Pensen sinnvoll miteinander verbunden.
Im lektionsbegleitenden Vokabular am Ende des Schülerbuchs werden neue Wörter häufig in Kollokationen vermittelt. Auf Unterschiede und Gemeinsamkeiten zum Deutschen und zu anderen Fremdsprachen (Englisch, Spanisch, Italienisch) wird gesondert hingewiesen.
In den Modulen werden Wörter, deren Bedeutung die Schüler selbst erschließen können, weder auf der jeweiligen Seite als Fußnote noch im Vokabular aufgeführt.

Jeder Lektion sind kommunikative Schwerpunkte zugewiesen, die im Inhaltsverzeichnis aufgelistet werden. Im Übungsteil jeder Lektion findet sich ein *„Pour parler de ...“*, der Redemittel zu einem bestimmten Kommunikationsziel anbietet. Außerdem steht im Vokabular am Ende des Schülerbuchs eine Sammlung von Redemitteln zu Klassenraumaktivitäten.

3.3 Grammatik

Das Grammatische Beiheft zu *Découvertes* folgt dem induktiven Prinzip: es knüpft zunächst an das schon Bekannte an, führt das jeweilige grammatische Thema mit Beispielen ein, aus denen sich die anschließenden Regeln ableiten. Am Ende jedes Dossiers können die Lerner ihr Verständnis des Stoffs in der Rubrik *Tout compris?* selbstständig überprüfen, die Lösungen dazu befinden sich im Anhang. Die Zeichenfigur des Victor unterstützt den Lernprozess mit prägnanten Beispielen, Merksprüchen sowie Hinweisen auf Fehlerquellen und mögliche Verwechslungen. Darüber hinaus gibt es das Wesentliche auf einen Blick zusammengefasst in griffigen Überblickskästen. Der Révisions-Teil im Anhang fasst die wichtigsten Grammatikphänomene – auch der vorausgegangenen Bände – noch einmal systematisch und übersichtlich zusammen und bietet eine Übersicht über die Verbkonjugationen.

3.4 Sprachproduktive Fertigkeiten: Aussprache, Sprechen, Schreiben, Sprachmittlung

Die produktiven Grundfertigkeiten Sprechen und Schreiben werden systematisch und kontinuierlich geschult. Der kommunikativen Ausrichtung des Lehrwerks wird durch einen speziellen Übungstyp *(Communiquer)* und durch Partner- und Gruppenarbeitsformen Rechnung getragen. Die *Pour parler de…*-Kästen vermitteln Redemittel für die unterschiedlichsten Kommunikationssituationen. Auch im *Cahier d'activités* wird dieser Punkt aufgegriffen und (z. B. in den Tandembögen) vertieft. Die Sprachmittlung wird überwiegend in *Transmettre*-Übungen trainiert. Die Schreibfertigkeit wird durch viele schriftliche Übungen (Übungstyp *Ecrire*) gefördert, ein besonderer Akzent liegt auf dem kreativen Schreiben.

3.5 Sprachrezeptive Fertigkeiten: Hörverstehen, Hörsehverstehen, Leseverstehen

Die rezeptiven Fertigkeiten werden in *Découvertes* gegenüber früheren Lehrwerken deutlich gestärkt. Vor allem das Hörverstehen (Übungstyp *Ecouter*) wird durch eine große Bandbreite von Tondokumenten unterschiedlichster Art trainiert. Das Hörsehverstehen kann vor allem mit Videoclips, die sich auf der Lehrer-CD befinden geschult werden. Einige Hörverstehensübungen gehen über den rezeptiven Bereich hinaus und fordern die Lerner zu einer produktiven Stellungnahme (mündlich oder schriftlich) auf. Das Leseverstehen wird durch spezielle Lesetexte in Form von Fachtexten, Blogs, Briefen, Tabellen, Porträts, Comics usw. aufgebaut. In diesem Rahmen wird auch der aus lernpsychologischer Sicht wichtige Umgang mit Verstehenslücken und Kompensationsstrategien trainiert. Zusätzliche längere Lesetexte werden in der Rubrik *Textes supplémentaires* am Ende des Schülerbuches angeboten.

3.6 Interkulturelles Lernen und Landeskunde

Interkulturelles und landeskundliches Wissen im Bereich der *Civilisation quotidienne* wird zunächst in den Lektionstexten selbst dargeboten und dann in den Übungen vertieft. Auf diese Weise lernen die Schülerinnen und Schüler Frankreich kennen, erhalten Informationen über verschiedene Regionen Frankreichs, über den französischen Schulalltag, Essen und Trinken, über Jugendkultur, um nur einige Beispiele zu nennen.
Für die Hand des Lehrers/der Lehrerin bietet das Lehrerbuch weitergehende Sachinformationen. *En France*-Kästen im *Vocabulaire* bringen landeskundliche Informationen in gebündelter Form zu den in den Lektionen und Modulen behandelten Regionen. Eine Weltkarte, eine linguistische Karte Frankreichs, sowie eine Afrika-Karte sind im Innenumschlag des Schülerbuchs abgedruckt.

3.7 Lernstrategien

Unter diesem Begriff werden eine Reihe von Lern- und Arbeitstechniken zusammengefasst, die in den Bereichen Verstehen, Produzieren und Überarbeiten von Texten, Wortschatz und Verständigung zum Einsatz kommen. In Band 5 bietet *Découvertes* folgende Lernstrategien:

D 1: Techniken der Texterschließung; **D 2**: Die Kommunikation aufrecht erhalten; **D 3**: Hörsehverstehen: die Filmsprache verstehen; **D 4**: Eine Bewerbung schreiben; **D 5**: Präsentieren, Arbeiten mit Nachschlagewerken und Grammatiken; **C 1**: Sich auf die DELF-Prüfung vorbereiten; **C 2**: Eine Debatte durchführen; **C 3**: Umgang mit dem einsprachigen Wörterbuch; **C 4**: Zwischen Sprachregistern bewusst unterscheiden

4. Aufbau des Lehrwerks

4.1 Schülerbuch

Das Schülerbuch umfasst **5 Dossiers und 4 Module (A la carte)**, von denen die Lektionen für alle Bundesländer obligatorisch sind. Die Module sind nur für einzelne Bundesländer und für Österreich verbindlich. Die Lektionen und Module sind mehrteilig. Sie alle haben ein Oberthema (z. B. *Jugendkultur, Integration, Stadt/Land, ...*)

Die **Struktur jeder Lektion** gliedert sich in folgende Einzelteile:
- Eine *Auftaktseite*, (großformatiges Foto mit kleinem sprachlichen Input, z. B. Impulsfragen oder auf das Lektionsthema einstimmende Hintergrundäußerungen.)
- Drei, bzw. vier progressionstragende Sequenzen *(Texte A, B, C, D)* Vor jeder Textsequenz steht mindestens eine Approche-Aufgabe, die die S für das jeweilige Thema sensibilisieren soll.
- Drei, bzw. vier Übungsteile *(Pratique)* mit vielfältigem Übungsangebot zu Grammatik, Wortschatz, Aussprache und Lernstrategien. Es werden sowohl Sach- als auch Sozial- und Methodenkompetenz geschult, die nach den jeweiligen Textsequenzen zu finden sind.

Übungen und Wiederholungen nehmen in *Découvertes* breiten Raum ein. Es gibt eine Bandbreite sowohl geschlossener als auch halboffener und kreativer Übungsformen. Die Übungen sind durchgehend in einen inhaltlichen Kontext eingebunden und ebenfalls Träger von Handlungselementen oder landeskundlichen Informationen. Auf Grund der unterschiedlichen Lehrplananforderungen der Bundesländer gibt es Übungen, die für einige Länder fakultativ, für andere wiederum obligatorisch sind. Diese lassen sich auch zur Binnendifferenzierung einsetzen.

Folgende Übungstypen treten auf:
- *Autour du texte:* Überprüfung des Textverstehens
- *Au-delà du texte:* Erweiterung des Horizonts gegenüber vom Text
- *S'exercer:* Grammatikübung zu einem Einzelpensum
- *Réviser:* Wiederholung
- *Mot à mot:* Wortschatzübung
- *Pour parler de...:* Angebot von Redemitteln und anschließender Übung
- *Ecouter:* Übung zum Hörverstehen
- *Son et image:* Übung zum Hörsehverstehen
- *Ecrire:* Übung zum Schreiben
- *Transmettre:* Sprachmittlung
- *Communiquer:* Spezielles Kommunikationstraining
- *Projet:* ein mehrere Schulstunden umfassendes themenorientiertes Projekt
- *Stratégie:* Einführung und Übung einer Lernstrategie/Lern- und Arbeitstechnik
- *Savoir faire:* Übung zur Vertiefung der jeweiligen Lernstrategie der Lektion
- *Internet-Übungen:* Sie sind durch das Symbol „WWW" gekennzeichnet und verweisen auf Internetseiten bzw. Links auf unserer Homepage: www.klett.de → „Découvertes-Online"

Das **Lektionsvokabular** ist dreispaltig aufgebaut: Neben der französischen und der deutschen Bedeutung werden in der mittleren Spalte Lernhilfen, Kollokationen, situative Anwendungen und Hinweise auf andere Sprachen gegeben. Wiederholungskästchen zu Redemitteln, Wortfeldern und Verbkonjugationen, Lerntipps zum Vokabellernen sowie landeskundliche Informationen finden sich ebenfalls im *Vocabulaire*.

Die kumulative ***Liste des mots*** am Ende des Schülerbuchs ist alphabetisch geordnet und führt die Wörter aus *Découvertes* Band 1, 2, 3, 4 und 5 auf. Die *Liste des mots* gibt neben der deutschen Bedeutung und der Phonetik das erstmalige Vorkommen eines Begriffes in einer Lektion an. Eine sich daran anschließende deutsch-französische **Wortliste** führt die wichtigsten Lernwörter aus *Découvertes* Band 1, 2, 3, 4 und 5 auf. Nicht enthalten ist der fakultative Wortschatz.

Im **Anhang** befinden sich ein Klassenraumvokabular, Lösungen zu den Auto-évaluation-Übungen, zusätzliche Lesetexte und Strategien.

4.2 Cahier d'activités

Das farbige *Cahier d'activités* ergänzt den Übungsapparat des Schülerbuchs. Die hier angebotenen Übungen sind sowohl für Hausaufgaben als auch für den unterrichtlichen Einsatz gedacht. Neben den bewährten Übungsformen des Schülerbuchs kommen hinzu:
- Selbstevaluations-Bögen *(Auto-évaluation)* nach den Dossiers 3 und 5. Die Schülerinnen und Schüler können mithilfe dieser Bögen selbstständig herausfinden, welchen Lernstand sie erreicht haben. Die Kompetenzbeschreibungen orientieren sich am **GeR**.
- Selbstkontrollübungen *(Auto-contrôle)* am Ende jeder Lektion, die eine eigenständige Überprüfung der wichtigsten Lektionspensen ermöglichen. Dieser Übungstyp kann von den Schülerinnen und Schülern auch gezielt zur Vorbereitung auf Leistungsüberprüfungen genutzt werden.
- Tandembögen, bei denen in Partnerarbeit und gegenseitiger Kontrolle lexikalische oder grammatische Pensen geübt werden.
- Das Methodentraining wird durch *Savoir faire*-Übungen fortgesetzt, in denen die in den *Stratégie*-Übungen des Schülerbuchs vermittelten Lernstrategien zur Anwendung kommen.

Aussagen zu Differenzierungsmöglichkeiten werden in der Lehrerausgabe des *Cahier d'activités* und im Lehrerbuch gemacht. Dort weist das Symbol ▲ auf eine höhere Schwierigkeitsstufe hin. Die Lehrerausgabe des *Cahier d'activités* enthält außerdem die Lösungen zu den geschlossenen Aufgabentypen. Lösungsvorschläge zu freien, kreativen Aufgabenstellungen befinden sich im Lehrerbuch.

4.3 Grammatisches Beiheft

Das Grammatische Beiheft zu *Découvertes* folgt dem induktiven Prinzip: es knüpft zunächst an das schon Bekannte an, führt das jeweilige grammatische Thema mit Beispielen ein, aus denen sich die anschließenden Regeln ableiten. Die Beispiele sind so angelegt, dass man die Regel häufig selbst erschließen kann, bevor man sie durchliest. Fast alle Paragrafen beginnen mit einer Illustration, um die Verwendung des grammatischen Phänomens in einer Alltagssituation zu zeigen. Am Ende jedes Dossiers können die Lerner ihr Verständnis des Stoffs in der Rubrik *Tout compris?* selbstständig überprüfen, die Lösungen dazu befinden sich im Anhang. Die Zeichenfigur des Victor unterstützt den Lernprozess mit prägnanten Beispielen, Merksprüchen sowie Hinweisen auf Fehlerquellen und mögliche Verwechslungen. Darüber hinaus gibt es das Wesentliche auf einen Blick zusammengefasst in griffigen Überblickskästen. Der Révisions-Teil im Anhang fasst die wichtigsten Grammatikphänomene – auch der vorausgegangenen Bände – noch einmal systematisch und übersichtlich zusammen und bietet eine Übersicht über die Verbkonjugationen.

4.4 Weitere Unterrichtsmedien

CD
Auf der Schüler-CD befinden sich die Lektionstexte, Chansons und die Hörverstehenstexte des *Cahier d'activités*. Die Lehrer-CD enthält die Hörverstehenstexte aus dem Schülerbuch sowie 2 Videoclips zum Hörsehverstehen.

Folien
Die insgesamt 27 Folien beinhalten die meisten Abbildungen zu den Lektionstexten, zusätzliche Bildergeschichten und Transfer-Folien und eine. Konkrete Hinweise zum Einsatz der Folien im Unterricht (Einstimmung in die Lektionen, Text- und Wortschatzerarbeitung, Einführung und Festigung von grammatischen und kommunikativen Inhalten etc.) werden im Lehrerbuch an den entsprechenden Stellen gegeben.

Standardaufgaben
Die Standardaufgaben in Form von Kopiervorlagen und einer beiliegenden Audio-CD ermöglichen eine objektive Überprüfung von Lernzielen und sichern die Basiskompetenzen *Ecouter*, *Parler*, *Communiquer*, *Lire* und *Ecrire* ab. Hinweise zu den jeweils im Mittelpunkt stehenden Kompetenzen, zu Aufgabentypen, Zeitaufwand und Lösungen sowie Empfehlungen für die Beurteilung erleichtern die Leistungsevaluation. Im Sinne des **Europäischen Portfolios für Sprachen** werden auch die Schülerinnen und Schüler aufgefordert, ihre Leistungen selbst einzuschätzen.

Schülersoftware
Die Schülersoftware ist exakt auf die Lerninhalte und Progression von *Découvertes* abgestimmt. Sie ermöglicht einerseits die multimediale und interaktive Einführung von Lektionstexten durch den Lehrer. Zum anderen bietet sie eine Vielzahl an Übungen zu den Bereichen Grammatik, Wortschatz und Kommunikation, die von den Schülerinnen und Schülern im Computerraum oder auch zu Hause bearbeitet werden können. Verschiedene Werkzeuge wie Wörterbuch, Grammatik-, Redemittel- und Lerntechnikübersicht unterstützen das eigenständige Üben und Lernen.

Sesam
Mit dieser einfach zu bedienenden Software kann man sich aus einer Fülle von Aufgaben, darunter pro Lektion auch eine Hörverstehensaufgabe mit Tondatei, ganz individuell und schnell Klassenarbeiten zusammenstellen, die genau auf den Unterricht mit *Découvertes* zugeschnitten sind. Die einzelnen Aufgaben lassen sich nach bestimmten Suchkriterien zusammenfügen: nach Lektionen, Aufgabentypen oder Schlagwörtern. Eine Überarbeitung in „Word" ist ohne weiteres möglich. Die Tondokumente können sowohl am Computer, als auch auf einem CD-Player abgespielt werden.

Vokabellernheft
Das Vokabellernheft bietet den Schülerinnen und Schülern den Lernwortschatz von *Découvertes 5* in einem praktischen Taschenformat. Zu jeder Lerneinheit gibt es abwechlungsreiche Übungen und zahlreiche Lerntipps. Mit einer großen Auswahl an Redemitteln können die Schüler und Schülerinnen gezielt ihre Kommunikationsfähigkeit schulen.

Verbenlernheft

In demselben Format wie das Vokabellernheft bietet dieses Heft die Möglichkeit, Verbformen nachzuschlagen und kleine Übungen zu Verben zu machen, mit denen die Schülerinnen und Schüler noch Schwierigkeiten haben. Das Verbenlernheft enthält darüber hinaus alle Verben aus *Découvertes 5* (sortiert nach ihrem Erstvorkommen) und ausführliche Konjugationstabellen.

4.5 Lehrerbuch

Konzeption

Das Lehrerbuch zu *Découvertes 5* will eine Übersicht über die Text- und Übungsangebote bereitstellen, Vorschläge zur Unterrichtsgestaltung machen und den Lehrerinnen und Lehrern Lösungen zu den Übungen sowie weiterführende Anregungen an die Hand geben. Die Arbeitserleichterung für die Unterrichtenden ist die Hauptfunktion des Lehrerbuchs. Landeskundliche Informationen sowie Vorschläge für Projekte und Klassenraumaktivitäten runden das Angebot zu jeder Lektion ab. Zu jedem Lektionsteil wird ein Standardweg der Einführung und Alternativvorschläge angeboten. Bei der Stofferarbeitung wird von Lektion zu Lektion auf methodische Abwechslung geachtet.

Aufbau der Lehrerbuchlektionen

Zu Beginn werden in Textform **didaktisch-methodische Hinweise zu den Schwerpunkten** der Lektion gegeben (situativer Rahmen, Kommunikation/Wortschatz, Grammatik, Phonetik, Methoden). Daran schließt sich eine **Übersicht über die Lernbereiche und Lerninhalte** an mit einem Verweis auf die jeweils dazu angebotenen Übungen. Vor den einzelnen Lektionsteilen erfolgt eine chronologische Auflistung des neuen Vokabulars. Daran schließt sich eine detaillierte **Tabelle** an, die in die Schritte **Hinführung, Erarbeitung, Festigung, Sicherung** und **Transfer** untergliedert ist. Dort sind konkrete Vorschläge zur Erarbeitung von Lexik (vor allem Erschließungstechniken wie Kontexthinweise, Synonymie, Antonymie, Wortfamilien, Internationalismen etc.), Textinhalten, Aussprache und Grammatik untergebracht, ferner Hinweise zu Sozialformen und passenden Übungen. Eine Medienspalte verweist auf Tonträger, Folien, Kopiervorlagen und Tafelbilder. Letztere sind im Anschluss an die Tabelle abgebildet. Es folgt ein chronologischer **Kommentar zu den einzelnen Übungen** des *Pratique*-Teils im Schülerbuch sowie zu den Übungen des *Cahier d'activités*. Hier werden Übungsschwerpunkte benannt (Kommunikation, Wortfeld/Sachfeld, Grammatik, Lernstrategie, Landeskunde), Hinweise zur Arbeitsform und Durchführung gegeben sowie Lösungen vorgeschlagen. Außerdem wird auf analoge Übungen in anderen Lehrwerkteilen und auf Paragraphen im Grammatischen Beiheft verwiesen. In der Rubrik „Neu" wird neues Vokabular ausgewiesen. Dort werden alle Wörter angegeben, die in den Lernwortschatz eingehen sollen. Sie sind im Schülerbuch in der jeweiligen Übung zusätzlich mit einem Sternchen versehen (*). Unbekanntes Vokabular in den Arbeitsanweisungen wird sowohl im Schülerbuch als auch im *Cahier d'activités* beim ersten Auftreten übersetzt und geht dann in den rezeptiven Wortschatz über. Zusätzliche Informationen zur **Landeskunde** und **Vorschläge für Projekte und Klassenraumaktivitäten** mit entsprechenden Hinweisen finden Sie unter www.klett.de → „Découvertes-Online".

Lektion	Folie	Inhalt	Einsatz
D1	D1/1	– Text A: Abb. S. 9 – Les signes astrologiques: Abb. S. 95	Semantisierung: LB, S. 17
	D1/2	– Transfer: Folie *Gérondif*	Festigung *Gérondif*: LB, S. 17
	D1/3	– Text B: Abb. S. 11	Texterarbeitung: LB, S. 20
D2	D2/1	– Auftakt: Abb. S. 18	Einstieg in Dossier 2: LB, S. 31
	D2/2	– Text A: Abb. S. 19-20	Texterarbeitung: LB, S. 33
	D2/3	– Transfer: Folie *Subjonctif.*	Festigung *Subjonctif*: LB, S. 34
	D2/4	– Text C: Abb. S. 23	Texterarbeitung: LB, S. 39
D3	D3/1	– Auftakt: Abb. S. 28	Einstieg in Dossier 3: LB, S. 49
	D3/2	– Transfer: Folie *Conditionnel passé*	Festigung *Conditionnel passé*: LB, S. 51
	D3/3	– Text B: Abb. S. 23	Texterarbeitung: LB, S. 57
	D3/4	– Text B: Abb. S. 31-32	Texterarbeitung: LB, S. 57
D4	D4/1	– Auftakt: Abb. S. 38	Einstieg in Dossier 4: LB, S. 69
	D4/2	– Text D: Abb. S. 46	Texterarbeitung: LB, S. 80
	D4/3	– Semantisierung: Karte Frankreich	Semantisierung: LB, S. 78
	D4/4	– Semantisierung: Karte Deutschland	Semantisierung: LB, S. 78
D5	D5/1	– Auftakt: Abb. S. 48	Einstieg in Dossier 5: LB, S. 89
	D5/2	– Text A: Karte S. 49	Texterarbeitung: LB, S. 90
	D5/3	– Semantisierung: Karte Afrika	Semantisierung: LB, S. 90
	D5/4	– Text D: Abb. S. 56	Texterarbeitung: LB, S. 99
Carte 1	C1/1	– Transfer: Folie *La météo*	Festigung *La météo*: LB, S. 109
	C1/2	– Exercice 5: Abb. S. 64	Festigung *Hörverstehen*: LB, S. 111
Carte 2	C2/1	– Auftakt: Abb. S. 66	Einstieg in A la carte 2: LB, S. 121
	C2/2	– Semantisierung: Karte Regionalsprachen	Semantisierung: LB, S. 129
Carte 3	C3/1	– Auftakt: Abb. S. 74	Einstieg in A la carte 3: LB, S. 135
	C3/2	– Text C: Abb. S. 79	Texterarbeitung: LB, S. 142
Carte 4	C4/1	– Auftakt: Abb. S. 82	Einstieg in A la carte 4: LB, S. 153
	Supplément	– Textes supplémentaires: Transfer: *L'histoire des deux voisins depuis 1949*	Semantisierung *Deutsch-französische Beziehungen*: LB, S. 80

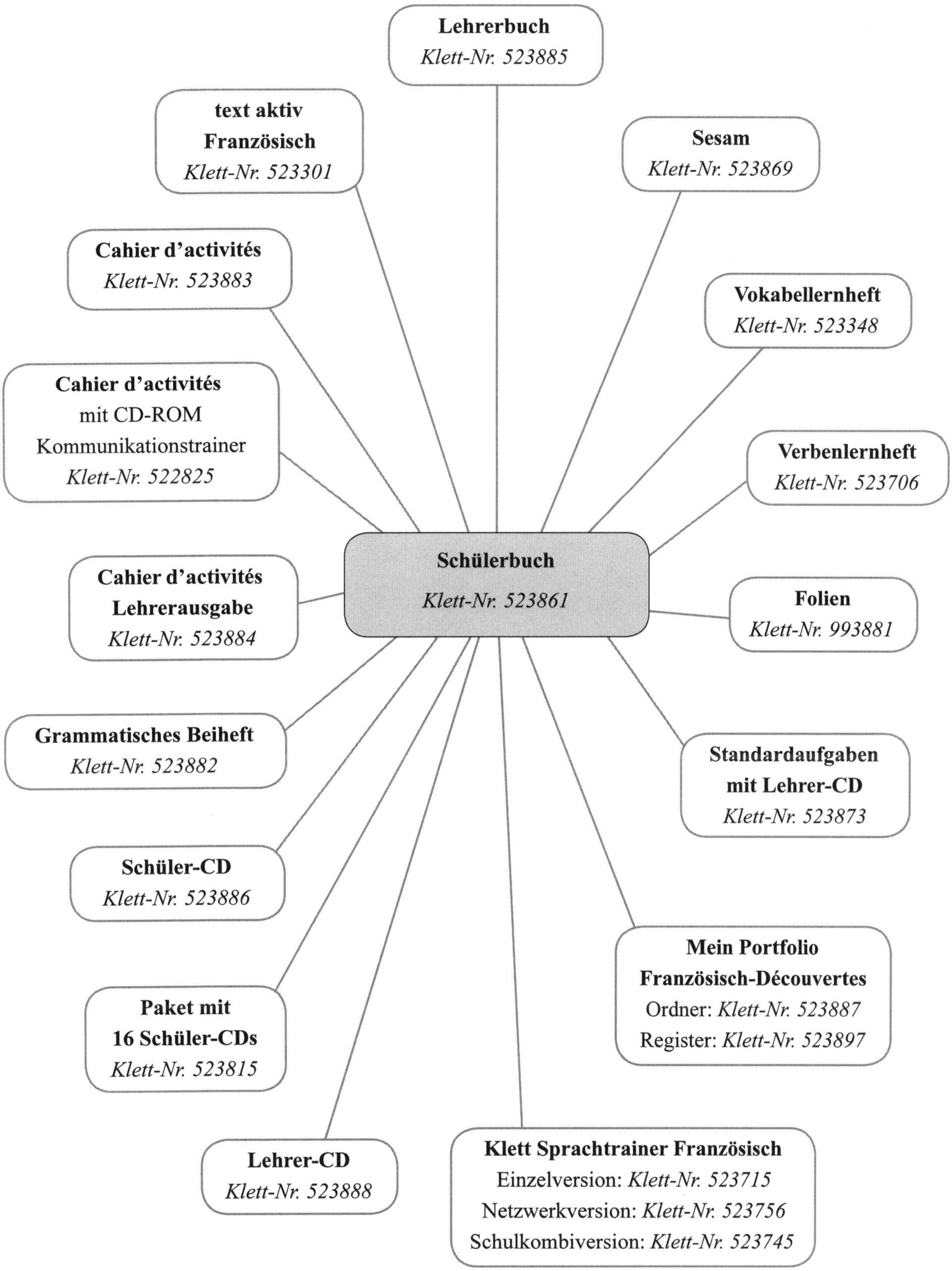
Lehrerbuch
Klett-Nr. 523885
text aktiv
Französisch
Klett-Nr. 523301
Sesam
Klett-Nr. 523869
Cahier d'activités
Klett-Nr. 523883
Vokabellernheft
Klett-Nr. 523348
Cahier d'activités
mit CD-ROM
Kommunikationstrainer
Klett-Nr. 522825
Verbenlernheft
Klett-Nr. 523706
Schülerbuch
Klett-Nr. 523861
Cahier d'activités
Lehrerausgabe
Klett-Nr. 523884
Folien
Klett-Nr. 993881
Grammatisches Beiheft
Klett-Nr. 523882
Standardaufgaben
mit Lehrer-CD
Klett-Nr. 523873
Schüler-CD
Klett-Nr. 523886
Mein Portfolio
Französisch-Découvertes
Ordner: Klett-Nr. 523887
Register: Klett-Nr. 523897
Paket mit
16 Schüler-CDs
Klett-Nr. 523815
Lehrer-CD
Klett-Nr. 523888
Klett Sprachtrainer Französisch
Einzelversion: Klett-Nr. 523715
Netzwerkversion: Klett-Nr. 523756
Schulkombiversion: Klett-Nr. 523745

DOSSIER 1

Vorbemerkungen

Situativer Rahmen: In diesem Dossier geht es um das Thema Freundschaft und Liebe und um die damit verbundenen Hoffnungen, Träume und Ängste. Die Schüler werden mit verschiedenen Textsorten (Romanauszug, Comic, Gedicht, Blog, Chanson) konfrontiert, in denen Jugendliche sich auf unterschiedliche Art und Weise zu diesem persönlichen, gerade für Jugendliche etwas heiklen Themengebiet äußern.

Kommunikative Schwerpunkte: Die S lernen Ausdrücke und Methoden kennen, mit denen sie sich über die verschiedenen Textsorten austauschen können. Sie werden befähigt, wichtige Informationen herauszuerarbeiten und anschließend zu interpretieren.

Grammatische Schwerpunkte: Die grammatischen Pensen dieser Lektion sind die *Bildung und* der *Gebrauch des Gérondif* unter Beachtung der Stellung der Pronomen, die Infinitivsätze mit *pour, sans, avant de und après* sowie die Wiederholung *von Infinitivergänzungen mit «à», «de» und ohne Präposition.*

Lernbereiche	Lerninhalte	Übungen
Textverständnis	Autour du texte	SB S. 9, 12, 14, 16
Lerntechniken	– Techniken der Texterschließung – Techniken und Vokabular der Bildbeschreibung	SB S. 17 SB S. 12
Integration	– le gérondif: forme et emploi – sans, pour, avant de, après + inf. – verbe + à / de + inf. ou verbe + inf.	SB S. 10, 11 Ex. 1, 2 a, b, 3 CdA D1 Ex. 2, 3 a SB S. 14 Ex. 1 CdA D1 Ex. 5 SB S. 14 Ex. 2 CdA Ex. 4 a
Transfer	– das Ende einer Geschichte erfinden – Texte verstehen und interpretieren – ein Bild beschreiben – eine Reaktion auf einen Blog schreiben und selbst einen Blog kreieren – ein persönliches Gedicht oder einen kurzen Aufsatz schreiben – DELF-Übungen	SB S. 9; CdA Ex. 10 SB S. 11, 12, 13, 14 b SB S. 12 Au-delà du texte S. 14 Ex. 4 b SB S. 14 SB S. 11, 12 CdA Ex. 9
Hörverstehen	Chanson « Elle m'a dit »	SB S. 15
Landeskunde	Cali	Internet: www.caliciuri.com oder www.calimusic.fr

Entrée: Des amis pour la vie

Überschrift: *un dossier*
Entrée: —

Schritte		Medien
1	**Hinführung:** Um die S langsam an das Thema heranzuführen, schreibt der L den Ausdruck *„Des amis pour la vie"* an die Tafel und wartet auf Reaktionen. Die S nennen Eigenschaften, die für eine gute Freundschaft wichtig sind. Im Anschluss malt der L ein Herz unter die gesammelten Punkte, um den Aspekt *Liebe* in den Blickpunkt zu rücken. Wenn die S nicht von selbst auf eine der genannten Varianten *(tomber amoureux/-se de qn / de l'autre; avoir le coup de foudre pour qn; flasher sur qn/qc)* kommen, schreibt er diese an. Die S nennen mögliche positive und negative Auswirkungen, die Liebe auf Freundschaft haben kann, und greifen dabei auf persönliche Erfahrungen zurück.	TB D1/1
2	**Erarbeitung:** Die S betrachten in PA die Entrée-Seite und bearbeiten die Aufgabe. Dabei wird ihnen bewusst, dass hier nicht nur die Beziehung zum besten Freund/ zur besten Freundin dargestellt wird, sondern auch die zwischen Mutter und Kind, zwischen Teenagern und ihrem Computer, zwischen Schulkameraden etc., die durchaus schwierig sein können.	SB
3	**Festigung:** Einige S präsentieren ihr auserwähltes Bild, anschließend folgt eine Diskussion. *Quels sont les aspects représentés dans les dessins? (Il montre plutôt les aspects négatifs d'une relation. Il utilise l'ironie. Les dessins sont des caricatures.) Quels sont les sujets traités? (Il traite de sujets divers: la peur de l'autre, la solitude, être seul/e, la curiosité désagréable, la dépendance, le sentiment de propriété, etc.)* Der L verliert die Wörter der Übung 4a Seite 15 nicht aus den Augen und notiert schon bekannte Wörter wie *jaloux/-se, la jalousie, détester, etc.*	
4	**Transfer:** Die S versuchen ausgehend vom TB Schlagwörter über Freundschaft oder Liebe zu kreieren: l'amitié, c'est ... / avoir un ami/une amie, c'est ... L'amour, c'est ... / aimer, c'est ...	TB D1/1

TB D1/1 L'amitié – l'amour

Des amis pour la vie

avoir confiance – pouvoir se confier à l'autre
passer des bons moments ensemble
l'humour – rire ensemble, faire des bêtises
avoir les mêmes intérêts/hobbies
une personne sur laquelle on peut compter
partager des secrets

L'amour

un des deux tombe amoureux/-se de quelqu'un :

positif:
- l'amoureux peut partager ses sentiments avec son/sa meilleur(e) ami(e)
- il peut tout lui raconter
- son ami(e) peut lui donner des conseils
- il peut le consoler – chagrin d'amour

danger:
- les amis passent moins de temps ensemble
- le/la petit(e) ami(e) est plus important(e)

un des deux tombe amoureux/-se de l'autre :

positif:
- si l'autre a les mêmes sentiments, ça peut être une jolie histoire d'amour

danger:
- l'amour peut casser l'amitié
- la jalousie, être jaloux/-se

Texte A: Sous le même signe

Überschrift:	*un signe*
Approche:	*une approche; justifier qc*
Abschnitt 1:	—
Abschnitt 2:	*Cancale; incroyable/incroyable; un destin; un hasard; d'avance; remarquer qn/qc; vérifier qc*
Abschnitt 3:	—
Abschnitt 4:	*un pas; une pointe; une jetée; la force; pousser qn/qc; s'approcher de qn/qc; toucher qn/qc; ressentir qc pour qn / éprouver qc pour qn; murmurer qc à qn; un doute; briser qc; la sérénité; déplacer qc; un miracle; se produire; doux/douce; un corps*
Abschnitt 5:	—
Autour du texte:	*autour de qn/qc*
Au-delà du texte:	*au-delà de qc*

Schritte		Medien
1	**Hinführung:** Der L legt die Folie mit dem Horoskop auf und fragt die S: *Quel est ton signe? Lisez-vous votre horoscope? Justifiez votre réponse, dites-moi pourquoi, donnez des raisons.*	Folie D 1/1
2	**Erarbeitung 1:** Der L legt die Folie mit der Aufnahme eines Küstenabschnitts der Bretagne auf. Der L stellt den Schülern Fragen mit Hilfe der Ausdrücke auf Seite 12 «au-delà du texte, damit die S das Bild beschreiben können: *La photo représente quoi? Où se passe la scène? Que voit-on au premier plan?* Der L kann seine Fragen mimisch begleiten.	Folie D 1/1
3	**Erarbeitung 2:** Die S hören sich den ersten Abschnitt der Geschichte an und erzählen ihn nach. *Présentez brièvement la situation de l'histoire.* Sie stellen in Gruppen (3–4 S.) Hypothesen über den weiteren Verlauf der Geschichte auf. *Inventez la suite de l'histoire.* Der L schreibt einige Wörter auf eine Folie oder an die Tafel, die die S später brauchen werden: *Stéphane et son fils Sébastien; anniversaire; Jeanne et sa fille Juliette; Stéphane reconnaît Jeanne.*	S-CD
4	**Festigung 1:** Gruppenpuzzle: Es finden sich neue Gruppen zusammen, in denen jeweils nur ein S aus jeder Gruppe vertreten ist. Ein S aus jeder Gruppe stellt den anderen die Fortsetzung vor, die seine Gruppe erfunden hat. Ein S aus jeder Gruppe stellt schließlich das Ende vor, welches sich seine Gruppe vorgestellt hat. *Allez, qui raconte le premier/la première?* Auf eine Folie oder an die Tafel schreibt der L einige Ausdrücke, die die S in den einzelnen Gruppen benötigten und die auch für die anderen von Interesse sein könnten.	
5	**Erarbeitung 3:** Die S bleiben in den nun bestehenden Gruppen, erarbeiten gemeinsam den Text und die zugehörigen Aufgaben. *Ouvrez les livres à la page 9. Nous allons lire et écouter le texte écrit par Mikaël Ollivier.* L spielt den Dialog vor und fragt die S. *Qui parle? Présentez les personnes qui parlent et décrivez leur relation.* Auf eine Folie oder an die Tafel schreibt der L einige Wörter, die die S später brauchen werden: *incroyable: on ne peut pas le croire; remarquer qc : la première chose qu'elle a vue; vérifier qc: aller voir si c'est vrai.* Die S lesen die Abschnitte mit verteilten Rollen in ihren Gruppen.	SB S-CD
6	**Erarbeitung 4:** Anschließend erschließen sie den Rest des Textes. *Lisez la deuxième colonne du texte et répondez aux questions.*	
7	**Sicherung 1:** S halten die Ergebnisse kurz an der Tafel fest (jede Gruppe eine Aufgabe).	TB D1/2
8	**Erarbeitung 5:** Im Anschluss an die Texterarbeitung folgt die Einführung des Gérondif. Der L erarbeitet gemeinsam mit den S die Bildungsregel sowie die verschiedenen Bedeutungen des Gérondif. Anschließend legt der L die Transfer-Folie zum Gérondif auf und erarbeitet die Aufgaben.	TB D1/3 Folie D1/2
9	**Festigung 2:** Zur Stellung der Pronomen studieren die S das grammatische Beiheft. Das neu erlernte Pensum wird durch Übungen gesichert.	GBH SB

TB D1/2 Sous le même signe

1. *Stéphane part en Bretagne avec son fils Sébastien qui fête son anniversaire. D'après son horoscope il doit trouver l'amour au bord de la mer. A Cancale il rencontre Jeanne et sa fille Juliette. Stéphane et Jeanne se sont aimés quand ils étaient jeunes. Sébastien et Juliette se promènent et tombent amoureux l'un de l'autre.*
2. *Il n'y a pas de hasard, tout est écrit d'avance: C'était prévu par le destin que Stéphane rencontre Jeanne encore une fois.*
3. *Stéphane et Jeanne ont passé des vacances à Cancale quand ils étaient jeunes. Ils sont tombés amoureux l'un de l'autre. Pour montrer leurs sentiments, ils ont marqué les lettres S & J sur un bateau, c'était un signe d'amour. Et le bateau est toujours là! Les lettres pourraient aussi représenter les noms Sébastien et Juliette; une nouvelle histoire d'amour.*
4. *Sébastien a des sentiments pour Juliette. Il a envie de s'approcher d'elle, de la toucher mais il a peur d'être rejetté. Sébastien est timide et confus. Il ne connaît Juliette que depuis dix minutes, mais il l'aime déjà. Un vrai coup de foudre. A la fin, il est très courageux et pose sa main sur celle de Juliette pour lui montrer ce qu'il éprouve pour elle.*

TB D1/3 Le gérondif

… qu'en allant en Bretagne, il rencontrerait l'amour au bord de la mer.
…, qu'en lui touchant sa main, j'allais briser ce moment de sérénité.
J'ai trouvé ce boulot en lisant les petites annonces.

Bildung: Der Gérondif setzt sich zusammen aus dem Wort *en* und einer Verbform, die aus dem Stamm der 1. Person Plural Präsens und der Endung *-ant* besteht. Die Form ist unveränderlich.

Exemples: faire nous faisons en faisant aller nous allons en allant

Sonderformen: être – en étant avoir – en ayant savoir – en sachant

Der Gérondif hat unterschiedliche Bedeutungen.

1 Art und Weise: (Wie?) *Je me suis approché d'elle en lui touchant sa main.*

2 Bedingung: (Unter welcher Bedingung?*) En faisant une recherche il trouvera des informations.*

3 Gleichzeitigkeit: (Wann?) *En regardant la télé, je me suis endormi.*

4 Verneinung: *Elle énerve son frère en ne lui répondant pas. (ne …pas* umschließt die Verbform und die Pronomen)

Attention! Der Gérondif kann nur dann zwei Hauptsätze bzw. Hauptsatz und Nebensatz verbinden, wenn diese dasselbe Subjekt haben.

Autour du texte

Schwerpunkt: Textverständnisaufgabe
Lerntechnik: Selektives Lesen
Arbeitsform: Klassenverband
Sachfeld: Reise
Lösungsmöglichkeiten: 1. Stéphane et son fils Sébastien sont en vacances en Bretagne. Ils y rencontrent Jeanne et sa fille Juliette. Stéphane et Jeanne se sont aimés quand ils étaient jeunes. Sébastien et Juliette vont-ils eux aussi s'aimer? Les adultes croient tous les deux au destin. Entre Sébastien et Juliette: c'est un peu le coup de foudre. C'est peut-être le début d'une histoire d'amour. 2. Il croit que tout est prévu par le destin. 3. Stéphane et Jeanne avaient gravé leurs initiales dans la coque du bateau quand ils étaient jeunes et amoureux l'un de l'autre. Les prénoms de leurs enfants, Sébastien et Juliette, commencent aussi par un S et un J, une nouvelle histoire d'amour à Cancale? 4. Il l'aime et la trouve jolie. Il veut lui prendre la main, mais il est très timide. Mais Juliette semble aussi l'aimer ...

Au-delà du texte

Schwerpunkt: Dossier-Aufgabe
Lerntechnik: Kreatives Schreiben
Arbeitsform: Einzelarbeit
Sachfeld: Reise
Hinweis: Obligatorisch
Lösungsmöglichkeiten: Pendant le reste du voyage, Juliette et Sébastien se sont vus aussi souvent que possible. Bien sûr, les parents l'ont remarqué, mais comme eux aussi aiment bien être ensemble, il n'y a pas de problèmes. Après les vacances, les jeunes s'écrivent pendant quelques mois, mais l'ambiance n'est plus là ... Juliette et Sébastien se sont assis l'un à côté de l'autre. Sébastien serrait la main de Juliette et la regardait dans les yeux. Stéphane et Jeanne continuaient à parler du passé et regardaient leurs enfants en souriant.

Pratique A

1 S'exercer: Comment gagner le cœur de Juliette? → GBH § 1

Schwerpunkt: Grammatikaufgabe: *Le gérondif*
Arbeitsform: Partnerarbeit
Hinweis: Schriftliche Durchnahme empfohlen, obligatorisch
Lösungen: 1. On gagne le cœur de Juliette en se promenant sur la côte. 2. On gagne le cœur de Juliette en lui faisant un cadeau. 3. On gagne le cœur de Juliette en l'invitant à manger une glace. 4. On gagne le cœur de Juliette en lui prenant la main. 5. On gagne le cœur de Juliette en lui caressant les cheveux/en caressant ses cheveux. 6. On gagne le cœur de Juliette en jouant avec son chat. 7. On gagne le cœur de Juliette en lui téléphonant. 8. On gagne le cœur de Juliette en lui écrivant des lettres d'amour.
Neu: s'exercer

2 S'exercer: Tout est bien qui finit bien. → GBH § 1

Schwerpunkt: Grammatikaufgabe: *Le gérondif*
Arbeitsform: Einzelarbeit
Hinweis: Schriftliche Durchnahme empfohlen, **a)** obligatorisch, **b)** fakultativ

Lösungsmöglichkeiten: **a)** 1. En se réveillant, Sonia a vu qu'il était déjà 7 h 30. 2. En buvant un café et en mangeant un croissant, elle a appris sa leçon d'allemand. 3. En courant, elle a vu que le bus était déjà en train de partir. 4. En arrivant au collège, elle s'est aperçue qu'elle avait oublié ses devoirs à la maison. 5. En rentrant du collège, elle s'est disputée avec son copain Jamel. 6. En entrant chez elle, elle a vu que son chat Filou avait tout cassé dans l'appartement.
1. Als sie aufstand, sah Sonia, dass es bereits 7 h 30 war. 2. Während sie einen Kaffee trank und ein Croissant aß, lernte sie für den Deutschunterricht. 3. Während sie (zur Bushaltestelle) rannte, sah sie, dass der Bus gerade im Abfahren begriffen war. 4. Als sie in der Schule ankam, bemerkte sie, dass sie ihre Hausaufgaben zu Hause vergessen hatte. 5. Auf dem Nachhauseweg stritt sie sich mit ihrem Freund Jamel. 6. Als sie die Wohnung betrat, sah sie, dass ihre Katze Filou alles in der Wohnung zerbrochen hatte.
b) 1. Un peu plus tard, Jamel demande pardon à Sonia en lui téléphonant. 2. En allant dans la cuisine, elle voit sa mère en train de préparer le repas. 3. Sonia reçoit encore un coup de téléphone en mettant la table. 4. Puis, en écoutant un peu la radio, elle entend que Mylène Farmer, sa chanteuse préférée, va donner un concert dans sa ville.
Neu: un croissant

3 S'exercer: Raconter l'histoire avec d'autres mots → GBH § 1
Schwerpunkt: Grammatikaufgabe: *Le gérondif*
Arbeitsform: Einzelarbeit
Hinweis: Obligatorisch
Lösungsmöglichkeiten: 1. Pendant le voyage, Stef a oublié les clés dans la voiture en réparant le moteur. (A) 2. Juliette et Sébastien discutaient en regardant la mer à Cancale. (A) 3. On ne passe pas de bonnes vacances en restant au lit du matin au soir. (C) 4. En ne faisant pas attention au chemin, Jeanne est tombée dans la mer. (B) 5. L'horoscope dit: «En sachant prendre des risques, on a de la chance en amour.» (C) 6. En n'accompagnant pas son père à Cancale, Seb n'aurait pas connu Juliette. (C)
Neu: une clé; réparer qc; un risque; prendre des risques

Texte B: JF cherche JH!

Überschrift:	—
Einleitung:	*roux/rousse*
Abschnitt 1:	*encourager qn; une lèvre*
Abschnitt 2:	—
Abschnitt 3:	—
Autour du texte:	*mystérieux/mystérieuse*
Au-delà du texte:	*général/générale; un lieu/des lieux; le premier plan; le second plan; l'arrière-plan (m.); un personnage principal*

Schritte		Medien
1	**Erarbeitung 1:** Der L legt die Folie mit den vergrößerten Abbildungen auf. Die S bilden Hypothesen und erfinden ein Szenario zu den Bildern. Als DELF-Übung können die S die Übung «autour du texte a» machen. Ein S liest die passenden Sätze vor. Anschließend suchen die S einen Titel für die Geschichte.	Folie D1/3 SB
2	**Festigung 1:** Die S bearbeiten die Übung *Autour du texte* b *(Le dessinateur se moque de la jeune fille. Elle est tombée amoureuse d'un jeune homme en sortant de la boulangerie! C'est fou. Et le jeune homme ne s'intéresse qu'à ses cheveux roux.* Oder *le dessinateur se moque de la fille. Elle est tombée amoureuse d'un type en sortant de la boulangerie! C'est fou! et le type ne s'intéresse qu'à ses cheveux roux!* Als HA bietet sich die Aufgabe zur Bildbeschreibung an (S. 12).	SB

Autour du texte

Schwerpunkt: Textverständnisaufgabe, **a)** Multiple Choice, **b)** Textproduktion
Lerntechnik: Selektives Lesen
Arbeitsform: Einzelarbeit
Sachfeld: Liebe
Hinweis: **b)** Fakultativ
Lösungsmöglichkeiten: **a)** 1. La scène se passe devant une boulangerie. 2. Quand la jeune fille voit le jeune homme, elle ne peut rien faire et reste là/elle lui sourit et reste là. 3. Elle trouve le jeune homme beau et mystérieux. 4. Le jeune homme a eu des problèmes pour parler. 5. La jeune fille n'a rien écouté. 6. Le jeune homme travaille dans un salon de coiffure/est élève dans une école de coiffure. 7. Le jeune homme s'intéresse aux cheveux de la jeune fille. 8. Le jeune homme écrit un mémoire pour son école de coiffure.
b) A mon avis, il se moque de la fille qui a le coup de foudre pour un type en sortant d'une boulangerie. C'est complètement fou! Et le type ne s'intéresse qu'à ses cheveux roux!
Neu: mystérieux/mystérieuse

Au-delà du texte

Schwerpunkt: Bildgesteuerte Textproduktionsaufgabe
Arbeitsform: Partnerarbeit
Sachfeld: Liebe
Hinweis: Obligatorisch
Lösungsmöglichkeiten: Le dessin montre trois filles suivies par un garçon. La scène se passe en ville. Au premier plan, à droite, on voit les trois jolies filles, une blonde, une rousse et une brune qui traversent une rue en bavardant et en s'amusant. Elle se moque du garçon qui les suit. A l'arrière-plan, à gauche, le garçon a les mains dans les poches. Mais de qui est-il amoureux? Mais non, il n'est pas amoureux. A mon avis, c'est le coiffeur du texte B qui a encore besoin de cheveux. Décidément, les filles ne comprennent pas les garçons ou ne pensent qu'à eux!
Neu: général/générale; un lieu/des lieux; le premier plan; le second plan; l'arrière-plan *(m.)*, un personnage principal

Texte C: Le blog des fans

Überschrift:	*un blog*
Approche:	*cliquer sur qc*
Abschnitt 1:	*un concours; Virginie Lou*
Abschnitt 2:	*serrer qn/qc; tellement; le chagrin; le chagrin d'amour; ne rien y pouvoir; un millier*
Abschnitt 3:	*Rachel Hausfater; Cali*
Autour du texte:	*un lecteur/une lectrice*
Au-delà du texte:	—

Schritte		Medien
1	**Hinführung 1:** Die S ergänzen zunächst als Vorbereitung auf den Text C mit Hilfe eines Wörterbuches und der verschiedenen Folien das *filet à mots* (S. 15 Nr. 4). Falls sie nicht eigenständig die Vokabeln *serrer qn* und *le chagrin d'amour* einfügen, weist der L auf diese hin.	SB
2	**Erarbeitung 1:** Im Anschluss erarbeiten sie sich in PA die Infinitivsätze mit *pour, sans, avant de und après.* Hierzu studieren sie das grammatische Beiheft und versuchen ausgehend von ihrem *filet à mots* Infinitivsätze zu formulieren, die an der Tafel festgehalten werden. Je nach Leistungsstärke der Klasse muss der Lehrer unterstützend eingreifen.	GBH TB D1/4

3	**Festigung:** Die S erarbeiten die Übung 1, Seite 14	SB
4	**Erarbeitung:** Die S bilden 4er-Gruppen und lesen gemeinsam die Stratégie zur Texterschließung (S. 17). Anschließend wenden sie die Techniken auf den Text *Le blog des fans* an, wobei sich 2 S der Gruppe mit Maries und 2 mit Marjolaines Eintrag befassen. *Faites un „brainstorming", soulignez les mots clés dans votre passage, notez des informations principales, puis organisez vos notes/mots clés, résumez le texte et présentez-le à votre voisin.*	SB
5	**Festigung:** *Sur quels blogs avez-vous déjà cliqué? Un blog, qu'est-ce que c'est? (On crée une page sur un certain sujet et chacun peut donner son opinion.) Qu'est-ce que vous pensez des blogs?*	

TB D1/4 Infinitivsätze

Propositions infinitives avec «pour, sans, avant de, après»

1. Elle s'approche de lui pour le serrer dans ses bras.

Pour ne pas tomber amoureuse de lui, elle ne le regarde pas.

ne …pas steht geschlossen vor dem Infinitiv.

2. Victor l'embrasse sans connaître son nom.

sans + Infinitiv

3. Il lui a pris la main sans lui avoir demandé.

sans + avoir/être + participe passé

4. Après avoir quitté sa petite amie, il a eu un chagrin d'amour.

après + avoir/être + participe passé

5. Avant de tomber amoureux, Jack a des fourmis dans le ventre.

avant de + Infinitiv

Autour du texte

Schwerpunkt: Textverständnisaufgabe
Lerntechnik: Selektives Lesen
Arbeitsform: Klassenverband
Sachfeld: Aktivitäten
Hinweis: Obligatorisch
Lösungsmöglichkeiten: **a)** 1. Marie veut faire connaître ses idées sur l'amour. 2. Elle invite les lecteurs à lui envoyer des lettres d'amour et à participer à son concours. 3. Les réactions des lecteurs sont plutôt positives. Ils lui proposent d'autres textes: un livre, des chansons. Une lectrice écrit à Marie qu'elle aime son idée d'écrire des lettres d'amour. Dernièrement, j'ai lu un livre pour enfant « je t'écris, j'écris » de Geva Caban. C'est facile mais c'est beau! Une petite fille et un petit garçon se promettent de s'écrire tous les jours. La petite fille tient sa promesse pas le petit garçon et elle écrit, écrit … Génial, lis ce livre, tu vas aimer. Ah ça, c'est trop! Enfin je vais pouvoir m'éclater. Ecrire des lettres d'amour à tous ceux qui me font rêver. Crier sur le net toutes mes envies. J'espère que tu vas en recevoir plein. Et comme ça moi aussi ! Le Cricri d'amour
b) Marjolaine aime Frédéric qui l'a quittée. Elle pense que lui aussi, il l'aime comme une femme, pas comme une petite sœur. Il est plus vieux qu'elle; c'est pourquoi il est parti. Les parents de Marjolaine sont contre une liaison entre Frédéric et leur fille. La mère veut consoler sa fille mais elle n'y arrive pas.
Neu: un lecteur/une lectrice

Pratique C

1 S'exercer: Un métier de rêve → GBH §2

Schwerpunkt: Grammatikaufgabe: *Infinitivkonstruktionen*
Arbeitsform: Einzelarbeit
Sachfeld: Berufe
Hinweis: Schriftliche Durchnahme empfohlen, obligatorisch
Lösungen:
– **Avant de faire** du théâtre à l'école, j'ai remarqué que j'avais du talent.
– **Pour ne pas rester** pauvre toute la vie, tu devrais choisir un autre métier.
– Je peux très bien vivre **sans gagner** beaucoup d'argent.
– Les jeunes disent ça **sans réfléchir**.
– De toute façon, je vais prendre des informations **avant de me décider**.
– Je te propose une chose: **avant de devenir** actrice, finis d'abord tes études.
– Mais **après être restée** des années à l'université, je serai trop vieille pour devenir actrice!
– Ecoute, **après avoir été** actrice pendant un an, tu verras que ce n'est pas facile non plus.
– Moi, je suis sûre que dans un an, maman et toi, vous viendrez au théâtre **pour me voir**.

2 Réviser: Une lettre de vacances → GBH §2

Schwerpunkt: Révision: *Infinitivkonstruktionen*
Arbeitsform: Klassenverband
Sachfeld: Reise
Hinweis: Obligatorisch
Lösungen: Un bonjour de Cancale où je suis en train de passer des vacances géniales. Ça m'a manqué ces derniers temps! J'adore passer des vacances à la mer, surtout avec des vrais copains. On n'arrête pas de s'amuser ici. Ça me fait du bien! Là, on vient de rentrer de la plage. Ce matin, nous avons voulu nous baigner, mais il faisait encore trop froid. Alors, nous avons joué au volley, et quelques garçons ont décidé de ramasser des coquillages. Ils ont réussi à en trouver de très jolis. Pas mal du tout! Elodie et Julie ont essayé de courir dans le sable. Elles m'avaient aussi demandé de courir avec elles, mais j'avais préféré rester à la plage, où Luc, notre cher animateur, a commencé à jouer de la guitare. Pour demain, il nous a proposé de faire un tour au Mont-Saint-Michel et je suis hyper contente d'y aller! Tout est génial, ici!
Hinweis: Nach der Übung kann der L einige Verben mit Infinitivergänzung auf eine Folie oder an die Tafel schreiben.
Beispiel: être en train de, venir de, être content/e de, etc. + Infinitiv
réussir à, se décider à, demander à, etc. + Infinitiv
vouloir, préférer, aller, regarder, entendre, etc. + Infinitv
Neu: ces derniers temps

3 Ecouter: Elle m'a dit → track 05

Schwerpunkt: DELF, Hörverstehensaufgabe, Projekt
Arbeitsform: Klassenverband
Hinweis: Obligatorisch, Teil d) ist fakultativ
Lösungen: **a)** – ; **b)** 1. C'est une chanson **sur l'amour**. 2. Qui dit «Je ne t'aime plus »? **Une jeune femme**. 3. A la fin, le chanteur pense à **mourir**. **c)** 1. lui; 2. lui; 3. elle; 4. elle; 5. lui; 6. lui.
Neu: une amitié; jeter qc

4 Mot à mot: Amour ou amitié?

Schwerpunkt: **a)** Wortschatzaufgabe, **b)** Bildgesteuerte Textproduktion
Lerntechnik: Kreatives Schreiben mithilfe von Bildstimuli
Arbeitsform: Partnerarbeit
Sachfeld: Freundschaft
Hinweis: Obligatorisch, **b)** Schriftliche Durchnahme empfohlen
Lösungsmöglichkeiten:
a)

b) 1. Dans le quartier, quand on voyait Sébastien, on voyait aussi Coralie. Ils étaient toujours ensemble. Ils s'embrassaient sur un banc du boulevard Victor Hugo. Le jour où Sébastien a quitté Coralie, tout le quartier l'a su – Coralie a crié et jeté leurs lettres d'amour par la fenêtre – que c'était fini entre eux et tout le monde était triste. Depuis, Coralie est partie dans une autre ville et aujourd'hui, Sébastien vit seul. Il n'a jamais retrouvé l'amour. Personne ne sait s'il regrette, mais personne n'a oublié les petits amoureux du boulevard Victor Hugo.
2. Il est déjà 7 h 30 et Benoît n'est pas encore prêt. Il n'est pas encore habillé et veut prendre une douche. Sa mère n'est pas contente. Hier soir, Benoît est rentré très tard après être allé au cinéma avec des copains et sa chère Marion. Elle va devoir le conduire au lycée et elle n'aime pas ça mais il ne peut pas aller en classe sans prendre son petit-déjeuner. Elle aussi n'est pas prête. En attendant son fils, hier soir, elle a regardé un film à la télé. Elle a toujours peur quand il sort le soir et elle ne peut pas dormir. Pourtant elle doit avoir confiance en lui.

3. Anne et Mathilde étaient assises à la terrasse d'un café en buvant un jus de fruit et bavardaient. Mathilde était amoureuse. Elle avait rencontré Manu à la piscine et elle avait eu un vrai coup de foudre pour ce beau jeune homme aux yeux noirs. Elle était heureuse. Tous les soirs, il l'attendait à la sortie du lycée et ils allaient se promener dans le parc voisin. Avant de la quitter, devant la porte de son immeuble, il lui donnait le petit poème qu'il avait écrit. Toute la soirée elle pensait à lui en faisant ses devoirs.
Neu: un remue-méninges; concret/concrète

Texte D: Paris at night

Überschrift:	—
Text:	*une allumette; allumer qc; entier/entière; l'obscurité (f.); se rappeler qn/qc;*
Info F:	*simple/simple; la liberté; le bonheur*
Autour du texte:	*se composer de qc; un vers; rimer avec qc; un style; personnel/personnelle; familier/familière; une allitération; utiliser qc; abstrait/abstraite; faire faire qc*
Au-delà du texte:	—

Schritte		Medien
1	**Hinführung:** L schreibt den Titel des Gedichts an die Tafel : *Paris at night. A quoi pensez-vous? (il y a des lumières partout; la tour Eiffel; une ambiance romantique; une promenade dans la nuit au bord de la Seine)*	
2	**Erarbeitung:** L liest das Gedicht langsam und betont vor. Vokabelerklärungen: l'obscurité: il fait nuit; le bonheur ≠ le malheur; une allumette (zeigen); se rappeler qc: se souvenir de qc; entier: manger le gâteau entier – tout le gâteau; la liberté: être libre *De quoi est-ce que le poème parle? Le poème parle d'une histoire d'amour, du bonheur; deux personnes se rencontrent pour la première fois, il fait nuit et avec la lumière de trois allumettes il découvre son visage.* Anschließend beschreiben die S mit Hilfe des angegebenen Vokabulars die Form des Gedichts und tragen ihre Vorschläge vor. Hinweis: *L'allumette a une flamme. Le mot flamme a aussi le sens d'amour. Déclarer sa flamme à qn.*	SB
3	**Festigung:** Im Anschluss an die Besprechung der Ergebnisse kommt der L auf das Gedicht zurück. *Comment trouvez-vous ce poème? Quelle image avez-vous en tête en le lisant?* S formulieren ihre Gedanken, entwerfen ein zum Text passendes Bild.	

Autour du texte

Schwerpunkt: Textverständnisaufgabe
Arbeitsform: Klassenverband
Sachfeld: Liebe
Hinweis: Obligatorisch
Lösungsmöglichkeiten: 1. Quelqu'un allume trois allumettes l'une après l'autre pour voir quelqu'un d'autre avant de l'embrasser. 2. Le poème se compose de six vers. Dans les quatre premiers vers, il n'y a pas de rimes, mais dans les derniers vers, le mot «cela» rime avec le mot «bras». Le style est personnel et poétique. Il y a des répétitions («La … pour voir …»). Le poète souligne la beauté de ce qu'il voit sans décrire de choses concrètes. Le mot «allumette» me fait penser à une petite lumière dans l'obscurité et à la flamme de l'amour.
Neu: se composer de qc; un vers; rimer avec qc; un style; personnel/personnelle; familier/familière; une allitération, utiliser qc; abstrait/abstraite; faire faire qc

Au-delà du texte

Schwerpunkt: Dossieraufgabe
Lerntechnik: Kreatives Schreiben
Arbeitsform: Einzelarbeit
Hinweis: Obligatorisch, Schriftliche Durchnahme empfohlen
Lösungsmöglichkeiten:

Accepte
Mes fleurs et
Ouvre ton cœur
Uniquement à mes
Roses.

Pratique D

1 Transmettre: Voulez-vous danser en pyjama, ce soir?

Schwerpunkt: Wortschatzaufgabe
Lerntechnik: Wörter umschreiben
Arbeitsform: Klassenverband
Hinweis: Schriftliche Durchnahme empfohlen, obligatorisch
Lösungsmöglichkeiten: fête, jeunes, adolescents, maison des jeunes, super, Il faut mettre un pyjama et il ne faut pas être ennuyeux/un somnifère
Neu: transmettre qc, une tempête; un comprimé

2 Stratégie: Techniken der Texterschließung (Compréhension de texte)

Schwerpunkt: Stratégie, Savoir faire
Lerntechnik: Leseverstehen
Arbeitsform: Partnerarbeit
Hinweis: Obligatorisch
Lösungsmöglichkeiten: 1. Le texte est la fin du roman «Sous le même signe».
2. Le texte parle de la fin du voyage d'un père avec son fils où tous les deux sont tombés amoureux.
3. La première partie va de la ligne 1 à la ligne 7, la deuxième de la ligne 8 à la ligne 17, la troisième de la ligne 18 à la ligne 31 et la dernière partie de la ligne 32 à la ligne à la ligne 38. Dans la première partie, le narrateur décrit l'organisation du départ des deux. Ils disent au revoir à leurs amis et s'en vont. Dans la deuxième partie, le narrateur découvre de nouveaux sentiments: le bonheur, mais aussi le manque. Puis, dans la troisième partie, il relit son horoscope qui va très bien avec sa vie et il commence à se demander si les étoiles ont un pouvoir sur la vie des hommes. Enfin, dans la dernière partie, il remarque que l'horoscope est daté de plus de six mois; il décide de ne rien dire à son père.
Neu: une fiche de lecture

Zu den Übungen im Cahier d'activités

1 On prépare le voyage!

Schwerpunkt: Grammatikaufgabe: Tempora und Modi
Arbeitsform: Einzelarbeit
Sachfeld: Kleidung
Hinweis: Obligatorisch
Lösungen: → Cahier d'activités Lehrerausgabe

2 Coup de foudre! → GBH § 1

Schwerpunkt: Grammatikaufgabe: *Le gérondif*
Arbeitsform: Einzelarbeit
Sachfeld: Liebe
Hinweis: Obligatorisch
Lösungsmöglichkeiten: **a)** 2. Quand on a le coup de foudre pour quelqu'un, on fait ses devoirs en voulant être près d'elle/de lui. 3. Quand on a le coup de foudre pour quelqu'un, on s'endort en pensant à elle/à lui. 4. Quand on a le coup de foudre pour quelqu'un, on va à l'école en traversant la rue sans regarder. 5. Quand on a le coup de foudre pour quelqu'un, on sourit en apprenant une mauvaise nouvelle.
b) Je fais les courses en chantant. J'écris quelque chose en dessinant de petits cœurs. J'écoute la musique en rêvant. Je regarde un film en pleurant. Je souris en suivant les cours.

3 Signes d'amour → GBH § 1

Schwerpunkt: Grammatikaufgabe: *Le gérondif*
Arbeitsform: Einzelarbeit
Sachfeld: Liebe
Hinweis: Obligatorisch
Lösungen: → Cahier d'activités Lehrerausgabe

4 Avec des bons copains ... → GBH § 2

Schwerpunkt: Grammatikaufgabe: Infinitivsätze mit *à*, *de* und ohne Präposition
Arbeitsform: Einzelarbeit
Sachfeld: Freundschaft
Hinweis: Obligatorisch
Lösungsmöglichkeiten: Avec une bonne copine, j'aime passer tout mon temps. Avec un bon copain, j'ai envie de partir en vacances. Avec une bonne copine, je réussis à parler de mes problèmes. Avec un bon copain, je peux rigoler tout le temps. Avec une bonne copine, je n'arrête pas de me disputer. Avec un bon copain, je peux aussi me disputer sans avoir peur de le perdre. Avec une bonne copine, j'aime me promener. Avec un bon copain, j'essaie de ne pas me disputer.

5 L'horoscope → GBH § 2

Schwerpunkt: Grammatikaufgabe: Infinitivsätze mit *avant de*, *après*, *sans* und *pour*
Arbeitsform: Einzelarbeit
Sachfeld: Astrologie
Hinweis: Obligatorisch
Lösungen: → Cahier d'activités Lehrerausgabe

6 Le rêve de Djamel → GBH § 2

Schwerpunkt: Grammatikaufgabe: Infinitivsätze mit *avant de*, *après*, *sans* und *pour*
Arbeitsform: Tandemaufgabe
Sachfeld: Berufe
Hinweis: Obligatorisch
Lösungen: → Cahier d'activités Lehrerausgabe

7 Ecrire: Choisir un livre

Schwerpunkt: DELF-Aufgabe
Lerntechnik: Textproduktion
Arbeitsform: Einzelarbeit
Sachfeld: Literatur
Hinweis: Obligatorisch

Lösungsmöglichkeiten: 1er livre: J'aimerais lire «une sonate pour Rudy». Le thème du livre me plaît. Devoir quitter ses copains, son école, c'est difficile pour un ado. Et j'aime lire des livres qui parlent de nos problèmes. En lisant ce livre, on doit trouver des solutions à nos problèmes/ leur trouver des solutions. Je veux aussi connaître ses réactions en face de la bande de Dylan. Je veux savoir pourquoi il ne peut plus faire de musique comme il veut. Je veux savoir aussi s'il va être heureux dans sa nouvelle vie.
2ème livre: J'aimerais lire le livre «Phaenomen». J'aime les histoires de malades et de médecins. J'aime aussi les romans policiers. Et en plus les ados vont certainement nous parler de Paris. On doit certainement aller dans des lieux bizarres et je veux savoir quel est le secret de ce médecin.
3ème livre: J'aimerais lire ce livre parce que c'est le journal d'une fille qui a peut-être mon âge. Mais je me pose beaucoup de questions sur ce livre. Pourquoi est-elle la fille du papillon? Pourquoi son ami s'appelle «le Monde»? La lecture du livre me donnera certainement la réponse.
4ème livre: Enfin, une BD. Je suis fou/folle de BD et aussi du Japon. Alors une BD qui se passe à Tokyo, je le lis tout de suite. Je vais enfin visiter Tokyo avec mes deux amis. Ils me feront connaître tous les secrets de cette ville moderne. Et ils m'emmèneront certainement dans un salon de thé. Est-ce qu'il y aura des geishas? Je le saurais en lisant cette BD!
Aucun: Je ne vais jamais dans les librairies. Je n'aime pas ça. Tous ces livres me font un peu peur. Je me sens bête. J'ai le sentiment que je ne connais rien parce qu'il y a trop de livres à lire. On peut me trouver un peu bizarre. En plus, je lis parfois, mais seulement les livres que des amis me donnent. Je sais que ces livres sont pour moi et cela change tout.
Je n'aime pas lire. Pour le cours d'allemand, il faut toujours lire et lire des livres qui m'ennuient parce qu'ils sont trop longs. Souvent, je triche, je lis seulement les résumés. Mais, j'aime bien quand mon professeur lit. Je ferme les yeux et voilà je suis au cœur de l'histoire. Je suis peut-être simplement paresseux ou bien j'ai besoin de lunettes.

8 Ecouter: Frères et sœurs → CD 1, track 06
Schwerpunkt: DELF-Aufgabe
Lerntechnik: Hörverstehensaufgabe, globales Hörverstehen
Arbeitsform: Einzelarbeit
Sachfeld: Familie
Hinweis: Obligatorisch
Lösungsmöglichkeiten: **b)** 1. La vie de David est un enfer à cause de son frère et de sa sœur: il est leur esclave et ils décident tout pour lui. [dont il est l'esclave et qui décident tout pour lui]. 2. A la maison, il ne peut jamais faire ce qu'il veut. [décider de ce qu'il a envie de faire]. Son frère et sa sœur sont toujours derrière lui. Ils lui volent son argent de poche, ils choisissent le programme télé. David n'est jamais libre et ses parents ne voient rien. 3. Ils pensent que les frères et sœurs de David ont raison; ils n'écoutent jamais David, le plus jeune de la famille. Ils pensent que David est toujours un bébé. 4. Il a besoin d'aide et de conseils. 5. David pense que la super radio et tous ceux qui l'écoutent vont trouver une solution à ses problèmes.
c) Moi, je n'ai ni frères ni sœurs. Je ne sais pas vraiment si j'ai de la chance ou pas. C'est comme ça et je ne peux rien y changer. Je ne me sens pas malheureux d'être le seul enfant de mes parents. Je me suis toujours débrouillé pour trouver quelqu'un avec qui jouer. J'ai peut-être plus de copains que les autres. J'ai le sentiment aussi que mes parents m'ont appris à être ouvert aux autres.
Moi j'ai un frère et une sœur et je trouve ça cool. J'ai toujours quelqu'un à qui parler ou avec qui me disputer ou simplement discuter. Mais j'aimerais de temps en temps être seul/e et avoir mes parents pour moi tout/e seul/e. C'est comme ça.

9 Lire: Le prix des lycéens

Schwerpunkt: DELF-Aufgabe
Lerntechnik: Leseverstehen
Arbeitsform: Einzelarbeit
Sachfeld: Literatur
Hinweis: Obligatorisch
Lösungsmöglichkeiten: **c)** 1. Parce que les jeunes lisent dix romans en dix mois. 2. Ils choisissent d'abord les livres au hasard. Le livre bleu ou rouge, par exemple. 3. C'est une fête parce que les jeunes reçoivent des livres, rencontrent des auteurs, discutent avec eux et aussi avec les journalistes. C'est une expérience qu'on ne vit pas tous les jours au lycée.

10 Savoir faire: Une fiche de lecture

Schwerpunkt: Savoir faire
Lerntechnik: Leseverstehen
Arbeitsform: Einzelarbeit
Sachfeld: Reise
Hinweis: Obligatorisch
Lösungsmöglichkeiten: **a)** En regardant la couverture du livre je pense à un jeune Sénégalais de Sarcelles, dans la banlieue de Paris. Il doit certainement rentrer dans son pays le Sénégal.
c) 1. Le texte est un dialogue entre un fils et sa mère. 2. Le narrateur rentre à la maison où il n'a pas dormi; il n'a pas envie de dire où il était. Sa mère est en colère parce qu'ils doivent aller au Sénégal et que son fils ne veut pas y aller. Alors, ils se disputent. 3. ligne 1 – 6: Le fils arrive à la maison. Ligne 7 – 25: Le fils ne veut pas dire où il a passé la nuit. Ligne 26 – 32: On apprend le vrai conflit entre les deux: la mère doit partir en Afrique et le fils veut rester en France. 4. Le fils est obligé d'aller au Sénégal où il rencontre son père et la famille de son père. Il passe de bonnes vacances mais pense souvent à ses copains restés en France et surtout à son amie aux cheveux si longs et si blonds.

11 Auto-contrôle 1: Disputes entre meilleures amies → GBH §2

Schwerpunkt: Grammatikaufgabe: Infinitivsätze mit *avant de*, *après*, *sans* und *pour*
Arbeitsform: Auto-contrôle
Sachfeld: Freundschaft
Hinweis: Obligatorisch
Lösungen: → Cahier d'activités Lehrerausgabe

12 Auto-contrôle 2: Rendez-vous possible? → GBH §1

Schwerpunkt: Grammatikaufgabe: *Le gérondif*
Lerntechnik: Kreatives Schreiben
Arbeitsform: Auto-contrôle
Sachfeld: Liebe
Hinweis: Obligatorisch
Lösungen: → Cahier d'activités Lehrerausgabe

Landeskunde

Cali

Cali, de son vrai nom **Bruno Caliciuri**, est né le 28 juin 1968 à Vernet-les-Bains près de Perpignan. C'est un auteur-compositeur-interprète hispano-italo-français.
Ses racines sont italiennes mais aussi espagnoles (catalanes), françaises, belges. Il est fan de rock anglo-saxon et de chansons françaises. Il a également consacré 17 ans de sa vie au rugby.
Il décide d'arrêter le rugby de haut niveau pour se consacrer à la musique après un concert mémorable de U2 au Palais des Sports de Toulouse en 1984. Après avoir fait partie de plusieurs groupes, il est remarqué par la maison de disques Labels en juillet 2002 qui l'engage. Il sort alors fin août 2003 *L'Amour parfait*. Cet album est un succès commercial et de la critique qui le place parmi les chanteurs français de premier plan. Plusieurs morceaux obtiennent la faveur du public: *C'est quand le bonheur?Elle m'a dit*, *Pensons à l'avenir*. En octobre 2005 sort l'album *Menteur* aux sonorités plus rock et aux arrangements plus fouillés. Il a deux enfants.
Cali a participé au concert-meeting du 1er mai 2007 de Ségolène Royal, candidate du Parti Socialiste à l'élection présidentielle française. Son nouvel album intitulé *L'espoir* sort le 4 février 2008. (vgl. Wikipedia.fr)
Besonders interessant für Schüler, die sich über Konzerte, Videoclips und neue Lieder des Sängers informieren wollen: le blog de Cali: www.caliciuri.com oder die Homepage www.calimusic.fr

Vorschläge für Projekte und Klassenraumaktivitäten

L'Amour

Bei diesem Projekt arbeiten die S in verschiedenen Gruppen – jede Gruppe beschäftigt sich mit einer anderen Textform.

1. Gruppe: Des poèmes: Ecrivez un poème d'amour.
Die S nehmen die auf Seite 16 vorgestellten Gedichte als Vorlage, um ihr eigenes Gedicht zum Thema Liebe zu verfassen.

2. Gruppe: Des chansons d'amour: Choisissez une chanson et présentez-la aux autres.
Den S werden Lieder von Carla Bruni, Calogero, Kyo und Cali (von letzterem: *Elle m'a dit*, SB S. 15) zur Verfügung gestellt. Sie suchen sich ein Lied aus und stellen dieses und den Interpreten vor.

3. Gruppe: Des problèmes d'amour: Créez votre BD. Présentez des problèmes d'amour sous un angle ironique.
Ausgehend von der Geschichte auf S. 11 stellen die S ihre ganz persönlichen „Liebespannen" dar.

4. Gruppe: Des lettres d'amour: Le concours
Die S kreieren ihren eigenen Blog („Nos créations d'amour") und verfassen anonym Liebesbriefe. Falls der Wunsch besteht, kann eine heimliche Abstimmung stattfinden, durch die ein Sieger ermittelt wird.

Es besteht die Möglichkeit, die von den Gruppen erarbeiteten Ergebnisse auf die erstellte Seite zu stellen, um auch Parallelklassen den Zugriff zu ermöglichen.

DOSSIER 2

Vorbemerkungen

Situativer Rahmen: In diesem Dossier geht es um die französischen Vorstädte, die *Banlieues*. Es werden zahlreiche Beispiele für die Probleme dieser Bezirke gezeigt, aber auch Lösungsansätze vorgestellt. Zur variantenreichen Bearbeitung werden verschiedene Gattungen einbezogen (Sachtexte, Lieder, Literatur, Bilder).

Kommunikative Schwerpunkte: Die S lernen verschiedene Strategien und Wendungen, die ihnen helfen, ein Gespräch am Laufen zu halten. Zudem üben sie die mündliche Präsentation von Texten.

Grammatische Schwerpunkte: In diesem Dossier wird der Gebrauch des *Subjonctif présent* nach bestimmten Konjunktionen und nach Verben des Denkens und Meinens eingeführt. Des Weiteren geht es um die Unterscheidung der Ausdrücke *faire faire* und *laisser faire*.

Lernbereiche	Lerninhalte	Übungen
Textverständnis	– Autour du texte – Multiple-choice	SB 20, 22, 24 CdA Ex. 4
Lerntechniken	– Gespräche am Laufen halten – Einen Text vorstellen	SB 2C 25 Ex. 3; CdA Ex. 9 CdA Ex. 8
Integration	– Subjonctif présent/indicatif – *faire faire* und *laisser faire*	SB 2A Ex. 1, 2C Ex. 1; CdA Ex. 1, 2 SB 2C Ex. 2; CdA Ex. 7
Transfer	– Projekte für Jugendliche in der Gemeinde beschreiben – DELF-Übungen	SB Au-delà du texte S. 20
Hörverstehen	– Chanson – Interview	SB 2D CdA Ex. 5
Landeskunde	– Au cœur des banlieues – Faïza Guène/Renaud/Yannick Noah/ Disiz la Peste	

Entrée: Au cœur des banlieues

Überschrift: —
Entrée: *un moteur; une recherche; un moteur de recherche*

Schritte		Medien
1	**Hinführung:** Der L deckt die Bilder der Folie D2/1 nacheinander auf und lässt sie beschreiben. Begonnen wird mit den Bildern 2–5. Als letztes Bild wird das Bild 1 präsentiert. Der L fragt die S, wo dieses Bild aufgenommen wurde. Des Weiteren stellen die S Hypothesen auf über die Lebensumstände des Jungen und seine Gedanken im Moment der Bildaufnahme.	Folie D2/1
2	**Erarbeitung 1:** La banlieue: Der L notiert den Begriff „La banlieue“ an die Tafel. Die S sammeln Wörter und Wendungen, die ihnen zu diesem Begriff einfallen. Im Internet kann nach weiteren Wörtern recherchiert werden.	TB D2/1

Schritte		Medien
3	**Festigung:** Die S sprechen über mögliche Probleme in den Vorstädten, indem sie sich in die Lage des Jungen versetzen. L: *Mettez-vous à la place du garçon à la fenêtre. Parlez de votre vie, de vos problèmes, de vos peurs et aussi de vos joies.*	

TB D2/1 Mind-Map: La banlieue

La banlieue

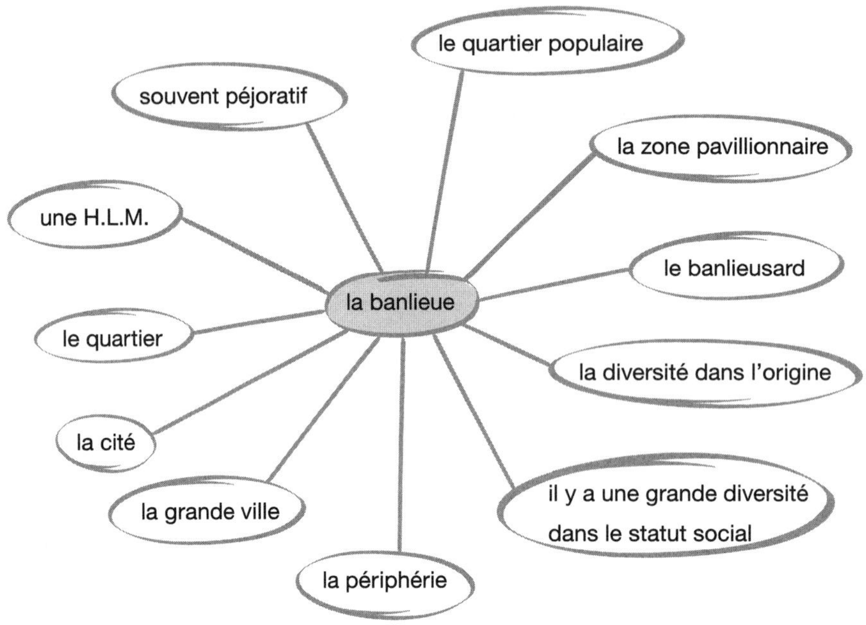

Problèmes dans certaines banlieues:
le chômage/être au chômage, la drogue/prendre des drogues, l'alcool/boire de l'alcool, être ivre, la criminalité/être criminel(le), la violence/être violent(e), la frustration/être frustré(e), l'échec scolaire/échouer à l'école

Texte A: La Star Ac des quartiers

Überschrift:	—
Abschnitt 1:	*une cité; un spectacle; un miracle*
Abschnitt 2:	*le fric; un chant; pas grand-chose; mériter qc; une mairie; Marseille; un débardeur; pieds nus*
Abschnitt 3:	*une époque; à l'époque; algérien/algérienne; un Algérien/une Algérienne; tant pis; au moins; un producteur/une productrice; un public*
Abschnitt 4:	*un compositeur/une compositrice; un malheur; un danseur/une danseuse; un retour; jusqu'à ce que*
Abschnitt 5:	—
Abschnitt 6:	*l'alcool (m.)*
Abschnitt 7:	*de plus en plus*
Abschnitt 8:	*une sonorisation; un décor*
Abschnitt 9:	—

Schritte		Medien
1	**Hinführung 1:** Die S bearbeiten den *Approche*-Teil und sammeln in Partnerarbeit Vorschläge, mit welchen Ideen sie Jugendlichen in den *Banlieues* helfen könnten *(club de sport, maison de jeunes).*	SB
2	**Hinführung 2:** Der L stellt den Schülern die folgende Frage: *Qui connaît la Star Ac'?* Oder: *DSDS, c'est quoi? Expliquez.*	
3	**Hinführung 3:** Der L präsentiert den Titel des Textes „La Star Ac' des quartiers" an der Tafel. Dann erklärt er den Begriff „La Star Ac'" *(Star Academy;* vgl. „Deutschland sucht den Superstar"). Die S stellen eine Verbindung zu Jugendlichen in den *Banlieues* her und beantworten folgende Fragen im Unterrichtsgespräch: *Qui participe à la Star Ac'? Pourquoi cette Star Ac'? Quelles sont les raisons de son succès dans les banlieues? Les fans de la Star Ac' en France ont entre 10 et 14 ans. Ce sont surtout des filles. Et la Star Ac' est une école pour de futurs chanteurs et chanteuses.*	
4	**Hinführung 4:** Der L zeigt das erste Bild auf der Folie. Die Bücher sind geschlossen. Die S erklären, um welche Personen es sich handelt und wo das Bild aufgenommen wurde. Die S stellen so einen Zusammenhang mit dem ersten Abschnitt des Textes her.	Folie D2/2
5	**Erarbeitung 1:** Zeile 1–17: Die S lesen die ersten beiden Abschnitte und fassen mündlich den Inhalt zusammen, L: *Résumez le contenu.* Folgende Fragen können als Leitfragen gestellt werden: *Ça se passe où? De qui parle-t-on? Qui est Nathan? Où pourrait-il être sur la photo? Pourquoi? (auf Foto zeigen) Expliquez l'expression «Histoire d'un miracle marseillais» à la ligne 3.* Erwartungshorizont: *un groupe de danse, Nathan est le responsable du groupe de jeunes, les jeunes viennent de la banlieue. Ils sont devenus les vedettes d'un spectacle. C'est un vrai miracle et ça se passe à Marseille.*	SB
6	**Erarbeitung 2:** Zeile 18–35: Die S lesen den dritten Abschnitt und beantworten folgende Fragen: *Nicolas, c'est qui? Décrivez l'enfance et la jeunesse de Nicolas. Comment sa carrière a-t-elle commencé?* Erwartungshorizont: *père français, mère algérienne, vit à Marseille, il est violent à l'école, travaille comme coiffeur, sa passion et son rêve, c'est chanter, quitte ses parents, fait de la musique, un producteur s'intéresse à sa musique* et les aide à monter *« Pirate », une comédie musicale.*	SB
7	**Erarbeitung 3:** Zeile 36–74: Die S lesen den Rest des Textes und stellen sich in Partnerarbeit gegenseitig Fragen dazu. Der L überprüft anschließend das Textverständnis, Erwartungshorizont: Fragen: *Décrivez la situation actuelle. Qu'est-ce qui s'est passé à Paris? Qu'est-ce qu'il a fait ensuite? Pourquoi? Quel est son rêve? Comment a-t-il pu réaliser son rêve? Qui l'a aidé?* Antworten: *retour à Marseille, responsable d'un groupe de danse, règles strictes, travailler beaucoup, jeunes de 10–23 ans vivant en banlieue.*	SB
8	**Festigung 1:** Die S bearbeiten die ersten beiden *Autour du Texte*-Aufgaben schriftlich. Die letzte Aufgabe soll in Kleingruppen diskutiert werden. Anschließend soll jede Kleingruppe ihre Standpunkte kurz präsentieren und mit den anderen Gruppen diskutieren.	SB
9	**Sicherung 1:** Die S präsentieren anhand des zweiten Bildes den Inhalt des Textes und erklären die Funktion des Tanzens in den *Banlieues*. Dazu dürfen die S die Infobox zur Aufgabe CdA Ex. D1, 8 zu Hilfe nehmen.	Folie D2/2 CdA
10	**Transfer:** Die S bearbeiten die Aufgaben zu *Au-delà du texte* als Hausaufgabe. Sie sollten ihre Ideen stichwortartig festhalten. Im Unterricht stellen sie ihre Ergebnisse und Ideen mündlich vor. Der L notiert die Schlüsselwörter an der Tafel: *pas d'alcool, pas de cigarettes, pas de flirts, mais du travail, de la discipline. → les jeunes sont devenus des professionnels.*	SB

Schritte		Medien
11	**Erarbeitung 4:** Der *Subjonctif présent*: Den S werden die Zeilen 42/43 (*Subjonctif* nach Konjunktion) und 46 (*Subjonctif* nach Verben des Denkens) angegeben. Anhand der zweiten Form sollen sie den Modus benennen. Sie sollen die jeweiligen Auslöser für den *Subjonctif* in den beiden Sätzen finden: *jusqu'à ce que/qu' + subjonctif; il ne pense pas que/qu' + subjonctif*	SB
12	**Transfer:** Die S erarbeiten die Aufgaben zum Subjonctif mündlich.	Folie D2/3
13	**Festigung 2:** Die S bearbeiten die Aufgabe SB Ex. D1A, 1 zum Subjonctif mündlich.	SB
14	**Sicherung 2:** Die S bearbeiten die Aufgabe CdA Ex. D1, 1 schriftlich. Danach werden die Regeln und Beispiele in einem Tafelbild zusammengefasst.	CdA TB D2/2

TB D2/2 Der Subjonctif (II)

Le subjonctif (II):

Ex.: Il discute **sans que** je le **comprenne**.	*Ex.:* Je **ne crois pas que** tu **aies** raison.
nach folgenden Konjunktionen:	meistens nach Verben des Denkens und Meinens, wenn sie verneint sind
• pour que (= damit) *Pour que les jeunes deviennent les stars d'un spectacle marseillais, Nathan les fait beaucoup répéter.* • avant que (= bevor) *Avant que le rideau rouge s'ouvre sur la troupe, les spectateurs ont applaudi longuement.* • bien que / quoique (= obwohl) *Bien que nous nous amusions beaucoup, nous sommes très sérieux.* • jusqu'à ce que (= bis) *Nous allons répéter jusqu'à ce que ce soit parfait.* • sans que (= ohne *dass*) *Nathan suivait des cours de danse sans que son père le sache.*	• ne pas penser que Je ne pense pas que Nathan vienne d'une banlieue riche. • ne pas croire que *Je ne crois pas que tous les jeunes réussissent à être des stars.* • ne pas être d'avis *Je ne suis pas d'avis que la banlieue soit triste.* • ne pas trouver que *Je ne trouve pas que la vie de Nathan soit triste.*
Die Subjonctif-Konstruktion mit *pour que, sans que, avant que* wird nur gewählt, wenn es sich um zwei unterschiedliche Subjekte handelt. Ansonsten wird die Infinitiv-Konstruktion mit *pour, sans, avant de* vorgezogen.	Da die Verneinung dieser Verben Zweifel ausdrückt, lösen folgende Ausdrücke ebenfalls den Subjonctif aus: *être (im)possible que; ne pas être sûr que.*

Autour du texte

Schwerpunkt: Textverständnisaufgabe
Lerntechnik: Textzusammenfassung
Arbeitsform: Partnerarbeit
Sachfeld: Portrait
Hinweis: Obligatorisch
Lösungsmöglichkeiten: 1. Nicolas est le fils d'un Marseillais et d'une Algérienne. Il a été apprenti coiffeur. Mais il voulait être chanteur, il a changé de nom et s'appelle maintenant Nathan. Il a chanté dans la comédie musicale « Pirates » à Marseille, puis à Paris, où son premier rôle a été en même temps son dernier. Avec son amie Christelle et l'aide de la mairie de Marseille, il dirige depuis 2001 une école de comédie musicale (une Star Ac' des quartiers). Les élèves, des jeunes de la banlieue de Marseille, participent à des spectacles dans toute la région. Nathan est heureux et ses jeunes aussi.
2. Pas de casting, pas d'alcool, pas de cigarettes, pas de flirts, beaucoup de travail, répétitions tous les mercredis, une grande famille.
3. Je pense que ces programmes peuvent changer la vie des jeunes des cités qui s'ennuient dans les grands ensembles: ils n'ont pas de travail et pensent ne pas avoir d'avenir. Ces jeunes qui participent à ces programmes ont un but. Ils obéissent aux règles du groupe, acceptent l'autorité de leurs animateurs et ne se droguent pas.

Au-delà du texte

Schwerpunkt: Gesteuerte Textproduktion
Lerntechnik: Textproduktion
Arbeitsform: Einzelarbeit
Sachfeld: Lebenswelt
Hinweis: Obligatorisch
Lösungsmöglichkeiten: 1. Dans mon quartier, il y a un projet autour de l'écriture. Les jeunes y vont toutes les semaines pour apprendre à écrire des poèmes et des histoires courtes.
2. Moi, je choisirais la chanson: Je ne suis pas du tout sportif/sportive, mais j'aime chanter.
Neu: se renseigner sur qn/qc

Pratique A

1 S'exercer: Pour que ça bouge … → GBH §§3, 4

Schwerpunkt: Grammatikaufgabe: *Subjonctif*
Lerntechnik: Gesetzmäßigkeiten anwenden
Arbeitsform: Klassenverband
Hinweis: Schriftliche Durchnahme empfohlen, obligatorisch
Lösungsmöglichkeiten: Il faut que vous travailliez à l'école. Il est nécessaire que vous disiez non à la drogue. Il faut aussi que les parents fassent des efforts. Je ne pense pas que vous puissiez réaliser tous vos rêves. Il est nécessaire que vous soyez curieux dans la vie. Je ne crois pas que nous pensions assez aux enfants défavorisés. J'aimerais que les ados puissent réaliser des projets avec des amis. Il est possible qu'ils aient des difficultés. Je trouve bon que les jeunes s'intéressent à ces projets. Il ne faut pas que tu aies des problèmes avec les flics.
Neu: bien que; avant que; sans que; défavorisé/défavorisée; un effort; curieux/curieuse; un flic *(fam.)*

2 Mot à mot: Tu en as marre ou tu en as assez?

Schwerpunkt: Wortschatzaufgabe
Lerntechnik: Sprachmittlung
Arbeitsform: Gruppenarbeit
Sachfeld: Lebenswelt

Hinweis: Schriftliche Durchnahme empfohlen, obligatorisch
Lösungsmöglichkeiten: J'habite depuis toujours en banlieue et j'en ai assez qu'on dise toujours n'importe quoi sur les banlieues, par exemple, qu'il n'y a que des problèmes et qu'on passe notre temps à fumer ou à vendre de la drogue … C'est bizarre: les gens nous regardent comme si nous avions la peste! Mais c'est faux. C'est vrai que dans ma cité, tout n'est pas parfait. On s'ennuie, il n'y a ni travail ni argent. Alors, les jeunes font des tags sur les murs ou rackettent les voisins et prennent leurs vêtements. Mais il n'y a pas que ça! D'abord, il y a les copains, on se connaît tous, on écoute de la musique à la mode et on n'a pas peur de la police! On s'en moque ou bien on n'y fait pas attention!
Neu: flipper *(fam.)*

3 Communiquer: Il faut bouger!

Schwerpunkt: Textverständnisaufgabe
Arbeitsform: Partnerarbeit
Sachfeld: Lebenswelt
Hinweis: Obligatorisch
Lösungsmöglichkeiten: Phil habite en banlieue, Marion en ville. Phil avoue qu'il y a des problèmes dans la banlieue comme le manque de travail et d'avenir. Mais pour lui, les plus grands problèmes sont l'intolérance et les préjugés des autres. Il aime l'ambiance familiale de sa cité et il ne connaît pas les projets sociaux mis en place dans les banlieues. Marion connaît les banlieues de façon seulement théorique, elle n'y est jamais allée et a des préjugés. Elle a peur de la violence et de l'agressivité des habitants. Elle a entendu parler du projet de Nathan et pense que c'est une bonne idée.

Texte B: «Kiffe, kiffe demain» de Faïza Guène

Überschrift:	*Faïza Guène*
Abschnitt 1:	*marocain/marocaine; un Marocain/une Marocaine; Livry-Gargan; Seine-Saint-Denis*
Abschnitt 2:	*emmener qn/qc*
Abschnitt 3:	*refuser de faire qc; un mouton; un mélange; une séparation; une pierre; pire /pire; un tag*

Schritte		Medien
1	**Hinführung:** Gemäß dem *Approche*-Teil lesen die S den Titel, die Einleitung sowie die Info-Box. Danach werden die Ideen und Assoziationen der S dazu im Unterrichtsgespräch gesammelt.	SB
2	**Erarbeitung:** Der L semantisiert folgende Begriffe: *un Marocain (l. 2) – une personne qui habite au Maroc; emmener qn/qc (l. 6) – prendre qn/qc avec soi (gestisch verdeutlichen); refuser de faire qc (l. 10) – ne pas vouloir faire qc; un mouton (l. 12) –* zeichnen; *un mélange (l. 14) – quand on mélange du noir et du blanc, nous avons du gris; une séparation (l. 16) –* gestisch darstellen; *une pierre (l. 19) –* Realie mitbringen, *pire (que) (l. 19) – contraire de mieux; un tag (l. 21) – un graffiti.* Die S lesen den Text und bearbeiten die ersten beiden Fragen zu *Autour du texte* schriftlich. Gemeinsam mit dem L wird dann ein Tafelbild erstellt.	SB TB D2/3
3	**Festigung:** Die S fassen den Text gemäß der dritten Aufgabe von *Autour du texte* mündlich zusammen.	SB
4	**Sicherung:** Die S interpretieren die Geste aus der dritten Aufgabe von *Autour du texte*: *Pourquoi est-ce que les enfants se comportent de cette façon?*	SB

Schritte		Medien
5	**Transfer:** L kann das Original-Interview mit Faïza Guène (L-CD, track 08) einsetzen und anschließend die Original-Aufnahme des Textes durch die Schriftstellerin.	S-CD L-CD
6	**Transfer:** Die S beantworten in Partnerarbeit in Stichworten die *Au-delà du texte*-Aufgabe und fertigen dazu mit ihrem Partner Zeichnungen an. Die Zeichnungen werden im Klassenraum ausgehängt und gegebenenfalls werden Parallelklassen zu der Ausstellung eingeladen. Die S beschreiben ihren Mitschülern und Besuchern ihre Ideen und ihre praktische Umsetzung. Falls die Parallelklasse ebenfalls Zeichnungen erstellt, könnte ein Wettbewerb stattfinden. So könnte jede Klasse ihre drei Favoriten küren und diese würden dann vor einer Jury aus Kunstlehrer und Französischlehrer konkurrieren.	SB

TB D2B/3 Deux mondes bien différents

Deux mondes bien différents:

Autour du texte

Schwerpunkt: Textverständnisaufgabe
Lerntechnik: Sammeln und Strukturieren von Informationen
Arbeitsform: Klassenverband
Sachfeld: Migration
Hinweis: Obligatorisch
Lösungsmöglichkeiten: 1. Il y a le monde de la cité et le monde de la zone pavillonnaire.
2. Cité – immigrés – un mélange de cultures – l'Islam – des opinions différentes – la tolérance – la zone pavillonnaire – la richesse – l'intolérance – une seule culture – la propreté
3. Les autres enfants ne veulent pas jouer avec Doria parce qu'ils ne la connaissent pas et surtout parce que la maman de Doria a mis du henné sur ses mains. Ils pensent qu'elle a les mains sales. La culture de Doria leur est étrangère. Ils ne comprennent pas la petite fille et n'essaient pas de faire sa connaissance. Ils ne sont pas curieux de cette enfant qui est différente d'eux.
Neu: un geste; symboliser

Au-delà du texte

Schwerpunkt: Gesteuerte Textproduktion
Lerntechnik: Kreatives Schreiben
Arbeitsform: Partnerarbeit
Sachfeld: Migration
Hinweis: Obligatorisch
Lösungsmöglichkeiten: Je pense que la zone pavillonnaire est plus propre et plus riche que la cité mais aussi plus ennuyeuse. Les familles de la zone pavillonnaire vivent entre elles et ne connaissent pas les habitudes et les coutumes des familles des cités. Ils ne sont pas curieux des autres. C'est dommage. Mais je pense également que la plupart des gens des cités vivent aussi entre elles.

Texte C: La banlieue aux mille visages

Überschrift:	—
Abschnitt 1:	*agréable/agréable; insolite/insolite; un immeuble*
Abschnitt 2:	*loger; un ouvrier/une ouvrière; au milieu de qc; un espace vert; un château*
Abschnitt 3:	*Aubervilliers; une H.L.M.; un renseignement*
Abschnitt 4:	*ordinaire/ordinaire; Mireille Mathieu; le ciel; une occasion; un chariot; remplir qc; une lessive; un cas; en cas de qc; une victoire; nulle part; une usine*

Schritte		Medien
1	**Hinführung 1:** Um die S an sozialkritische Texten und deren Botschaft heranzuführen, stellt der L ihnen den mündlichen Arbeitsauftrag: *Expliquez le titre.* Ausgehend von den im Textauszug *Kiffe kiffe demain* gewonnenen Erkenntnissen und der zuvor angefertigten Mindmap zu „La banlieue" beschreiben die S die unterschiedlichen Gesichter französischer Vorstädte.	TB D2/3
2	**Erarbeitung 1:** Die S lesen den Text und schlagen ihnen unbekannte Vokabeln nach. Dabei kann zwischen leistungsstarken und leistungsschwächeren S binnendifferenziert werden, indem der L einsprachige und zweisprachige Wörterbücher verteilt. Am Ende dieser Phase werden die deutschen Entsprechungen überprüft. Jetzt beschreiben die S die zugehörigen Bilder.	SB

Schritte		Medien
3	**Festigung 1:** Die S beschreiben mündlich die Wirkung dieser Texte. Teilweise erinnern diese Texte an Werbebotschaften, die die Vorzüge der Vorstädte darstellen wollen. Zum anderen liefert der letzte Text sachliche Informationen zu dieser *Banlieue*. Die S sollen den Kontrast zu dem in den vorhergehenden Texten dargestellten Bild der *Banlieues* versprachlichen.	SB
4	**Erarbeitung 2:** Der L schreibt folgenden Satz aus dem Text an die Tafel: Z. 2/3: „nous vous laissons découvrir les mille visages de la banlieue". Er lässt die S den Satz ins Deutsche übersetzen: „Wir lassen euch die Tausend Gesichter der Vorstädte entdecken" im Sinne von „Wir geben euch die Möglichkeit dazu". Als Gegenbeispiel schreibt der L folgenden Satz an die Tafel: *Le prof fait venir les élèves au tableau*. Und lässt diese ebenfalls übersetzen („Der Lehrer lässt die Schüler an die Tafel kommen." im Sinne von „er veranlasst es", „er fordert sie auf"). Der L weist auf die unterschiedliche Bedeutung des deutschen Verbs „lassen" hin.	SB
5	**Festigung 2:** Die S bearbeiten die Aufgabe: Au-delà du texte mündlich.	SB
6	**Sicherung 1:** Der L erarbeitet mit den S das folgende Tafelbild. Weitere Übungsmöglichkeiten sind die Aufgaben CdA Ex. D2, 7 und CdA Ex. D2, 12. Eine dieser Aufgaben sollte als Hausaufgabe bearbeitet werden. Beide Übungen sollten die S schriftlich durchführen.	TB D2/4 CdA
7	**Sicherung:** Die S präsentieren anhand der Bilder den Inhalt des Textes und die verschiedenen Kategorien von Banlieues. Bei Bild 2 suchen die S im Internet Auskünfte über die Straßennamen: *Qui sont Anne Frank, Jean Jaurès, Maurice Thorez, Youri Gagarine, Salvatore Allende, Jacques Anquetil, Carnot? Ecrivez des biographies.*	Folie D2/4
8	**Hinführung 2:** Der L stimmt die S auf das folgende Lied ein (bei geschlossenem Buch), indem er fragt, für welche Stimmungen grau und rot stehen und welche Wirkungen sie hervorrufen. Die S sollen spekulieren, welche Begriffe aus allen bisher behandelten Texten zu den banlieues den Farben grau und rot zuzuordnen wären. Grau: *les H.L.M., les bâtiments, sans perspective, la frustration, le chômage, etc.* Rot: *la violence, la criminalité, les tags, la colère etc.*	Folie D2/4 S-CD
9	**Erarbeitung 3:** Die S hören das Lied bei geschlossenem Buch. Folgende Fragen können zum Globalverstehen gestellt werden: *De qui la chanson parle-t-elle? Où habite-t-elle?* Erwartungshorizont: *une (jeune) femme qui vit dans une banlieue; elle n'a pas de nom. C'est donc n'importe qui et quelque part n'importe où en banlieue.*	S-CD
10	**Erarbeitung 4:** Die S hören das Lied zum zweiten Mal und bearbeiten die Kopiervorlage D2/1 (für 2 S) zum Detailverstehen. Erwartungshorizont: *cité Lénine, trois chambres, parking du supermarché Carrefour, les Parisiens arrivent et achètent beaucoup, gris comme un mur d'usine, comme un graffiti.*	KV D2/1
11	**Festigung 3:** Die S überlegen, warum die Hauptperson keinen Namen hat und äußern ihre Gedanken im Unterrichtsgespräch.	SB
12	**Sicherung 2:** Die S bearbeiten die *Autour du texte*-Aufgabe in Partnerarbeit.	SB

TB D2/4 Faire faire et laisser faire

«faire faire» et «laisser faire»:

faire faire = lassen, veranlassen	laisser faire = lassen, zulassen, erlauben
1) Le proviseur fait venir les jeunes à son bureau.	1) Le proviseur laisse les jeunes parler librement. Le proviseur laisse parler les jeunes librement.

mit einem Objekt	a) Objekt = Nomen	• faire faire: Das Nomen steht nach dem Infinitiv. Der Ausdruck *faire faire* darf im Aussagesatz nicht getrennt werden.
		• laisser faire: Das Nomen kann bei *laisser faire* vor oder nach dem Infinitiv stehen.
	b) Objekt = Pronomen	Das Pronomen steht immer vor *faire faire* und vor *laisser faire*.
2) a) Les Martin font ranger les affaires aux enfants. b) Ils leur font ranger les affaires. c) Les affaires, ils les font ranger aux enfants.		2) a) Les Martin ont laissé regarder le film à leurs enfants. b) Ils leur ont laissé regarder le film. c) Ce film, ils l'ont laissé regarder aux enfants.
mit zwei Objekten	Personenobjekt = indirektes Objekt	Sachobjekt = direktes Objekt
	a) 2 Objekte = 2 Nomen	Beide Nomen stehen nach dem Infinitiv in folgender Reihenfolge: Sache vor Person. Das Personenobjekt wird mit der Präposition *à* angehängt.
	b) 2 Objekte = 1 Pronomen (Person) + 1 Nomen (Sache)	Das Pronomen (Personenobjekt) steht immer vor *faire faire* oder *laisser faire*.

Autour du texte

Schwerpunkt: Textverständnisaufgabe
Arbeitsform: Partnerarbeit
Sachfeld: Alltagsleben
Hinweis: Obligatorisch
Lösungsmöglichkeiten: Après avoir lu le prospectus, on a vraiment envie de vivre en banlieue. La banlieue y est décrite comme une cité verte et calme avec de belles maisons, des arbres et des jardins. Selon le chanteur Renaud (Séchan), la vie en banlieue est triste, désespérante. La cité est grise et pauvre. Ses habitants n'y ont aucun avenir intéressant.
Neu: un prospectus

Au-delà du texte

Schwerpunkt: Gesteuerte Textproduktion
Arbeitsform: Gruppenarbeit
Sachfeld: Lebenswelt
Hinweis: Obligatorisch
Lösungsmöglichkeiten: 1. Pour moi, la cité idéale du XXIe siècle se compose de belles maisons de différentes couleurs. Il y a beaucoup d'arbres et de parcs où on peut se promener, faire du sport ou jouer. Il y a aussi des magasins et un cinéma.
2. Dans toutes les grandes villes, il y a des quartiers comme la cité chantée par Renaud. Les immeubles sont longs et très hauts. Les arbres eux-mêmes sont tristes et gris. Les jeunes traînent dans les parkings ou les sous-sols; ils ont quitté l'école sans diplôme et sont sans travail.
Je ne connais pas de cités comme celle chantée par Renaud. J'ai de la chance, j'habite un bel appartement dans une petite maison de trois étages. Ma chambre donne sur la forêt où je peux faire du sport. Mais je connais des grands ensembles qui ne sont pas très jolis mais les appartements sont bien entretenus et les espaces verts soignés. Toutes les cités en banlieue ne sont pas tristes et grises et leurs habitants désespérés.
Neu: idéal/idéale

Pratique C

1 S'exercer: Le Corbusier et la Cité radieuse → GBH §§3, 4

Schwerpunkt: Grammatikaufgabe: *Subjonctif*
Arbeitsform: Einzelarbeit
Sachfeld: Stadtleben
Hinweis: Bildgesteuerte Textproduktionsaufgabe, obligatorisch
Lösungen: **a)** J'aimerais que les enfants de la Cité radieuse **puissent** jouer dans les espaces verts et que les habitants **se sentent** bien dans les appartements. Je crois que l'architecture **doit** laisser entrer le soleil. Il faut que les appartements **aient** de grandes fenêtres pour que la lumière **fasse** des jeux avec les murs. Je ne pense pas que ça **soit** une bonne idée de peindre les murs en marron, mais dans des couleurs chaudes sans qu'elles **énervent** trop les gens.
b) Je voudrais que, dans ma cité de rêve, des architectes créatifs construisent des bâtiments hauts avec des terrasses et des balcons paysagers. Par exemple, j'imagine un gratte-ciel aux formes arrondies avec des escaliers extérieurs en colimaçon.
Neu: Le Corbusier, radieux/radieuse, arrondi/arrondie

2 S'exercer: Rougui Dia: chef de cuisine dans un grand restaurant → GBH §5

Schwerpunkt: Grammatikaufgabe: *faire faire* und *laisser faire*
Arbeitsform: Einzelarbeit
Sachfeld: Berufe
Hinweis: Schriftliche Durchnahme empfohlen, obligatorisch
Lösungen: Rougui Dia, d'origine sénégalaise, est née en 1976 à Paris. A 13 ans, sa mère lui **laisse** faire la cuisine toute seule: une recette sénégalaise! Comme c'est un succès, ses parents la **font** entrer dans une école de cuisine.
Mais la «grande cuisine», c'est plutôt le domaine des hommes. Un jour, un grand chef de cuisine, Sébastien Faré, la contacte et la **fait** venir dans son restaurant. Maintenant, il lui **laisse** inventer librement ses propres recettes. Bientôt, il lui **fait** signer un contrat pour deux ans. Il lui **laisse** créer une «nouvelle cuisine métissée»: sénégalaise et antillaise. «Je **fais** goûter aux gens une cuisine qui vient aussi de mes origines, dit Rougui Dia. Je **laisse** mon imagination se balader librement.» Après deux ans, Sébastien Faré l'**a laissé** partir. Aujourd'hui, à 30 ans, Rougui Dia est chef de cuisine.

3 Continuer la communication

Schwerpunkt: DELF-Aufgabe, Stratégie, Savoir faire
Arbeitsform: Gruppenarbeit
Hinweis: Obligatorisch
Neu: une émission, une communication, signifier qc, Ça alors!, servir à qc/à qn

Texte D: Métis(se)

Überschrift:	—
Chanson:	*métis/métisse; Yannick Noah; Disiz la Peste; camerounais/camerounaise; un Camerounais/une Camerounaise; le Cameroun; d'ailleurs; fier/fière; parfois; une preuve vivante; un humain; la haine; un ange; l'Inde (f.); le Brésil; se marrer (fam.); se barrer (fam.), un être; mélanger qc; se rassembler*

Schritte		Medien
1	**Hinführung:** Der L semantisiert folgende Wörter: *mélanger* – vgl. *un mélange, métis/métisse – être mélangé, fait moitié d'une chose, moitié d'une autre, le Cameroun* – auf Landkarte zeigen/Ähnlichleit zum deutschen Wort *Kamerun.* Die S lesen den Vorspann und sollen mündlich eine Verbindung zwischen dem Titel und dem Vorspann herstellen sowie Hypothesen über Aussagen des Liedtextes aufstellen. Der L spielt eine kurze Sequenz aus dem Stück vor; die Bücher bleiben dabei geschlossen. Der L fragt die S, ob die Melodie ihrer Meinung nach zum Thema passt oder ob sie sich diese anders vorgestellt hätten.	SB S-CD
2	**Erarbeitung 1:** Der L semantisiert folgende Wörter: *d'ailleurs* – dt. Übersetzung, *être fier/fière – content(e) d'avoir réussi qc., parfois – quelquefois, une preuve vivante – pour montrer qu'une chose est vraie; vivant – de vivre, un humain – il y a des animaux, des plantes et des êtres humains, vgl. engl. human, la haine – contr.: l'amour, un ange* – zeichnen oder Bild mitbringen, *l'Inde, le Brésil (s. le Cameroun), Sade – une chanteuse, se marrer (fam.) – rire, se barrer (fam.) – partir, un être – vgl. être, se rassembler – sich sammeln.* Die S notieren beim ersten Hören alle Wörter, die mit „m" beginnen (*métis, mélange, marcher, milieu, mes, me, mosaïque, mon, mêmes, Marley, se marrer, multicolore, monde, métissé, se mélanger*). Sie erklären und interpretieren die Bedeutung dieser Wörter im Lied.	S-CD
3	**Erarbeitung 2:** Die S übertragen die Tabelle aus Teil b der *Autour du texte*-Aufgabe in ihr Heft und bearbeiten diese beim dritten Hören. Gemeinsam mit dem L wird im Anschluss ein Tafelbild erstellt.	SB, S-CD, TB D2/5
4	**Festigung:** Die S bearbeiten den Teil c der *Autour du texte*-Aufgabe. Dabei werden die wichtigsten Aussagen des Textes zusammengefasst. Danach fassen die S den Inhalt mündlich zusammen und bedienen sich dabei der Strategien aus der Aufgabe CdA Ex. D1, 8.	SB
5	**Sicherung:** Ausgehend vom Text und der Musik stellen die S Hypothesen dazu auf, wie der Videoclip aussehen könnte. Danach bearbeiten sie die *Au-delà du texte*-Aufgabe. Beim Schauen des Clips sollten sich die S Stichworte notieren.	SB
6	**Transfer:** Die 3 Projekte (Au-delà du texte, Teil b) enthalten Aspekte, die im Lied angesprochen wurden (s. Autour du texte b). Ausgehend von den Erfahrungen der Sänger schlagen die S Brücken zu ihrer schulischen oder außerschulischen Lebenswelt. (2. Thema: Informationen s. Landeskunde-Teil; 3.Thema: Bushido und Sido sind zur Zeit in Deutschland populäre Sänger, sprechen jedoch Themen aus den deutschen Vorstädten an, mit denen sich bestimmte Jugendgruppen identifizieren)	

TB D2/5 Metis(se)

Métis(se):			
Quelle est votre première impression?	Quel est le thème de la chanson?	Quels sont les avantages selon Noah d'«être métis(se)»?	De quels pays est-ce que les deux chanteurs parlent?
	• être métis • vivre dans deux cultures	• pouvoir choisir • c'est une chance • il ne faut pas voyager	• Israël • l'Inde • l'Angleterre • le Brésil

Autour du texte

Schwerpunkt: Hörverstehensaufgabe
Arbeitsform: Klassenverband
Sachfeld: Migration
Hinweis: **Hinweis**: Schriftliche Durchnahme empfohlen, Teil c ist fakultativ
Lösungsmöglichkeiten: **b)**

1. Quelle est votre 1ère impression?	2. Quel est le thème de la chanson?	3. Quels sont les avantages selon Noah d'«être métis(se)»?	4. De quels pays est-ce que les chanteurs parlent?
image positive avoir envie de danser	Le chanteur raconte dans cette chanson son expérience de métis. Il souhaite que le monde soit métissé.	– On peut choisir entre deux cultures. – Tous les hommes sont les mêmes. – On se sent bien partout.	– Israël – l'Inde – le Brésil – l'Angleterre

Yannick Noah – sa vie, son œuvre: Pour savoir tout sur la vie de Yannick Noah, allez sur www.ramdam.com et tapez Noah dans «rechercher un artiste».
c) Je pense que c'est un clip gai avec beaucoup de couleurs et beaucoup d'hommes et de femmes d'origine différente qui sourient et dansent ensemble à travers le monde du Brésil à la Tamise en passant par l'Inde. Et tous ces hommes et femmes finissent par ne faire qu'un.
Neu: un clip

Au-delà du texte

Schwerpunkt: Bildgesteuerte Hörverstehensaufgabe, DELF-Aufgabe
Arbeitsform: Gruppenarbeit
Sachfeld: Videoclips
Hinweis: Obligatorisch
Lösungsmöglichkeiten: 1. Ce clip montre que beaucoup de gens sont métis et que dans le monde il y a des hommes et des femmes de couleurs et de cultures différentes.
2. Pour moi, le clip ne correspond pas tout à fait à ce que j'avais imaginé. J'aurais voulu voir les métis du monde entier danser et chanter ensemble. La chanson n'est pas un hymne à la solitude! Mais j'ai bien aimé le mélange rap reggae.
Le clip correspond à ce que j'ai imaginé, mais j'ai attendu un rap et voilà un reggae. Avec toutes ces couleurs, c'est une allusion à Bob Marley.

Zu den Übungen im Cahier d'activités

1 Une interview avec Khadija Chalid → GBH §§3, 4

Schwerpunkt: Révision: Grammatikaufgabe: *Subjonctif* und *Indicatif*
Arbeitsform: Einzelarbeit
Sachfeld: Lebenswelt
Hinweis: Obligatorisch
Lösungen: → Cahier d'activités Lehrerausgabe

2 Mohamed Dia à New York → GBH §§3, 4

Schwerpunkt: Grammatikaufgabe: *Subjonctif* und *Indicatif*
Arbeitsform: Einzelarbeit
Sachfeld: Berufe
Hinweis: Obligatorisch
Lösungen: → Cahier d'activités Lehrerausgabe

3 Ecrire: Le rap, le cri des banlieues

Schwerpunkt: DELF-Aufgabe, Textverständnisaufgabe, Gesteuerte Textproduktion
Arbeitsform: Einzelarbeit
Sachfeld: Musik
Hinweis: Obligatorisch
Lösungsmöglichkeiten: 1. le mot „cri" vient du verbe „crier". Ce sont donc des mots qu'on prononce à voix très haute. Les jeunes des banlieues écrivent des petits textes qui parlent des banlieues, de leurs problèmes et aussi de leurs joies. Ils ne les chantent pas, ils les *crient* en suivant le rythme des mots. C'est une musique facile qui permet aux jeunes de s'exprimer facilement. C'est une forme de poème populaire souvent rimé et toujours rythmé. Son vocabulaire est simple.

4 Lire: Le poème de Fatya

Schwerpunkt: DELF-Aufgabe, Textverständnisaufgabe
Lerntechnik: Leseverstehen
Arbeitsform: Einzelarbeit
Sachfeld: Wohnung
Hinweis: Obligatorisch
Lösungsmöglichkeiten: b) 1. Le voisin du $2^{\text{ème}}$ étage qui râle tout le temps, les scènes de ménage du $3^{\text{ème}}$ et la musique trop forte des voisins du rez-de-chaussée énervent Fatya. 2. Elle aime rencontrer toutes ces personnes qui viennent de pays différents et qui sont ses amis.
c) Fatya a 16 ans. Elle va au Collège Jean Jaurès et elle aime bien son prof de français. Ses parents sont Algériens et elle a deux sœurs et un frère. Elle aime bavarder avec ses copines, elle aime sa famille et son quartier. Parfois, elle aimerait avoir plus de liberté.

5 Ecouter: Une interview avec les élèves de Boris Seguin → CD 1, track 12

Schwerpunkt: Hörverstehensaufgabe
Lerntechnik: Selektives Hörverstehen
Arbeitsform: Einzelarbeit
Sachfeld: Schule, französische Jugendliteratur
Hinweis: Obligatorisch
Lösungsmöglichkeiten: a) 1. Ils ne s'intéressaient pas à l'école. Ils avaient de très mauvaises notes et ne travaillaient pas, ils ne faisaient même pas leurs devoirs. La seule chose qui les intéressait un peu, c'était la lecture. 2. Il leur a demandé d'écrire des poèmes pour exprimer leurs sentiments et leurs problèmes.

b) 1. Les sujets qui intéressaient les élèves étaient la banlieue, les voisins, l'école, l'amour et leurs problèmes. 2. Il respectait les élèves, il s'occupait d'eux et ils sentaient qu'il les comprenait. Ils ne se sentaient plus seuls. 3. Elle est devenue plus sûre d'elle. Elle arrive à mieux s'exprimer, non pas seulement à l'école mais aussi dans la rue avec les autres. Maintenant elle peut dire ce qu'elle pense. Avant, elle avait peur. 4. Tony comprend mieux la banlieue qu'il n'avait pas du tout aimée. Maintenant il sait que la banlieue a aussi de bons côtés.
c) J'aime cette idée. On aime bien les petits poèmes qui sont faciles à retenir. Avec un peu de technique et d'imagination on peut nous aussi parler de ce qui nous plaît ou déplaît. J'ai déjà écrit des petits poèmes mais je ne les fais pas lire à tout le monde.

6 En français: Un centre de jeunes en Allemagne

Schwerpunkt: Übersetzung
Lerntechnik: Sprachmittlung
Arbeitsform: Einzelarbeit
Sachfeld: Freizeit
Hinweis: Obligatorisch
Lösungsmöglichkeiten: Ils nous souhaitent la bienvenue et présentent les activités du café Fox. Beaucoup de choses. On peut apprendre à peindre et à écrire des poèmes. Il y a aussi des cours d'informatique et de cuisine. On peut aussi apprendre à se servir d'une caméra-vidéo (caméscope) ou bien étudier la nature. Bien sûr. Il y a du foot, de la danse, du hip hop, du tennis de table. C'est un lieu de rencontre avec discothèque, billard et baby-foot.

7 Des phrases qu'on entend en classe et à la maison → GBH §5

Schwerpunkt: Grammatikaufgabe: *faire faire* und *laisser faire*
Arbeitsform: Einzelarbeit
Sachfeld: Pflichten
Hinweis: Obligatorisch
Lösungen: → Cahier d'activités Lehrerausgabe

8 Parler: Présenter un texte

Schwerpunkt: DELF-Aufgabe
Lerntechnik: Textzusammenfassung
Arbeitsform: Einzelarbeit
Sachfeld: Sport
Hinweis: Obligatorisch
Lösungsmöglichkeiten: C'est une publicité pour le Rollerparc Avenue. J'ai trouvé ce texte dans mon livre de français. Il décrit le parc avec précision et nous donne le prix d'entrée, les horaires d'ouverture ainsi que son adresse. La photo montre un roller en pleine action. En résumé on peut dire que cette publicité nous présente avec précision le parc. Personnellement, je n'aime pas ce sport. La publicité n'a donc pas d'effet sur moi. / Comme j'aime ce sport, j'ai noté l'adresse et samedi prochain je vais y aller.

9 Savoir faire: Continuer la communication

Schwerpunkt: Gesprächssituative Aufgabe
Lerntechnik: Sprachmittlung
Arbeitsform: Einzelarbeit
Sachfeld: Redemittel
Hinweis: Obligatorisch
Lösungen: → Cahier d'activités Lehrerausgabe

10 Comment aider les jeunes beurs sans travail? → GBH §§3, 4

Schwerpunkt: Grammatikaufgabe: *Subjonctif* und *Indicatif*
Arbeitsform: Einzelarbeit

Sachfeld: Berufe
Hinweis: Obligatorisch
Lösungen: → Cahier d'activités Lehrerausgabe

11 Auto-contrôle 1: Les règles de Nathan → GBH §§3, 4
Schwerpunkt: Auto-contrôle: Grammatikaufgabe: *Subjonctif* und *Indicatif*
Arbeitsform: Einzelarbeit
Sachfeld: Regeln
Hinweis: Obligatorisch
Lösungen: → Cahier d'activités Lehrerausgabe

12 Auto-contrôle 2: Deux amies et leurs parents → GBH §5
Schwerpunkt: Auto-contrôle: Grammatikaufgabe: *faire faire* und *laisser faire*
Arbeitsform: Einzelarbeit
Sachfeld: Lebenswelt
Hinweis: Obligatorisch
Lösungen: → Cahier d'activités Lehrerausgabe

Landeskunde

Die französischen Vorstädte:
Unter *Banlieues* versteht man die Vorstädte bzw. Siedlungsgebiete an den Rändern einer großen Stadt. Heute schwingt meistens eine negative Bedeutung bei dem Begriff *Banlieue* mit. Obwohl er eigentlich neutral zu gebrauchen ist, wird vielfach nur an die tristen Häuserblöcke gedacht, in denen viele Einwanderer, Arbeitslose und sozial schwache Familien leben. Als Probleme werden dort Kriminalität, Gewalt, Perspektivlosigkeit, Drogen- und Alkoholmissbrauch angesehen. In letzter Zeit sind Jugendliche aus den *Banlieues* wieder in die Schlagzeilen gekommen durch Auseinandersetzungen mit der Polizei. Gerade aus dem Jahr 2005 sind viele Zeitungsartikel zu finden, die als ergänzendes authentisches Material in den Unterricht eingebaut werden können.

Faïza Guène:
Faïza Guène wurde 1985 in Bobigny geboren. Sie ist eine junge französische Autorin mit algerischen Wurzeln. 1999 begann sie, Drehbücher für Kurzfilme zu schreiben. „*Kiffe kiffe demain*" war ihr erster Roman, der 2004 veröffentlicht wurde. Im Jahre 2006 folgte „Du rêve pour les oufs". Nach ihrem Abitur studierte sie Soziologie, widmet sich aber derzeit nahezu ausschließlich ihrer Karriere als Schriftstellerin.

Renaud Séchan:
Er ist vor allem unter dem Namen *Renaud* bekannt. Er wurde 1952 in Paris geboren und ist ein bekannter französischer Sänger und Komponist. 1975 beginnt seine Karriere mit dem Album „Hexagone". Seine Lieder behandeln häufig gesellschaftskritische Themen. Seine Texte kennzeichnen sich sprachlich v.a. durch populäre Ausdrücke („Argot" und „Verlan"). Zu seinen bekanntesten Liedern zählen „Manhattan-Kaboul", „Dans mon H.L.M." und „Laisse béton". Bis heute hat er zahlreiche Alben veröffentlicht und viele Konzerte gegeben. Heute lebt er mit seiner Frau und seinem Kind die meiste Zeit in London.

Yannick Noah:
Yannick Noah ist ein französischer Tennisspieler und Sänger, der am 18. Mai 1960 als Sohn eines Kameruners und einer Französin in Sedan geboren wurde. Neben zahlreichen Turniersiegen (u. a. French Open 1983) spielte er 11 Jahre lang im französischen Daviscup-Team. Nach seiner aktiven Karriere im Profi-Tennis ist er bei Schaukämpfen aufgetreten und hat mit humoristischen Einlagen sein Publikum unterhalten. Im Zuge seiner musikalischen Karriere hat er mit den

Liedern „Saga Africa" und „Métisse" große Erfolge gefeiert. Zahlreiche Hilfsorganisationen wie z. B. „Les restos du cœur" unterstützt er durch sein soziales Engagement. Er gilt als einer der beliebtesten Franzosen. Yannick Noah ist Vater von fünf Kindern.

Disiz la Peste:
Disiz la Peste ist ein französischer Rapper und Autor, dessen erstes Album „Le Poisson Rouge" im Jahre 2000 erschien. Sein bürgerlicher Name lautet Serigne M'Baye Gueye. Er wurde 1978 in Frankreich geboren. Seine Mutter ist Belgierin, sein Vater Senegalese. In seinen Liedern beschäftigt er sich vielfach mit dem Leben in den Banlieues. Mit dem Titel „J'pète les plombs" aus dem Jahr 2000 landete er einen großen Erfolg. Mittlerweile hat er in einigen Film- und Fernsehproduktionen mitgewirkt.

Vorschläge für Projekte und Klassenraumaktivitäten

Interviews führen:
Die Schüler arbeiten in Zweiergruppen und überlegen sich Fragen, die sie Mitschülern anderer Nationalitäten stellen könnten. Dabei sollen sie herausfinden, wann und unter welchen Umständen sie nach Deutschland kamen, wie sie das Leben in und mit zwei Kulturen erleben, welche konkreten Erfahrungen sie damit im Alltag machen, ob sie zu beiden Kultur- und Sprachkreisen Zugang haben usw. Danach führen die S Gespräche mit ausgewählten Schülern. Falls keine Mitschüler zur Verfügung stehen, können sie auch Bekannte befragen. Wenn diese kein Französisch sprechen, übersetzen die S die Antworten ins Französische.

Videoclip erstellen:
Die Schüler können eigene Ideen zu einem Videoclip entwickeln. Sinnvoll ist es, die Schüler vor der Präsentation des offiziellen Videoclips aufzufordern, in Gruppen Ideen zu möglichen Drehorten, Situationen, Darstellern zu notieren. Eine Schülergruppe sollte, wenn möglich, mehrere Experten umfassen, von denen jeder eine spezielle Funktion erfüllt.

Referat halten und Lebenslauf erstellen:
Als zusätzliche Aufgabe können sich die Schüler einen der beiden Sänger Yannick Noah oder Disiz la Peste aussuchen. Zu Hause sollen sie sich Informationen besorgen und diese stichwortartig vorbereiten, so dass sie in der Lage sind, diesen Künstler in einem Vortrag zu präsentieren. Darüber hinaus kann mit ihnen eine Lebenslaufvorlage an ihrer Person erstellt werden. Ausgehend von diesem Modell schreiben die Schüler den Lebenslauf der von ihnen gewählten Person auf (vgl. Lebenslauf-Vorlage siehe Texte A, *Autour du texte*-Aufgabe 1).

Andere Künstler mit zwei verschiedenen Kulturen und deren Musik vorstellen:
In vielen Ländern gibt es Künstler, die aus multikulturellen Familien stammen oder die sich mit Problemen der heutigen Jugend beschäftigen. Die Schüler suchen sich einen Sänger aus, stellen seinen Lebenslauf und seine Musik vor.

DOSSIER 3

Vorbemerkungen

Situative Kontexte: In **Teil A** lernen die Schüler Delphine kennen, eine junge Frau, die bis zu ihrem 18. Lebensjahr auf dem Land lebte. Danach zog es sie, wie viele andere Jugendliche, die eine Arbeit suchen, in die Stadt. Die Erinnerungen an ihre Jugendzeit bleiben jedoch lebendig. In einem Gespräch mit ihrer Freundin äußert sie, dass sie sich vorstellen könnte, aufs Land zurückzukehren. Viele Gründe sprechen dafür.

Der Film *„Camping à la ferme"* in **Teil B** erzählt die Geschichte sechs junger Männer, die in einem Vorort von Paris leben. Aufgrund ihrer kriminellen Aktivitäten wurden sie zu Gefängnisstrafen verurteilt. Der Richter jedoch will ihnen die Möglichkeit geben, ihr Leben zu ändern, und schickt sie, in Begleitung des Erziehers Amar, in ein kleines Dorf in der Nähe von Lyon, wo sie gemeinnützige Arbeit verrichten sollen. Die ambitionierte Bürgermeisterin nutzt diese Gelegenheit, um ihre politische Macht zu stärken, will sie doch die nächsten Wahlen für sich entscheiden. Aber welche Haltung zeigt die Dorfbevölkerung? Unterstützt sie das Engagement der Bürgermeisterin oder ist sie dagegen, kriminelle Jugendliche aufzunehmen? Nutzen die sechs Jugendlichen ihre Chance?

In **Teil C** treffen die Schüler Azouz Begag, den Drehbuchautor des Films *„Camping à la ferme"*, und erfahren, wie die Idee zum Film entstanden ist. Darüber hinaus berichten zwei der Jungdarsteller über ihre Erfahrungen am Set.

Frankreich in Zahlen ist das Thema von **Teil D**.

Kommunikative Schwerpunkte: Die Schüler werden befähigt, sich über Filme und Aufnahmeperspektiven zu äußern und am Beispiel des Stadt- und Landlebens zu argumentieren. Außerdem lernen sie, Statistiken zu lesen und auszuwerten.

Grammatische Schwerpunkte: Die Demonstrativpronomen *celui, celle, ceux* und *celles,* sowie die Wiederholung der Relativpronomen, die Bildung des *conditionnel passé*, der irreale Bedingungssatz III und die indirekte Frage und Rede in der Vergangenheit bilden die grammatischen Pensen dieser Lektion.

Lernbereiche	Lerninhalte	Übungen
Textverständnis	– Autour du texte	SB S. 30, 35, 36
Lerntechniken	– Pour parler d'un film – Internetrecherche – Arbeit mit dem einsprachigen Wörterbuch	SB S. 33 SB S. 35 SB Ex. 1 S. 37
Grammatik	– Conditionnel présent Wdh. – Conditionnel passé – Direkte und Indirekte Rede	CdA S.19 SB S. 30 Ex. 1, 2, CdA S. 20 SB S. 30, Ex. 3
Integration	– Komplexe Aufgabe zu den einfachen und zusammengesetzten Relativpronomen	SB Ex. 1 und 2 S. 34 CdA Ex. 4 S. 21

Lernbereiche	Lerninhalte	Übungen
Transfer	- Werbetext verfassen - Bewerbungsschreiben für ein Filmcasting - Video-clip - Diskussion Leben in der Stadt und auf dem Land	SB S. 30 SB S. 35 CdA Ex. 10 SB Ex. 2 S. 37
Ecouter et comprendre	- Chanson «Le balcon de la cité»	SB S. 31 S-CD
Landeskunde	- Azouz Begag	Internet

Entrée: Ville ou campagne?

Überschrift: —

Entrée: *une relation; un scénario; une ferme*

Schritte		Medien
1	**Hinführung 1:** Der L zeigt die Bilder der Folie D3/1 mit Ausnahme des Bildes 1. Die S wählen ein Foto aus und beschreibt es in wenigen Sätzen. Für beide Bilder unten rechts gibt der L den S das Wort « un clocher » bzw. « le clocher de l'église » Anschließend beantworten sie die folgenden Fragen: *Où aimerais-tu vivre? à la ville? à la campagne (dans un village)? au bord de la mer? à la montagne? Pourquoi? Qu'est-ce que c'est la vie à la campagne pour toi? Et la vie en ville?*	Folie D3/1
2	**Erarbeitung 1:** Anhand der Bilder, insbesondere Bild 6, kann der L einige neue Vokabeln des Blogs vorentlasten. Dazu stellt er den S präzise Fragen, z. B.: *A votre avis combien d'habitants vivent dans cet immeuble?* An die Schülerantworten anknüpfend, z. B. *certainement plus de 10 000 habitants* , führt der L neue Wörter ein, z. B. *Les habitants, c'est la population d'une ville. Quand le nombre d'habitants au km² est très élevé, la densité est très forte. Les appartements sont comme des cages.* Der L notiert die neuen Wörter an die Tafel oder auf Folie. Die Semantisierung kann durch Zeichnungen unterstützt werden.	Folie D3/1
3	**Hinführung 2:** Der L zeigt das erste Bild der Folie 1 und fragt die S: *Qu'est-ce que vous voyez sur cette photo? Nous sommes en ville ou à la campagne?* Die S beschreiben dieses Bild und sollen zeigen, wie verschieden die beiden Männer sind. Vergleich: *L'homme de la ville et l'homme de la campagne.* (vêtements, âge, téléphone portable …) *Où habitent-ils? Qui a l'air plus heureux? L'homme de la ville vit dans une cage.* (Bild 6). *L'homme de la campagne dans une ferme.* (Bild 3) *Pourquoi sont-ils ensemble sur un tracteur? Quelle relation ont-ils? Père-fils?* Der L notiert die unterstrichenen Wörter an die Tafel oder auf die Folie.	Folie D3/1 SB
4	**Erarbeitung 2:** Dies S öffnen das Buch S. 28 und lösen selbstständig die Aufgaben 1 und 2, nachdem der L das Wort „scénario" übersetzt hat.	SB
5	**Festigung 1:** Die S erstellen mithilfe der neuen Wörter und der ihnen bereits bekannten Wörter zum Thema „Stadt" ein filet à mots (SB S. 28 Ex. 3).	SB

Ville ou campagne?

1 La relation

Schwerpunkt: Bild interpretieren, Meinung äußern, kreatives Schreiben oder Gespräch
Hinweis: Schriftliche oder mündliche Durchnahme empfohlen. Als HA auch möglich.
Arbeitsform: Partnerarbeit / Einzelarbeit
Neu: une couverture
Sachfeld: Land- und Stadtleben
Lösungsmöglichkeiten: **a)** Qui est ce paysan en chemise bleue et qui est cet homme en costume élégant? Un père et son fils? Un ouvrier et son patron? Le paysan conduit son tracteur à travers la campagne et le jeune homme téléphone. Le vieil homme et le jeune homme ne se parlent pas. Ils n'ont rien à se dire. Ils appartiennent à deux mondes différents.
b) Un vieux paysan est allé chercher l'ami de sa fille à la gare. Le jeune homme vient de la ville. Il porte un beau costume marron, une chemise noire. Il est assis sur une couverture. Le tracteur n'est pas confortable. Et en plus, il téléphone. Le vieil homme n'est pas content. Ce jeune homme ne pourra pas l'aider.

2 Camping à la ferme:

Schwerpunkt: Kreatives Schreiben
Arbeitsform: Partnerarbeit / Einzelarbeit
Hinweis: Schriftliche Übung. Auch als HA geeignet.
Sachfeld: Land- und Stadtleben
Lösungsmöglichkeiten: Un vieux paysan veut faire un camping pour les enfants des cités de la ville voisine. Un éducateur vient de la ville. Il préparera avec le paysan le terrain de camping et ensuite s'occupera des enfants pendant les vacances. Le jeune homme ne connaît pas la vie à la campagne. Le vieil homme est inquiet.

3 Deux filets à mots

Schwerpunkt: Wortschatz aktivieren
Arbeitsform: Klassenverband
Hinweis: Mündliche und schriftliche Übung.
Sachfeld: Land- und Stadtleben
Lösungsmöglichkeiten:
Bild 1: La mer, la plage, un touriste, un pin, le ciel bleu, se baigner, nager.
Bild 2: La campagne; un arbre; une maison dans les arbres; une ferme; une forêt; vert/e;
Bild 3: Un village; une église; des cités (une cité); un toit rouge; un mur rouge ou blanc
Bild 4: Un village de pêcheurs, une barque de pêche, un petit port
Bild 5: Une cité, un immeuble, la population, une densité forte
Bild 6: Une vieille église; un clocher; le clocher de l'église (un cimetière, si les élèves demandent le mot.)

Texte A: Le blog de Delphine: Vivre à la campagne

Vortext:	*retourner; un choix,*
Abschnitt 1:	*la densité ; une population; le voisin/la voisine du dessus; tousser; une cage; le droit, un salon; alors que; grille; une merguez; gêner qn; le stress; une pollution, ressembler à qn*
Abschnitt 2:	*profiter de qn/qc; papoter; rassurant/e*
Abschnitt 3:	*haut/e; Saint-Tropez*
Abschnitt 4:	*être stressé/e; respirer qc; frais/fraîche*
Nachtext:	*critiquer qn/qc; vachement*

Schritte		Medien
1	**Hinführung 1**: Der L liest zuerst die erste, dann die zweite „Approche"-Frage vor, die S beantworten sie. Die SB sind und bleiben geschlossen. Dann wird das Thema „Ville ou campagne" in einem L-S-G thematisiert. Der L stellt den S folgende Fragen: *Où habites-tu? C'est la ville ou la campagne? Aimes–tu y habiter? Justifie ta réponse.* Anschließend werden die Einführung zum Blog de Delphine angehört.	SB
2	**Erarbeitung 1:** Die S können Hypothesen aufstellen über die «4 bonnes raisons de Delphine», auf dem Land zu bleiben. Der L notiert die besten Argumente der S an der Tafel oder auf eine Folie. Normalerweise sollten gewöhnliche Argumente auftauchen wie *«le calme, un air pur, de l'espace»* aber vielleicht auch *«les promenades dans la campagne, les contacts avec les voisins»*, usw.	
3	**Hinführung 2:** Die SB bleiben weiterhin geschlossen. Die S hören zuerst die Aufnahme zum «Blog de Delphine» und tragen zusammen, was sie verstanden haben. Der L kann einige Fragen stellen: *Qui parle? Quel va être le thème du blog?*	S-CD
4	**Erarbeitung 2**: Die S hören Delphines ersten Grund und vergleichen Delphines Argumente mit den zuvor an der Tafel gesammelten eigenen Argumenten. Der L kann dazu fragen: *Quelle est la première raison de Delphine?*	S-CD
5	**Festigung 1:** Der L schreibt die folgenden Überschriften an die Tafel: *«le bruit, les voisins, le barbecue, le stress, les cafés et la pollution»*. Jeder S wählt eine Überschrift aus. Die Bücher sind jetzt geöffnet, die S lesen den gesamten Text und suchen nach Delphines Argumenten, passend zur gewählten Überschrift.	SB
6	**Festigung 2:** Zu jeder Überschrift stellen die S ihre Ergebnisse vor. Diese werden als TB vom L festgehalten. Als Grundlage für das TB könnte die Tabelle 1 SB S. 30 dienen.	TB D3/1
7	**Sicherung 1:** In PA bearbeiten die S die „Au-delà du texte"-Aufgabe unter Zuhilfenahme der Arbeitsergebnisse aus Festigung 2.	
8	**Transfer:** Als Transferaufgabe bietet sich Ex. 2 SB S. 37 an.	SB
9	**Erarbeitung 2:** Das conditionnel passé S schauen sich die Folie D3/2 oder das TB D3/2 an. Anschließend erarbeiten die S folgende Übung: An der Tafel oder auf Folie stehen folgende ungeordnete Formen: *j'ai; elle était, nous sommes, nous sommes rentrés, vous aurez; nous aurions vu; j'ai regardé; elle était arrivée; tu serais; vous aurez dit; tu serais resté, nous aurions*. Die S haben die Aufgabe, in PA diese Formen zu ordnen. Im anschließenden UG stellen sie ihre Lösungsvorschläge vor und erläutern ihr Ordnungsprinzip. (Aspekte, die benannt werden könnten: einfache/zusammengesetzte Formen, Namen der Zeitformen/Modus, Erkenntnis, dass zur Bildung der zusammengesetzten Formen die einfachen verwendet werden… → neu: conditionnel passé (Einige Schüler sollten das Conditionnel passé schon/noch kennen). Die S werden dazu angehalten, eine Regel für die Bildung des conditionnel passé zu formulieren. Das Ergebnis wird an der Tafel notiert und mittels zweier Beispiele veranschaulicht. Conditionnel passé = temps composé: auxiliaire avoir ou être au conditionnel présent + participe passé du verbe conjugué.	Folie D3/2 TB D3/2

10	**Festigung 3:** Die S lösen Aufgabe 1 SB S. 30 zuerst mündlich im UG und dann schriftlich.	SB
11	**Hinführung 2:** Die S erhalten in Vorbereitung auf das Stundenthema ein Aufgabenblatt, das sie als HA lösen sollen. Im UG werden die Ergebnisse verglichen und dabei das Wissen über die Bedingungssätze I und II reaktiviert und zusammengefasst. (Die Übersicht im GBH S. 20, ohne Zeile 3, könnte hierbei zum Einsatz kommen.)	KV D3/1
12	**Erarbeitung 3:** Der irreale Bedingungssatz der Vergangenheit (III) Der L erklärt den Bedingungssatz der Vergangenheit im LV und entwickelt dabei die Übersicht D3/A3 an der Tafel.	TB D3/3
13	**Festigung 4:** Als Übung bietet sich Aufgabe 2 SB S. 30 an.	SB
14	**Hinführung 3:** Der L zeigt den S die Zeichnung zu § 9 im GBH, S. 20 (Die Zeitenfolge in der indirekten Rede). Die Sprechblasen sind leer. Es erfolgt ein kurzes L-S-G zum Inhalt. Folgende Fragen sind möglich: *Qui est-ce que vous voyez sur l'image? Où sont les garçons? Que font-ils?* Danach erhalten die S die Aufgabe: *Travaillez à deux et mettez-vous à la place des deux jeunes. Inventez un petit dialogue*. Anschließend tragen einige SG ihren Dialog vor. Nun leitet der L zum Inhalt über: *Voyons maintenant ce que les deux garçons disent.*	GBH
15	**Erarbeitung 4:** Die indirekte Rede in der Vergangenheit Nachdem die S die beiden Sätze auf der Folie vorgelesen haben, wird im UG anhand dieser die Funktion der indirekten Rede herausgearbeitet. Anschließend wird ein TB erstellt, das um weitere Angaben ergänzt wird.	TB D3/4
16	**Sicherung 1:** Die S bearbeiten selbstständig Übung 3A SB S. 30.	SB
17	**Festigung 5:** Als HA bietet sich Übung 3B SB S. 30 an.	SB

TB D3/1 Les deux mondes de Delphine

Les deux mondes de Delphine

Thème	En ville	A la campagne
Le bruit	– quand on veut faire un barbecue ou une fête, on dérange les voisins	– on peut écouter de la musique forte – on peut même chanter – il y a du silence
Le barbecue	– il est interdit de faire un barbecue	– tu peux en faire quand tu veux (papa grillait des merguez)
Les voisins	– ils t'entendent tousser – dans l'appartement, tu ne peux pas faire ce que tu veux – ils ne se connaissent pas – ils ne s'intéressent pas à leurs voisins	– on a beaucoup de liberté – les voisins se connaissent bien – ils habitent un peu plus loin, mais on se rend visite – ils s'aident mutuellement – ils ont le temps de papoter ensemble
Les cafés	– on peut choisir	– il y en a un seul: le Café de la Place
Le stress	– on est stressé – tout le monde court	– on a moins de stress
La pollution	– il y a toutes sortes de pollution	– il y a moins de pollution – on respire l'air frais – on profite de la belle nature

TB D3/2 Le conditionnel passé

Le conditionnel passé

Das conditionnel passé ist eine zusammengesetzte Verbform, die aus dem conditionnel présent von avoir oder être und dem participe passé des jeweiligen Verbs gebildet wird. Die Angleichung des participe passé erfolgt nach den gleichen Regeln wie beim passé composé.

travailler	rester
j'aurais travaillé	je serais resté, resté**e**
tu aurais travaillé	tu serais resté, resté**e**
il, elle aurait travaillé	{ il serait resté elle serait resté**e**
nous aurions travaillé	nous serions resté(**e**)**s**
vous auriez travaillé	vous seriez resté(**e**)(**s**)
ils, elles auraient travaillé	{ ils seraient resté**s** elles seraient resté**es**

TB D3/3 La phrase conditionelle III

La phrase conditionnelle III

NS = Bedingung		HS = Erfüllung der Bedingung
Si + **plus-que-parfait**	⟶	*conditionnel passé*
1. Si Delphine **avait trouvé** un travail dans son village,		elle *serait restée* là-bas.
2. S'il **était resté** toute sa vie à la campagne,		il *aurait* toujours *eu* peur de la ville.
3. Si nous **avions eu** le choix,		nous nous *serions décidés* pour une vie à la campagne.

Das Geschehen liegt in der Vergangenheit. Die Erfüllung der Bedingung ist nicht möglich.

TB D3/4 Le discours indirect au passé

Le discours indirect au passé

	Handlung im NS		
HS im Präsens	Vorzeitigkeit	Gleichzeitigkeit	Nachzeitigkeit
	DAVID	DIT	QUE
	le coq l'énervait. l'a énervé. (imp. od p.c.)	le coq l'énerve. (prés.)	le coq l'énervera. (futur)
HS in einer Zeitform der Vergangenheit	DAVID	A DIT	QUE
	l'énervait. le coq l'avait énervé. (imp. bzw. plus-que-parfait)	le coq l'énervait. (imparfait)	le coq l'énerverait. (conditionnel présent)

Achte auf folgende Veränderungen :

Direkte Rede		Indirekte Rede
hier	=	la veille
aujourd'hui	=	ce jour-là
demain	=	le lendemain
ici	=	là-bas

Autour du texte

Schwerpunkt: Textverständnisaufgabe, Sammeln und strukturieren von Informationen, Meinung äußern, Vergleiche anstellen
Arbeitsform: Partnerarbeit /Einzelarbeit
Hinweis: Schriftliche Durchnahme empfohlen.
Sachfeld: Land- und Stadtleben

Lösungsmöglichkeiten: 1.

	En ville	A la campagne
Le bruit	On n'a pas le droit de faire de bruit, de courir, de faire une rave partie, de jouer au foot ou de crier dans son appartement.	Les enfants peuvent crier comme ils veulent, et on peut faire beaucoup de bruit.
Le barbecue	On n'a pas le droit de faire du feu, un barbecue ou de faire beaucoup de fumée.	On peut faire un barbecue avec de la fumée à un kilomètre autour de la maison.
Les voisins	Les voisins ne se connaissent pas. Personne ne demande à son voisin comment il va.	Les voisins se connaissent, se rendent visite et discutent ensemble. Ils font aussi du troc avec leurs légumes. Quand on a besoin de quelque chose, on va chez ses voisins.
Les cafés	Il y a des cafés avec des noms bizarres, comme le «Buddha Bar», le «Techno bar» ou le «Shiva's Delight». Pour être à la mode, les habitants des villes vont dans les cafés chics.	Tout le monde va dans le même café parce qu'il n'y en a qu'un seul. Il s'appelle presque toujours «Le café de la Place» parce qu'il est sur la place du village.
Le stress	Tout le monde est pressé et stressé. Tout le monde court. On ne voit pas le temps passer. Pour savoir en quelle saison ils se trouvent, les habitants des villes doivent regarder les vêtements dans les magasins.	Les gens qui courent sont ceux qui font du jogging ou qui courent après leur chien. On prend le temps de vivre et on voit le temps et les saisons passer.
La pollution	En ville, il y a trop de voitures. La pollution est très forte. Il y a aussi des usines. La pollution avec le bruit est aussi très forte.	Il y a moins de pollution.

2. **Ce qui me manquerait à la campagne**: Sortir en boîte / aller danser dans une discothèque, regarder les derniers films au cinéma, sortir avec mes copains ou copines dans les cafés / faire une activité sportive comme la danse, le karaté ou l'escalade / faire du lèche-vitrines / regarder les vitrines des magasins / flâner avec mes copains ou copines dans la zone piétonne / ne pas être dépendant(e) de mes parents pour aller quelque part / faire la connaissance de jeunes de mon âge.
Ce qui me manquerait en ville: Se promener dans les bois, les champs, cueillir des fleurs, des fruits, respirer un air pur, écouter les oiseaux chanter, regarder les animaux en liberté, etc.
Neu: un bruit
Status: Obligatorisch

Au-delà du texte

Schwerpunkt: Textproduktion. Verschiedene Aspekte aufzeigen.
Lerntechnik: kreatives Schreiben, Meinungen äußern
Arbeitsform: Als HA geeignet
Hinweis: Schriftliche Aufgabe
Sachfeld: Landleben
Status: Obligatorisch

Lösungsmöglichkeiten: Venez vivre à la campagne!
Ralentissez votre rythme de vie! / Profitez de la vie! Apprenez à vos enfants les secrets de la nature! Offrez-vous de grands espaces et le silence / calme! Savourez la possibilité de laisser vos enfants jouer au grand air!

Pratique A

1 S'exercer: C'est trop tard → GBH § 7

Schwerpunkt: Grammatikaufgabe: Gesetzmäßigkeit anwenden, Gebrauch des *Conditionnel passé* in modaler Bedeutung
Arbeitsform: Schriftliche Durchnahme empfohlen
Hinweis: Einzelarbeit
Status: Obligatorisch
Lösungsmöglichkeiten: 1. On aurait dû prendre le métro. 2. Vous auriez pu faire attention. 3. Ils auraient mieux fait de rester en ville. 4. J'aurais préféré habiter à la campagne.

2 S'exercer: Après les vacances → GBH § 7

Schwerpunkt: Grammatikaufgabe: Gebrauch des *Conditionnel passé*.
Nie Conditionnel passé in Si-Nebensätzen
Lerntechnik: Gesetzmäßigkeiten anwenden
Arbeitsform: Schriftliche Durchnahme enpfohlen
Hinweis: Einzelarbeit
Status: Obligatorisch
Lösungsmöglichkeiten: 1. Si nous étions allé(e)s en Provence, on aurait eu du soleil. 2. On aurait passé de très bonnes vacances s'il n'avait pas plu tous les jours. 3. Si l'eau avait été plus chaude, on aurait pu se baigner. 4. S'il n'avait pas fait trop de vent, j'aurais fait des excursions en bateau. 5. Nous aurions fait du ski tout l'hiver si nous avions vécu à la montagne.

3 S'exercer: Delphine raconte ... → GBH § 9

Schwerpunkt: Grammatikaufgabe: Argumente (eines Dritten) anführen. Indirekte Rede
Lerntechnik: Gesetzmäßigkeit anwenden
Arbeitsform: Schriftliche Durchnahme empfohlen. Die Übung 3 B kann als HA aufgegeben werden.
Hinweis: Selbstständig
Status: Obligatorisch
Lösungsmöglichkeiten: a) Une amie de la campagne m'a dit: 1. qu'elle connaissait la vie à la campagne. 2. que la nature était/est très belle. 3. que je m'habituerais très vite à cette façon de vivre. 4. qu'elle avait vécu à la campagne quand elle était petite. 5. que demain, nous achèterions un petit chien.
b) Des amis de la ville m'ont: 1. dit que je n'allais pas m'amuser dans mon village. 2. demandé qui avait décidé de quitter la ville. 3. demandé si je m'étais disputée avec mes voisins. 4. demandé comment j'avais trouvé notre nouvelle maison. 5. dit que la campagne n'allait pas me plaire/ne me plairait pas.

Texte B: Camping à la ferme

Approche: *Le balcon de la cité*

chanson: *S'affaler, une silhouette, un fantôme, un phare, oyez braves gens! un teneur de mur, un écho, hurler, brûler, un taureau d'acier, un bouclier, aboyer, haïr, la haine, une aube, un cantonnier, un balai, balayer, calciné/e, sédimenter un horizon, hisser les voiles*

	Schritte	Medien
1	**Hinführung 1:** Ausgehend von den Erkenntnissen aus Dossier 2 „ la banlieue" zählen die S Dinge auf, die man vom „balcon de la cité" sehen kann. Der L notiert einige Ausdrücke an der Tafel oder auf eine Folie. Danach fragt der L: *Qu'est-ce qui se passe de temps en temps dans les banlieues? (Des voitures sont en flammes, brûlent.) Qu'est-ce qui se passe ensuite? (La police arrive.) Qu'est-ce qu'ils ont sur la tête? (Un casque.) Et à la main? (Un bouclier.)* Diese Wörter können zeichnerisch erklärt werden.	SB
	Erarbeitung 1: Schließlich hören die S das Lied und bearbeiten das AB, um die Schlüsselwörter zu verstehen. (Kopiervorlage D3/2)	S-CD KV D3/2

Abschnitt 1: *la justice; le/la juge; un éducateur/une éducatrice; le centre social*
Abschnitt 2: *une zone; ressembler à qn/qc; celui/celle/ceux/celles; une habitude; tout le temps; un petit ami/une petite amie*
Abschnitt 3: *un maire; ambitieux/ambitieuse; une élection; la politique*
Abschnitt 4: *certainement; un paysan/une paysanne; un champ*
Abschnitt 5: *un musulman/une musulmane; un clocher*
Abschnitt 6: *fatigant/e; terminer qc; faire de la pub(licité)*

	Schritte	Medien
1	**Hinführung 1:** Die Bücher sind geschlossen. Der L legt das Foto der 6 Jungen und ihres Erziehers als Folie auf. Die S hören sich den ersten Textabschnitt an und notieren die Schlüsselwörter. Zuvor hatte der L das Wort „TIG" an die Tafel geschrieben und erklärt.	Folie D3/3 S-CD Folie D3/4
2	**Erarbeitung 1:** Die S präsentieren ihre Schlüsselwörter und versuchen, sich eine Fortsetzung der Geschichte auszudenken. *Qu'est-ce qui va se passer?* Die S erzählen kurz ihre Vorstellungen in französischer Sprache. Anschließend leitet der L zur HV-Übung über: *Ecoutons l'histoire.*	
3	**Erarbeitung 2**: Die S bearbeiten zuerst ein AB zum Text, dessen Fragen das HV erleichtern soll. Anschließend erfolgt die Kontrolle im Plenum.	SB KV D3/3
4	**Erarbeitung 3:** Nun sind die SB geöffnet. Jeder S löst die Aufgabe.	KV D3/4
5	**Festigung 1:** Der L schreibt die Namen Amar, Bouba, Luigi und Mme le maire an die Tafel. Die S erzählen deren Geschichte.	
6	**Sicherung:** Die S bearbeiten individuell die Aufgaben 1 und 2 SB S. 32. Aufgabe 2 sollte als HA vorbereitet werden. Hierfür notiert jeder S seine Argumente. In der Unterrichtsstunde werden die Argumente der S gesammelt und an der Tafel oder auf Folie festgehalten. Anschließend führen die S in Kleingruppen (3-4 S) zum Thema kleine Diskussionen.	SB

7	**Erarbeitung 4:** *Les pronoms démonstratifs* In Vorbereitung auf die Stunde wiederholen die S mittels einer HA die Demonstrativbegleiter. Die HA wird im Unterricht besprochen und somit das Wissen zu den Demonstrativbegleitern reaktiviert. Der L leitet anschließend über und nennt die Schüleraufgabe: Ihr lernt heute die **Demonstrativpronomen** kennen. Erarbeitet selbstständig den § 6 im GBH S. 17 und beantwortet folgende Fragen: *1. Welche Formen haben die Demonstrativpronomen? 2. Welche Funktion erfüllen sie? 3. Welche Besonderheit weisen sie auf? Findet euch anschließend in Zweiergruppen zusammen und diskutiert eure Lösungen.* Zum Schluss trägt ein S seine Antworten vor, die der L in ein TB integriert.	SB TB D3/5 GBH TB D3/6
8	**Festigung 2:** Die S lösen Ex. 2 SB S. 34.	

TB D3/5 Devoir – révision

Devoir – révision

1. Comment appelle-t-on les formes ce, cet, cette et ces?
2. Traduisez en français.

– diese Schülerin	– dieses Mal	– dieser Pullover
– dieser Mann	– diese Jugendlichen	– diese Mädchen

TB D3/6 Les pronoms démonstratifs

Les pronoms démonstratifs

1. heißen

	m.	f.
sg.	celui	celle
pl.	ceux	celles

2. ersetzen ein vorausgehendes Nomen
   - Quel pull vous allez prendre? ⟶ Celui-*ci* ou celui-*là?*
   - Ce sont tes pantalons? ⟶ Non, ce sont ceux *de* mon frère.
   - Tu connais cette fille? ⟶ Celle *qui* habite à côté de toi?
   - Quelles chaussures mets-tu ? ⟶ Celles *que* j'ai achetées hier.
3. stehen nie allein. Entweder folgen die Stützwörter –ci/-là, ein Relativsatz mit qui/que/dont/où oder eine präpositionale Ergänzung mit de, pour, avec, sans usw.

Autour du texte

Schwerpunkt: Textverständnisaufgabe, Selektives Lesen
Lerntechnik: Meinungen äußern, Sammeln und Strukturieren von Informationen
Arbeitsform: Schriftliche Übungen, auch als HA möglich
Hinweis: Selbstständig
Sachfeld: Soziales Leben
Landeskunde: Ein französischer Film über die Probleme der Vororte (banlieues)
Status: Obligatorisch

Lösungsmöglichkeiten: 1. Bouba s'est bien battu pour pouvoir aider Anaïs qui est très belle et dont il est amoureux/et avec qui il aimerait sortir./Assane est toujours en train de téléphoner à sa copine. Luigi refuse de restaurer une église avec Larbi et chante le coran sur le clocher de l'église. Jean-Rachid et David n'arrêtent pas de bavarder et de fumer.
2. Je pense que c'est une bonne idée parce que la prison n'est pas une solution pour ces jeunes. Mais comme ça, ça ne fonctionne pas. Il faudrait que les jeunes travaillent vraiment pour apprendre sérieusement quelque chose. Mais ces jeunes ne font rien et il n'y aura pas de conséquences positives. De plus, il faut que le travail soit vraiment utile: aider des personnes en difficultés, travailler dans un hôpital avec des enfants malades, etc.

Au-delà du texte

Les plans et les angles/siehe Seite 108
Schwerpunkt: Delf-Aufgabe
Arbeitsform: Partnerarbeit, selbstständig
Hinweis: Bilder mit Wörtern verbinden
Sachfeld: Film-Bildersprache
Neu: un plan d'ensemble; un paysage; un gros plan; une émotion; un plan américain; une ceinture; la plongée; la fragilité; un caméraman; la contre-plongée
Status: Fakultativ
Landeskunde: Ein französischer Film
Lösungsmöglichkeiten: A 2 parce qu'on voit l'ensemble d'un paysage. B 3 parce qu'on ne voit qu'un visage. C 5 parce que les jeunes sont «coupés» au niveau de la ceinture. D 4 parce que la scène est filmée d'en haut. E 1 parce que la scène est filmée d'en bas.

Pratique B

1 Réviser: Etre réalisateur

Schwerpunkt: Grammatikaufgabe: *les pronoms relatifs,* Verbformen
Grammatik: Relativpronomen und Gebrauch der Tempora
Lerntechnik: Gesetzmäßigkeiten anwenden
Hinweis: Mündliche und schriftliche Übung
Arbeitsform: Selbstständig
Sachfeld: Filmsprache
Status: Obligatorisch
Neu: un metteur en scène, une metteuse en scène / un réalisateur, une réalisatrice
Lösungsmöglichkeiten: 1. Avant de tourner son film, le réalisateur Jean-Pierre Sinapi a lu le scénario que l'auteur Azouz Begag lui avait envoyé. 2. Les deux hommes sont allés dans la banlieue parisienne où ils ont interviewé beaucoup de gens. 3. Sinapi a invité beaucoup de jeunes parmi lesquels il a choisi les acteurs qui lui ont plu le plus. 4. Il a donné des rôles aux jeunes en qui il a cru/croyait. 5. Les jeunes parlaient une langue à laquelle il a dû d'abord s'habituer. 6. Après, l'équipe a choisi deux villages dans lesquels on a tourné le film. 7. En banlieue, le metteur en scène a cherché les lieux dont il avait besoin pour montrer l'ambiance des quartiers difficiles.

2 S'exercer: Pendant le tournage → GBH § 6

Schwerpunkt: Grammatikaufgabe: *les pronoms relatifs et démonstratifs*, Verbformen
Grammatik: Relativ- und Demonstrativpronomen
Lerntechnik: Gesteuerte Textproduktion, ein Bild beschreiben
Arbeitsform: Selbstständig/ Klassenverband und dann schriftliche Durchnahme empfohlen
Status: Obligatorisch
Neu: un agriculteur/une agricultrice, un âne, une casquette, une veste, une montre

Lösungsmöglichkeiten: Bouba, c'est le noir au milieu qui se cache derrière les autres. Luigi, c'est celui qui a une barbe et qui est très religieux. Jean-Rachid, c'est celui-ci. David, c'est celui-là. Assane, c'est celui avec le portable/dont le portable est toujours ouvert. Larbi, c'est celui qui porte des lunettes de soleil. Mme le maire, c'est celle qui est au premier plan.

3 La compréhension audiovisuelle: Une bande-annonce → track video 2

Schwerpunkt: Hörverstehensaufgabe
Lerntechnik: Bildgestütztes Hörverstehen
Arbeitsform: Partnerarbeit/Selbstständig
Arbeitsform: Partnerarbeit/Selbstständig
Hinweis: Schriftliche Durchnahme empfohlen
Status: Obligatorisch
Lösungsmöglichkeiten:

Scènes	Sujet	Musique	Acteurs
1	départ	rock	les garçons, Amar
2	cri du coq		un coq
3	discussion dans la mairie	accordéon	Mme le maire, gens du village
4	arrivée	accordéon	les garçons, Amar
5	les garçons se lèvent	accordéon	les garçons, Amar
6	coup de téléphone sur le tracteur	accordéon	paysan, Assane
7	achat d'une saucisse	accordéon	Amar, vendeur
8	prière musulmane sur l'église	chant religieux	Luigi
9	observation des jeunes	orientale	gens du village
10	marche dans la rue	orientale	les garçons

Texte C: Deux mondes bien différents

Abschnitt 1: *une émission; une larme; fondre en larmes; la maladie de la vache folle; en même temps; l'exode rural; une racine; paysan/ne*
Abschnitt 2: *un milieu; le quotidien; au jour le jour*
Abschnitt 3: *tomber bien; typique de qn/qc; faire une gaffe; responsabiliser qn*

Schritte		Medien
1	**Hinführung 1**: Der L schreibt die Wörter « fondre en larmes, la maladie de la vache folle, monde rural, monde de la ville et racines» an die Tafel. Die S haben das SB geöffnet (S. 105) und hören den ersten Abschnitt des Textes an.	S-CD Tafel
2	**Erarbeitung 1**: Die S sollen die Aufgabe «Autour du texte 1» lösen (S. 35).	SB
3	**Erarbeitung 2:** Die Vokabeln zu den Abschnitten 2 und 3 werden semantisiert: un milieu = Ähnlichkeit zum Dt.; le quotidien = Übersetzung; au jour le jour = Übersetzung; tomber bien = Tu viens le samedi? Ça tombe bien car j'ai le temps; faire la gaffe = Übersetzung; responsabiliser qn = la responsabilité, être responsable. Dann hören die S die Abschnitte 2 und 3 zweimal und lösen die Aufgaben 2 und 3.	SB

Schritte		Medien
4	**Transfer:** Die S schreiben einen Bewerbungsbrief für ein Casting für den Film „Camping à la ferme."	

Autour du texte

Schwerpunkt: Textverständnisaufgabe
Lerntechnik: Selektives Lesen
Arbeitsform: Klassenverband
Hinweis: Mündliche und schriftliche Übung
Lösungsmöglichkeiten: 1. Azouz Begag veut mettre les jeunes des banlieues en contact avec le monde rural et ainsi leur faire connaître leurs racines.
2. L'acteur avait les mêmes problèmes que David: Il n'aimait pas trop l'école, il ne s'entendait pas avec ses parents, il ne pensait pas à son avenir et il a fait des bêtises.
3. **a)** J'aimerais bien jouer Anaïs parce que c'est la seule fille de mon âge et parce que les garçons se battent pour pouvoir l'aider. En plus, elle n'a pas de problèmes avec la justice ou avec un maire qui veut profiter de son malheur. **b)** J'aimerais bien jouer le rôle de Larbi. J'aime les monuments anciens. Travailler avec mes mains me plaît beaucoup. J'aime bien aussi voir le travail que je fais. **c)** Le rôle de David, c'est pas mal, non plus. Il est dehors et comme j'adore le foot, ça me plairait de travailler sur un terrain de sport.

Au-delà du texte

Schwerpunkt: Meinungen äußern
Lerntechnik: Kreative Aufgabe
Arbeitsform: Einzelarbeit
Hinweis: Schriftliche Übung
Lösungsmöglichkeiten:

Stefan Müller
Harpenden Straße 12
D-55232 ALZEY
Alzey, le ………………..

Objet: Votre annonce «Camping à la ferme»

Madame, Monsieur,

Suite à votre annonce, je me permets de me présenter. J'ai 17 ans et je suis en 11e classe. Je m'intéresse beaucoup au film et depuis 5 ans, je joue dans un groupe de théâtre et je suis fou de rap. Comme j'ai habité longtemps à Berlin Kreuzberg, je connais bien les problèmes de la ville.
Je voudrais aussi connaître la vie à la campagne. Mes grands-parents travaillaient dans une ferme.

Dans l'espoir d'une réponse positive, je vous prie de croire, Madame, Monsieur, à l'expression de mes salutations distinguées.

Signature

Ci-joint: C.V.

Texte D: Quelques chiffres sur la France

actuel/le; démographique; croître; contribuer à qc; une hauteur; industriel/le; certes; élever qn/qc; la sécurité; une chute; la pression; une organisation; la scolarité

Schritte		Medien
1	**Hinführung 1:** Der L stellt den S die Aufgabe: *A quoi pensez-vous quand vous entendez „la France"?* Nachdem jeder S seine Antwort formuliert und in der Klasse vorgetragen hat, leitet der L über: *Et moi, je pense à beaucoup de chiffres. Et en voici quelques-uns.*	
2	**Erarbeitung 1:** Die Zahlen aus dem Text stehen in ungeordneter Reihenfolge an der Tafel. Die Zahlen werden laut vorgelesen. Anschließend hören die S den Text bei geschlossenen Büchern und ordnen die Zahlen. Das Ergebnis wird in der Klasse ausgewertet.	S-CD
3	**Erarbeitung 2:** Teilschritt-Text Erarbeitung	
4	**Festigung 1:** Die S lesen den Text nun laut vor. Die Vokabeln werden semantisiert: croître = an Tafel zeichen; contribuer à qc = dt; une hauteur = haut/e; certes = *(hier :)* évidemment, bien sûr, élever qn = les parents élèvent leurs enfants: les enfants sont élevés par leurs parents; la sécurité = security; une chute = tomber; la pression = demonstrieren am Bsp; la scolarité = les années passées à l'école pour un élève	SB
5	**Festigung 2:** Die S bearbeiten individuell die Aufgabe «Autour du texte» SB S. 36.	SB
6	**Sicherung:** Die S lösen die «Au-delà du texte»-Aufgabe 1 SB S. 36 als HA.	SB
7	**Transfer:** Die S führen die Internet-Recherche entsprechend der «Au-delà du texte»-Aufgabe 2 SB S. 36 durch. Anschließend stellen sie die Ergebnisse im Vergleich zu Frankreich grafisch dar und erklären diese. Die Arbeit sollte als Gruppenarbeitsphase organisiert werden (3-4 Schüler). Je 1 S der Gruppe (dieser wird erst am Ende vom L bestimmt) präsentiert das Arbeitsprodukt.	SB

Autour du texte

Schwerpunkt: Textverständnisaufgabe
Lerntechnik: Selektives Aufgabe
Arbeitsform: Klassenverband
Hinweis: Schriftliche Durchnahme empfohlen
Neu: irlandais/irlandaise, l'Irlande
Status: Obligatorisch
Lösungsmöglichkeiten: 1. c, 2. b et c, 3. b, 4. b

Au-delà du texte

Schwerpunkt: Statistiken lesen und auswerten
Lerntechnik: Lesen, verstehen, erklären (auf Deutsch und auf Französisch), Vergleiche anstellen
Arbeitsform: Einzelarbeit/Partnerarbeit
Hinweis: Schriftliche Übung, Internet-Recherche
Sachfeld: Statistik

Lösungsmöglichkeiten: La France compte 61 044 684 habitants. Son taux de croissance annuel est de 0,62 % et sa superficie est de 551000 km^2. Sa densité est de 110,69 habitants au km^2. L'espérance de vie des femmes est de 79 ans, celle des hommes de 73 ans. Le taux de natalité est de 13 %, celui de la fécondité est de 1,98 enfants par femme. Le taux de mortalité est de 9,14 %. 99 % de la population est alphabétisée.

Pratique D

1 Mot à mot: Les communes françaises et leurs maires

Schwerpunkt: Französische Verwaltung kennen lernen
Lerntechnik: Dinge beschreiben, Wortbildung
Arbeitsform: Einzelarbeit
Hinweis: Schriftliche Durchnahme empfohlen
Sachfeld: Politik
Neu: une administration; élire qn/qc; un conseil municipal; un conseiller/une conseillère; appliquer qc; une décision; un Etat; une loi; un mariage; un électeur/une électrice, une commune
Landeskunde: Verwaltung in Frankreich
Lösungsmöglichkeiten: organiser; administrer; une décision; appliquer; un mariage; une élection; municipal/e/municipaux/-ales; départemental/e/départementaux/-ales; régional/e/régionaux/-ales; une nation; une loi; une administration.

2 Communiquer: Vivre en ville ou à la campagne?

Schwerpunkt: Meinungen äußern
Lerntechnik: Sammeln und Strukturieren von Informationen, Vergleiche anstellen
Sachfeld: Auf dem Land oder in der Stadt leben
Arbeitsform: Gruppenarbeit
Hinweis: Selbstständig, schriftliche Durchnahme empfohlen
Neu: un résultat; un inconvénient
Status: Obligatorisch
Lösungsmöglichkeiten:
→ 1. Les avantages de vivre en ville: Les lieux de rencontre (café, restaurants, clubs, piscine, patinoire, bibliothèque etc.); le choix des écoles (collège, lycée, école de musique, école de danse etc.) ; les transports en commun (autobus, métro, tramway, RER etc.); les quartiers modernes (Collecte des déchets, parcs et jardins); les cinémas, théâtres, conférences, concerts.

→ 2. Les avantages de vivre à la campagne: Les voisins (on se connaît bien) ; l'école proche de la maison ; la nature (rivières, forêts, champ, air pur); les maisons (grandes, cheminée, jardin); les activités: le canoë, le cheval, courir dans les bois; les promenades dans la nature.

→ 1. Les inconvénients de vivre en ville: Les lieux de rencontre sont pour les adultes; les classes ont beaucoup d'élèves; les transports en commun chers et sales, les camions font du bruit; la pollution est grande, circulation dense; les immeubles sont des cages; les sorties sont chères; vivre en ville coûte cher. Si on veut rencontrer des amis, il faut aller dans des cafés, des clubs ou des associations et il faut payer. Il y a trop d'élèves et les professeurs ne nous connaissent pas bien. On ne peut pas appendre la musique ou faire de la danse dans de bonnes écoles.

→ 2. Les inconvénients de vivre à la campagne: les voisins nous regardent toujours ; les professeurs nous rencontrent dans le village; pas de bus donc pas de sortie sans papa et maman; des activités d'été seulement.

Zu den Übungen im Cahier d'activités

1 Si on écoutait toujours les autres

Schwerpunkt: Grammatikaufgabe: *Conditionnel présent*
Lerntechnik: Hypothesen aufstellen, Gesetzmäßigkeiten anwenden
Hinweis: Wiederholung
Sachfeld: Landleben
Lösungsmöglichkeiten:
a) → Cahier d'activités Lehrerausgabe
b) 1. Si je vendais mes vaches, je serais malheureux(-euse). 2. Ma ferme me manquerait, si je vivais dans un appartement en ville. 3. Si ta mère et moi travaillions moins, tu devrais nous aider. 4. Si tes enfants me voyaient plus souvent, ils pourraient jouer avec moi.

2 Si c'était à refaire → GBH § 7

Schwerpunkt: Grammatikaufgabe: *Conditionnel passé*
Hinweis: Gesetzmäßigkeiten anwenden
Lösungsmöglichkeiten: → Cahier d'activités Lehrerausgabe

3 Interview sur le tournage → GBH § 9

Schwerpunkt: Grammatikaufgabe: *Indirekte Rede*
Lerntechnik: Gesetzmäßigkeiten anwenden
Grammatik: Indirekte Rede
Hinweis: Einzelarbeit
Sachfeld: Film
Lösungsmöglichkeiten: **a)** Jérôme voulait savoir 1. … pourquoi ils restaient toute la journée à regarder le tournage. 2. … ce qui les avait intéressés ce jour-là pendant le tournage. 3. … quelles scènes ils avaient le plus aimées. 4. … combien de scènes de ce tournage ils avaient déjà vues. 5. … à quel tournage du film ils iraient la prochaine fois. 6. … s'ils aimeraient jouer dans un film.
b) Qu'est-ce que vous en pensez? – Cette idée ne me plaît pas trop. 1. Comment avez-vous eu l'idée de me proposer cette interview avec des fans qui regardent le tournage de *Camping à la ferme*? 2. Pensez-vous vraiment que ça peut intéresser les lecteurs? 3. Pourquoi ne m'avez-vous pas proposé une interview avec le réalisateur de *Camping à la ferme*? 4. N'auriez-vous pas pu avoir un rendez-vous avec lui dans la journée? 5. Avez-vous une nouvelle idée à me proposer? – Je vais y réfléchir.

4 Un casting → GBH § 6

Schwerpunkt: Grammatikaufgabe: *Demonstrativpronomen* und *Relativpronomen*
Lerntechnik: Gesetzmäßigkeiten anwenden
Hinweis: Einzelarbeit
Lösungsmöglichkeiten: → Cahier d'activités Lehrerausgabe

5 Vivre à la campagne, quelle barbe!

Schwerpunkt: Übersetzung
Hinweis: Tandemarbeit mit gegenseitiger Kontrolle
Sachfeld: Trost zusprechen
Lösungsmöglichkeiten: → Cahier d'activités Lehrerausgabe

6 Ecouter: Etre maire → CD 1, track 24

Schwerpunkt: Selektives Hörverstehen
Hinweis: Einzelarbeit/Klassenverband
Lösungsmöglichkeiten: → Cahier d'activités Lehrerausgabe

7 Parler: Et si vous changiez tout?

Schwerpunkt: DELF-Aufgabe, Meinung äußern,
Lerntechnik: Gesprächssituative Aufgabe, Direkte Rede/ Indirekte Rede
Hinweis: Partnerarbeit
Sachfeld: Lebenswelt, Gefallen ausdrücken
Lösungsmöglichkeiten:
Bild 1: J'aimerais bien vivre là-bas tout au nord. Je crois que ça fait partie du Danemark. J'aime le froid vif, la neige, les toits rouges des maisons. J'aime aussi les hivers longs. En plus, l'été, les nuits sont très courtes. Les gens sont très gentils. Mais il y a un problème: je ne parle pas encore danois. – Il / elle aimerait bien vivre au Danemark parce qu'il / elle aime le froid vif et la neige et il / elle trouve que les Danois sont très gentils. Mais il / elle ne parle pas danois.

Bild 2: J'aurais aimé vivre au Moyen-Age. J'aurais été un chevalier et j'aurais porté un beau costume avec un casque et j'aurais gagné le cœur de ma belle en me battant avec courage./ J'aurais été la fille d'un comte et un beau chevalier m'aurait emmenée sur son cheval après s'être battu avec un duc vieux et laid.

Bild 3: Je serais une actrice / un acteur célèbre. Je tournerais en France, en Allemagne des films que tout le monde irait voir. Je rencontrerais les grands de ce monde. J'aurais une villa sur une île ensoleillée, un appartement près de la Tour Eiffel et un autre à New York.

Bild 4: Je vivrais volontiers sur une autre planète mais habitée. Pourquoi pas avec des petits hommes verts. Je serais moi aussi un petit homme vert / une petite femme verte et je rêverais à mon tour d'être sur une autre planète pourquoi pas sur la terre.

8 Lire: Change ta chambre!

Schwerpunkt: **a)** + **b)** Lesen und verstehen; **c)** Kreatives Schreiben
Lerntechnik: **a)** + **b)** Selektives Lesen; **c)** Wunsch/Begehren ausdrücken, Kritik äußern
Hinweis: Einzelarbeit
Sachfeld: Wohnung
Status: Obligatorisch
Lösungsmöglichkeiten: **a)** + **b)** → Cahier d'activités Lehrerausgabe
c)

Monsieur,

J'ai regardé votre émission qui me plaît beaucoup. Un de mes copains m'a donné l'idée de vous écrire parce que je n'aime plus ma chambre. Elle ressemble trop à une chambre d'enfant. Il y a trop de couleurs et trop de posters avec des petits animaux. Mon bureau est trop petit pour moi. Donc, il m'en faudrait un plus grand. Comme couleurs, je préfèrerais le jaune ou le vert clair. A la place des animaux, j'aimerais mieux regarder des posters de mes stars préférées. En plus, il me faut de la place pour y mettre mes affaires. Et enfin, j'aimerais avoir un coin où je pourrais bavarder avec les copines et copains.

Je compte sur vous et vous envoie mes salutations les meilleures.

XY

9 Ecrire: Ce que cachent les chiffres.

Schwerpunkt: Verstehen und interpretieren
Lerntechnik: **a)** Kreatives Schreiben mithilfe von Bildstimuli; **b)** Argumente finden und schreiben
Hinweis: Einzelarbeit, HA
Sachfeld: Demographie
Lösungsmöglichkeiten: **a)** – Ce dessin est une caricature qui représente l'interview d'une

maman française. Le journaliste est très petit, la maman et les enfants très grands. La maman a des bouchons dans les oreilles. La petite fille a une robe rouge, le petit garçon un pantalon vert et le bébé, un pantalon bleu. Tout le monde crie ou pleure. Le journaliste veut savoir pourquoi les femmes françaises font beaucoup d'enfants. La réponse est simple: elles sont sourdes. C'est drôle parce que le journaliste semble ne pas comprendre et la maman semble violente et vulgaire: elle ne sait pas s'occuper de ses enfants.
– Le dessin montre une maman avec trois enfants qui pleurent et crient. La maman n'a pas l'air énervée, elle semble calme et sourit. Un homme la regarde. Il se demande pourquoi elle a des bouchons dans les oreilles. Elle lui explique que si les mamans françaises font plus d'enfants que les autres européennes, c'est parce qu'elles n'entendent pas leurs enfants pleurer: elles ont de meilleurs bouchons pour les oreilles.
b) 1. Les Français aiment les grandes familles. La vie des Français est plus facile. On les aide à travailler et à s'occuper de leurs enfants. Les enfants peuvent aller à l'école quand ils ont deux ans. En France, les femmes qui ont des enfants travaillent aussi, et on ne trouve pas ça mal.
2. Les Français sont fiers, car ils disent qu'ils sont les champions d'Europe. Les Français aiment avant tout être les premiers. C'est pourquoi ils sont fiers d'être champions d'Europe de la natalité!

10 Savoir faire: Un «vidéo-clip»

Schwerpunkt: Ein Lied interpretieren
Lerntechnik: Kreatives Schreiben, Gefühle ausdrücken
Sachfeld: Gefühlswörter, Landschaft beschreiben, Film- und Bildersprache
Lösungsmöglichkeiten: **a)** Quand j'entends cette musique, je ne suis plus en Allemagne, je ne suis plus en France, je suis déjà en Orient, au Moyen Orient. Je ferme les yeux, mes mains bougent, mon corps bouge lentement. Le soleil me caresse. **b)** Je tournerais un film avec des contrastes: les scènes dans la cité sous la pluie et dans le vent, avec des jeunes qui rient et jouent sur les bancs d'une cité parisienne. Et les scènes en Algérie qui est le pays du père qui rit et joue dans des ruelles brûlées de soleil et rues qui se terminent dans les dunes du Sahara.
c)

Plans	Personnages	Actions	Lieu	Angle
1.	Chanteur + amis	Chanter Rire et jouer	La cité Sous la pluie et dans le vent Puis sous le soleil d'Alger	Plan d'ensemble
2.		Rire et chanter	sous le soleil d'Alger	plan rapproché sur le chanteur qui devient le père
3.	Le père enfant	Rit et joue	Les rues d'Alger	Contre-plongée Sur le père
4.	Le père s'éloigne	chanter	Les dunes du Sahara	Plan d'ensemble sur les dunes du Sahara
5.	Le père redevient le fils + copains	Chanter, rires et jeux	Les dunes du Sahara se transforment en cité	Contre-plongée puis plan d'ensemble

12 Auto-évaluation

Schwerpunkt: Concordance des temps
Grammatik: Gebrauch der Tempora (Présent, imparfait, futur, conditionnel présent, subjonctif)
Lerntechnik: Choix multiple
Arbeitsform: Einzelarbeit
Lösungsmöglichkeiten: → Cahier d'activités Lehrerausgabe

Landeskunde

Azouz Begag
Azouz Begag wurde am 5. Februar 1957 in der Nähe von Lyon, in Villeurbanne, geboren. Seine Eltern, die ursprünglich aus Algerien stammen, kamen 1949 nach Frankreich. Die Familie lebte zu Beginn in einem Vorort von Lyon. Hier verbrachte Azouz Begag seine Kindheit, bevor er mit seinen Eltern in die Altstadt von Lyon zog. Azouz Begag studierte Soziologie und Ökonomie an der Universität von Lyon und erwarb hier den Doktortitel in Ökonomie zum Thema „L'Immigré et sa ville". Dieser führte ihn in die USA, nach New York, wo er als Gastprofessor arbeitete. Seit 1980 arbeitet er als Forscher am nationalen Forschungszentrum (Centre national de la recherche scientifique) und am Institut für Sozial- und Humanwissenschaften (Maison des sciences sociales et humaines) von Lyon. Darüber hinaus unterrichtet er als Lehrer an der Ecole Centrale de Lyon. 1987 stellte er den Antrag auf die französische Staatsbürgerschaft, die er 1989 erhielt.
Im Jahr 2004 wurde Azouz Begag Mitglied des Wirtschafts- und Sozialrates, der unter der Schirmherrschaft des ehemaligen französischen Premierministers Jean-Pierre Raffarin und des ehemaligen Innenministers Dominique de Villepin stand. Azouz Begag ist Träger des Ordens „Ritter des Nationalen Verdienstordens" und „Ritter der Ehrenlegion". Vom 2. Juni 2005 bis 5. April 2007 war er beigeordneter Minister für die Förderung von Chancengleichheit in der Regierung von de Villepin. Offen trat er gegen Nicolas Sarkozy auf und verkündete am 13. März 2007, dass er nicht für ihn zur Präsidentschaftswahl stimmen würde. Am 5. April 2007 trat er zurück, um seine Redefreiheit wieder zu erlangen. Im Präsidentschaftswahlkampf unterstützte er François Bayrou. Er selbst kandidierte bei den „élections législatives 2007" für den 3. Wahlbezirk im Département Rhône, wo er in der ersten Runde jedoch geschlagen wurde.

Azouz Begag ist nicht nur als Soziologe, Ökonom und Politiker, sondern auch als Romanschriftsteller bekannt. Er veröffentlichte mehr als 20 Bücher. In einigen seiner Romane ließ er sich vor allem durch seine Kindheitserlebnisse inspirieren. 1989 erschien „Béni ou le paradis privé », der Roman seiner Jugend. Er beschreibt darin die Diskriminierung der nicht weißen Bevölkerung Mitte der 70er Jahre. Weitere Titel sind „Le Gone du Chaâba" (1986), für den er 1996 den Jugendliteraturpreis „Prix Sorcières" erhält, und „Le marteau pique-cœur» (2004) mit einer Hommage an seinen Vater.

Weitere Werke: Zenzela (1997), Tranches de vie (1998), Le Passeport (2000), Ahmed de Bourgogne (2001), Un mouton dans la baignoire (2007), La guerre des moutons (2008)

Jugendliteratur:
Les Voleurs d'écriture (1990), La Force du berger (1991), Jordi et le rayon perdu (1992), Les Tireurs d'étoiles (1993), Le Temps des villages (1993), Une semaine de vacances à Cap maudit (1993), Mona ou le bateau-livre (1994), Quand on est mort, c'est pour toute la vie (1995), Ma maman est devenue une étoile (1996), Tranches de vie (Klett Verlag 1999), Le théorème de Mamadou (2002).

Außerdem ist Azouz Begag der Drehbuchautor des Films „Camping à la ferme". Hier zeigt er sein Bild eines multikulturellen Frankreichs. Der Film kam am 29. Juni 2005 in die französischen Kinos.

DOSSIER 4

Vorbemerkungen

Situativer Rahmen:
Im Fokus dieser Lektion stehen die deutsch-französischen Beziehungen und die interkulturelle Verständigung. Erfahrungen einer Deutschen, die in Frankreich ihre Muttersprache unterrichtet (Text A), ein deutsch-französisches Projekt organisiert von TV5MONDE und dem Deutsch-Französischen Jugendwerk (Text B) sowie die Historie der Kooperation zwischen Deutschland und Frankreich (Texte C und D) sind Themen dieser Lektion.

Kommunikative Schwerpunkte:
Den S wird die Gelegenheit gegeben, losgelöst von den Texten, ihre eigenen Standpunkte und Erfahrungen zu äußern, interkulturelle Missverständnisse zu thematisieren und Statistiken zu beschreiben. Darüber hinaus erhalten sie die Möglichkeit, ihren eigenen Lebenslauf und ein Bewerbungsschreiben zu verfassen.

Grammatische Schwerpunkte:
Die grammatischen Schwerpunkte der Lektion liegen in der *Verwendung zweier Pronomen* in einem Satz sowie in dem *Gebrauch der Possessivpronomen.*

Lernbereiche	Lerninhalte	Übungen
Textverständnis	– Autour du texte	SB S. 39 Ex. 1, 2 S. 41 Ex. 1, 2 S. 45 Ex. 1 S. 46 Ex. 1
Lerntechniken	– ein Bewerbungsschreiben verfassen – seinen Lebenslauf schreiben	SB S.44 Ex. 4 CdA S. 31 Ex. 5 S. 32 Ex. 8 SB S. 44 Ex. 3
Integration	– Autour du texte – Au-delà du texte	SB S.39 Ex. 3 SB S.39 Ex. 1, 2
Transfer	– Lire et comprendre: Mengenangaben – Längen- und Flächenmaße – Zahlen und Prozente	SB S. 43 Ex. 2 S. 47 Ex. 3
Hörverstehen	– DELF-Aufgabe	CdA S. 33 Ex. 9 a et b
Landeskunde	– Draguignan – Eugène Delacroix – Adenauer und de Gaulle – Der Elysée-Vertrag – Das Deutsch-Französische Jugendwerk – Die deutsch-französischen Beziehungen heute – Zahlen zu Deutschland und Frankreich und ihrer Wirtschaft im Vergleich – Die Berlinale und das Projekt „Dialogue en perspective“ – Verdun – Die CECA	 LB SB S. 45 LB SB S. 46 SB S. 43 Ex. 2 SB, S. 41

Entrée: La France et l'Allemagne

Überschrift: —
Entrée: *commenter qc; une caricature; un témoignage*

Schritte		Medien
1	**Hinführung 1:** Zur Auftaktseite zeigt der L den S das Bild 2 als stummen Bildimpuls. Falls den S nichts dazu einfällt, soll er die folgenden Fragen stellen: *Quel est le message de cette photo? Est-ce que c'est une image forte? Pourquoi?*	SB Folie D4/1
2	**Erarbeitung 1:** Die Stichwörter schreibt der L an die Tafel oder auf Folie: *les couleurs du drapeau français et allemand, la joie, le plaisir d'être ensemble, l'amitié franco-allemande, la jeunesse franco-allemande, les symboles etc.* Schließlich werden die Bilder 3 und 4 gezeigt und das Wort OFAJ an die Tafel oder auf die Folie geschrieben.	Folie D4/1
3	**Erarbeitung 2:** Der L fragt die S: *Qu'est-ce que c'est que l'OFAJ? Que fait l'OFAJ?* Erwartete Antworten: *L'OFAJ permet aux jeunes des deux pays de se rencontrer* (Bild 3: festival cinématographique de Cannes; Bild 3 und Bild 4: stage informatique ou de langue en tandem)	
4	**Erarbeitung 3:** Nun wird Bild 1 gezeigt und die folgende Frage gestellt: *Racontez ce que vous savez sur ces deux hommes.*	Folie D4/1
5	**Erarbeitung 4:** *Qui était Adenauer? Qui était de Gaulle? Cherchez des informations sur ces deux hommes.* Als HA sollen die Schüler eine Internet-Recherche über Adenauer und de Gaulle machen: www.wikipedia.org	Internet
6	**Erarbeitung 4:** Die S tragen zusammen, was sie über Adenauer und de Gaulle wissen. Der L notiert die wichtigsten Punkte an der Tafel.	
7	**Erarbeitung 5:** Die S versuchen, mit Hilfe des L die Karikatur zu verstehen und zu erklären. *Qui voit-on sur le dessin?* (Marianne et Germania) *Qui est Marianne? Qui est Germania?* (Les allégories de la France et de l'Allemagne) *Qu'est-ce qu'elles tiennent dans leurs mains?* (Le drapeau européen) *Pourquoi? Qu'est-ce que cela symbolise?* (L'Allemagne et la France guident l'Europe) D'après un tableau de Delacroix… « La liberté guidant le peuple ».	
8	**Festigung 1:** Die S lösen schriftlich die Aufgaben 1 und 2.	
9	**Festigung 2:** Die S hören die Aussagen von Victor und Malika und lösen zuerst mündlich und dann schriftlich die Aufgaben 3a und 3b.	S-CD SB

Aufgabe 1
Schwerpunkt: Bilder beschreiben und Meinungen äußern
Lerntechnik: Sammeln und Strukturieren von Informationen.
Arbeitsform: Im Plenum und dann als HA möglich
Hinweis: Zuerst mündlich, dann schriftlich.
Neu: guider
Status: Obligatorisch
Lösungsmöglichkeiten: Bild 1: Sur la photo, on voit le chancelier Adenauer et le Général De Gaulle. Ils sont dans une église. Cette photo est un symbole. Bild 2: La jeune fille symbolise l'Allemagne et le jeune homme la France. Ils sont heureux: ils sourient. Ce sont des amis. Ils ont oublié toutes les guerres et ne pensent qu'à vivre ensemble en paix. Bild 3: On voit des jeunes

devant une affiche de «La semaine internationale de la critique». On imagine que ce sont des jeunes Allemands et des jeunes Français. Bild 4: On voit un jeune Français et un jeune Allemand à l'OFAJ. Ils travaillent ensemble sur l'ordinateur. Bild 5: C'est une caricature du tableau «La liberté guidant le peuple». Ici, c'est «La liberté guidant la France et L'Allemagne».

Texte A: Une interview avec Michaela

Überschrift:	—
Abschnitt 1:	*un étudiant/une étudiante; la littérature; scolaire/scolaire; une année scolaire; Draguignan; la terminale, un assistant/une assistante*
Abschnitt 2:	*une motivation; faire la connaissance de qn/qc; partager qn/qc avec qn/qc*
Abschnitt 3:	*proche/proche (de); la patience; à l'écrit; à l'oral; étonner qn; un surveillant/une surveillante*
Abschnitt 4:	*la réunification; en général*
Abschnitt 5:	*l'économie (f.); un cliché; la civilisation; un saucisson; une bière*
Abschnitt 6:	*conclure qc de qc; sincère/sincère*

Schritte		Medien
1	**Hinführung 1:** Die Bücher sind geschlossen. Der L schreibt das Thema «l'école en France, le système scolaire français» an die Tafel und stellt die Frage: *Qu'est-ce que vous en savez?* Die S tragen ihr Wissen über das frz. Schulsystem zusammen, der L hält die Schülerbeiträge stichpunktartig an der Tafel oder auf Folie fest. Alternatives Vorgehen: Der L kann auch eine Folie zum französischen Schulsysten zeigen und die S beschreiben es. Die wichtigsten Vokabeln werden, sofern sie nicht bereits auf der Folie stehen, an der Tafel festgehalten. (année scolaire, la terminale, le bac[calauréat])	
2	**Hinführung 2:** Die Bücher sind noch immer geschlossen. Der L hat den Titel des Textes A an die Tafel oder auf die Folie geschrieben und fragt, wer Michaela ist: *Présentez Michaela.* Die S stellen Hypothesen auf und der L schreibt die wichtigen Wörter, die die S benötigen, an die Tafel oder auf Folie. Hierbei werden neue Wörter eingeführt wie *«une étudiante, la littérature, une assistante».* Der L kann den S mit gezielten Fragen Hilfestellungen geben: *Michaela, c'est un prénom allemand ou français? Où est-ce qu'elle peut vivre? En Allemagne? En France? Elle a quel âge? Qu'est-ce qu'elle peut faire en Allemagne? En France? etc.*	
3	**Erarbeitung 1:** Anschließend wird der Text angehört. Damit die S den Text verstehen können, erhalten sie eine Kopiervorlage.	S-CD KV D4/1
4	**Festigung:** Das AB wird korrigiert. Anschließend werden die S aufgefordert, Michaelas Interview mündlich zusammenzufassen.	SB
5	**Sicherung:** Die S lesen den Text leise und bearbeiten die „Autour du texte"-Aufgaben 1 und 2 und die „Au-dela du texte"-Aufgabe 1.	SB

Schritte		Medien
6	**Erarbeitung 2:** Die Possessivpronomen: Beim Besprechen der Antworten stellt der L vor dem letzten S die nachfolgende Frage und schreibt sie an die Tafel: *La ville de Lyon dans laquelle il/elle voudrait travailler comme assistant(e) est belle. Et la tienne? Quelle est ta ville préférée?* Die S beantworten die Frage. Anschließend werden mit Hilfe des Beispielsatzes und der Tabelle (Kopie) der Gebrauch und die Bildung der Possessivpronomen besprochen. Der L verteilt die Kopiervorlage und füllt sie mit den S gemeinsam aus.	KV D4/1
7	**Festigung 2:** Die Possessivpronomen: Die S bearbeiten die Aufgaben S. 28 Nr. 3 und 4 im Grammatischen Beiheft sowie die Aufgabe S. 40 Nr. 1 im SB.	GBH
8	**Erarbeitung 3:** Die Reihenfolge der Pronomen: Der L schreibt den Titel „*La place des pronoms dans la phrase*" an die Tafel und zeichnet eine dreieckige Fahne darunter. Dann fordert er die S auf, mit Hilfe der Sätze im Text die Reihenfolge herauszufinden und zu nennen, was durch das jeweilige Pronomen ersetzt wird.	TB
9	**Festigung 3:** Reihenfolge der Pronomen: Übungen im Grammatischen Beiheft: S. 28 Nr. 1 und 2	GBH

TB D4/1 La place des pronoms dans la phrase

La place des pronoms dans la phrase

Tu peux me dire comment on peut combiner les pronoms?

Oui, je peux te le dire. On les combine de la manière suivante:

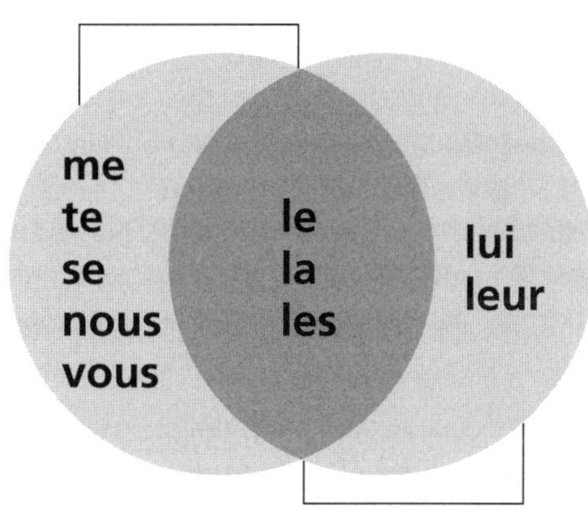

Autour du texte

Schwerpunkt: Textverständnis
Lerntechnik: Erschließendes Lesen
Arbeitsform: Einzelarbeit oder Partnerarbeit
Hinweis: Schriftliche Durchnahme empfohlen
Sachfeld: Schule
Landeskunde: Schule in Frankreich
Status: Obligatorisch
Lösungsmöglichkeiten: 1. Michaela Hartmann a 24 ans, elle est étudiante en littérature française/elle étudie la littérature française à Berlin et travaille comme assistante d'allemand en France, à Draguignan dans un lycée. Elle aide les élèves à apprendre l'allemand et à comprendre la culture allemande. Au début de l'année, ses élèves avaient du mal à parler allemand, mais avec de la patience ils ont fait des progrès. Elle est étonnée que les profs français ne mangent pas dans la même salle que les élèves, à midi à la cantine. Elle aime le système des surveillants. Ses élèves voulaient connaître la vie des jeunes de leur âge et également sa vie.

2. En France, les élèves passent toute la journée à l'école et y mangent aussi à midi. Il y a plus de discipline en France. En principe, l'oral est aussi important en France qu'en Allemagne mais les élèves français ont toujours peur de parler. Et il y a les surveillants. En Allemagne, les profs surveillent les élèves pendant les récréations et quand un autre prof est malade.

3. Nous avons déjà eu des cours avec une assistante de français. Elle a parlé très vite et on a eu du mal à lui expliquer qu'on ne la comprenait pas. Elle était choquée que nous sachions si peu de choses sur la France. Mais elle était très patiente. / Nous avons déjà eu cours avec une assistante de français. Elle venait de Lyon. Elle nous a appris des chansons à la mode et nous avons fait un repas «à la française» avec elle. Avec elle, on a également parlé du système scolaire et du sport en France. / Elle venait de Lausanne en Suisse. C'était bien: elle parlait moins vite qu'une Française. Et puis comme ça, on a su ce que c'était la francophonie!

Au-delà du texte

Schwerpunkt: Kreatives Schreiben oder Gespräch
Lerntechnik: Meinungen, Wünsche äußern
Arbeitsform: Einzelarbeit
Grammatik: Conditionnel
Landeskunde: Unser Nachbar, der Ausländer / unsere Nachbarin, die Ausländerin
Sachfeld: Klischees, Über seine eigene Zukunft schreiben
Lösungsmöglichkeiten: 1. J'aimerais travailler à Chamonix parce que je connais déjà cette petite ville des Alpes françaises. On peut y faire du sport toute l'année: du ski l'hiver, des balades quand il fait beau. On peut y faire de bons repas. J'adore la fondue savoyarde. En plus, c'est près de la Suisse où j'ai de la famille.

2. Les Français: ils boivent toujours du vin, sont toujours en retard, sont superficiels, indisciplinés mais polis. Les hommes portent un béret. Les femmes sont très élégantes. Ils mangent de la baguette à tous les repas. Ils sont sales: ils jettent leurs papiers n'importe où et il y a beaucoup de chiens dans les rues.
Les Allemands: ils boivent toujours de la bière, sont toujours à l'heure, n'ont pas de culture, sont racistes, sont toujours de mauvaise humeur. Les hommes portent toujours un chapeau avec une plume. Ils sont écolos et très propres.

Ce sont seulement des clichés. D'ailleurs, moi je suis allé/e en France et dans ma famille les parents ne buvaient pas de vin tous les jours. Le dimanche, quelquefois on ouvrait une bouteille de vin. On ne mangeait pas de baguette. Ils en ont acheté seulement pour me faire plaisir. Et à l'école on ne pouvait pas parler avec ses voisins pendant les cours. Etc. Tous les Allemands ne portent pas un chapeau avec une plume et mon père ne boit pas de bière mais quelquefois il boit un verre de vin après le repas.

A Pratique de la langue

1 S'exercer: C'est le mien ou le tien? → GBH § 12

Schwerpunkt: Grammatikaufgabe: *Possessivpronomen*
Lerntechnik: Gesetzmäßigkeiten anwenden
Arbeitsform: Einzelarbeit
Hinweis: Schriftliche Durchnahme empfohlen
Neu: un collègue/une collègue; une tasse
Status: Obligatorisch
Lösungen: 1. le sien, le mien 2. la sienne 3. les miennes 4. tienne

2 S'exercer: Carambolage et Karambolage → GBH § 10

Schwerpunkt: Grammatikaufgabe: *Personalpronomen*
Lerntechnik: Gesetzmäßigkeiten anwenden
Arbeitsform: Einzelarbeit
Hinweis: Schriftliche Durchnahme empfohlen
Neu: un bol; une tartine; tremper qc
Landeskunde: Kulturelle Unterschiede
Lösungen: 1. Carambolage est une émission d'Arte pour les Français et les Allemands. On leur y présente les différences culturelles entre les deux pays. 2. Vous voulez des exemples? Il y en a beaucoup. 3. Une habitude allemande que les Français en Allemagne ne comprennent pas: les piétons qui attendent au feu rouge. Quand on le leur demande, ils trouvent ça bizarre. 4. Demandez-le-leur et vous verrez! 5. Une habitude bizarre pour les Allemands, cette fois: le «bol»: Quand on leur en donne un au petit-déjeuner, ils font une drôle de tête. 6. Au début, raconte Jan qui a passé un an en France, ça fait drôle de boire dans un bol, mais après, on s'y habitue. 7. Le problème, c'est le café: il faut faire attention pour que la tartine n'y tombe pas. 8. C'est de l'art, mais il y a un truc avec la tartine dans le café: il faut l'y tremper et manger la tartine tout de suite après. Vive les différences.

Texte B: Dialogue en perspective

Überschrift:	*une perspective*
Approche:	*TV5 Monde; l'Office franco-allemand pour la jeunesse (OFAJ)*
Abschnitt 1:	*une tonne; le jury; un festival; un membre; concerner qn/qc*
Abschnitt 2:	*un mètre carré; un objectif; la critique*
Abschnitt 3:	*un appel à candidature; âgé/âgée (de); un lycéen/une lycéenne; une possibilité; une dizaine; être situé(e); Francfort-sur-le-Main; approfondir qc; une connaissance; Louis Malle; François Truffaut; également; contemporain/contemporaine; Luc Besson; Mathieu Kassovitz; Cédric Klapisch; en particulier; un événement; extraordinaire/extraordinaire; avoir l'intention de faire qc*

Schritte		Medien
1	**Hinführung 1:** Der L schreibt die Wörter «OFAJ», «TV5MONDE» und «Arte» an die Tafel. Die S tragen zusammen, was ihnen zu diesen Wörtern einfällt. Der L hält die Schülerbeiträge stichpunktartig an der Tafel fest.	
2	**Erarbeitung 1:** a) Anschließend werden die S aufgefordert, im Internet zu verschiedenen Themen zu recherchieren (siehe Landeskunde und siehe Vorschläge für Projekte und Klassenraumaktivitäten) bzw. einen unbekannten Text aus dem Internet selbstständig zu bearbeiten.	Internet

	b) Eine andere Möglichkeit besteht darin, die S aufzufordern, im Internet über die Berlinale und über den Preis „Dialogue en perspective" zu recherchieren: www.ofaj.org. Im Plenum werden die Ergebnisse vorgetragen.	
3	**Erarbeitung 2:** Das SB ist geöffnet und die S hören Textabschnitt 1. Anschließend können sie kurz erklären, was die Berlinale und der Preis „Dialogue en perspective" sind. Dann hören sie Textabschnitt 2 und fassen zusammen, wie man sich für die Teilnahme an der Jury „Dialogue en perspective" bewerben kann.	SB S-CD
4	**Festigung 1:** Die S bearbeiten die „Autour du texte"-Aufgaben 1 und 2 sowie die „Au-delà du texte"-Aufgabe 1.	SB S. 41, Ex. 1, 2 ;1
5	**Hinführung 2:** Der L fragt die S: *Qui aime le cinéma allemand? Donnez quelques noms de films allemands. Et le cinéma français, vous connaissez? Vous connaissez peut-être des acteurs? ou des films?* Die S nennen einige Namen, der L schreibt diese an die Tafel. Sollten den S keine französischen Filme einfallen, kann der L ihnen helfen, indem er die französischen und deutschen Titel einiger Filme nennt und anschreibt: Louis Malle = Au revoir les enfants/ Auf Wiedersehen, Kinder!; Lacombe Lucien; Viva Maria. François Truffaut = Les 4 cents coups/Die Unverschämten; Jules et Jim; Die letzte Metro. Luc Besson = Leon; Nikita; Le grand bleu/Im Rausch der Tiefe; Le 5ème élément/Das fünfte Element, Arthur et les Minimoys; Cédric Klapisch = Chacun cherche son chat/Jeder sucht sein Kätzchen; L'Auberge espagnole/ Barcelona für ein Jahr; Les poupées russes/Wiedersehen in St. Petersburg; Paris. Mathieu Kassovitz = La Haine/Hass; Les rivières pourpres/Die purpurnen Flüsse.	
6	**Hinführung 2:** Der L stellt die Frage: *Participer au prix „Dialogue en perspective" vous intéresserait? Pourquoi (pas)? »*	SB. S. 41, Ex. 2
7	**Erarbeitung 3:** Zunächst wird Elias' Brief leise gelesen. Die S skizzieren anschließend die Struktur eines Bewerbungsschreibens in ihr Heft und notieren sich für diese Textsorte typische Ausdrücke. *«Faites une demande pour faire partie du jury ».*	SB TB D4/2
8	**Festigung:** Die S werden aufgefordert, ein eigenes Anschreiben und den eigenen Lebenslauf für ihren Traumjob (z. B. als Schriftsteller, Journalist oder als Photograph) zu verfassen. Die TB und die Informationen im SB auf der S. 44 können dabei helfen.	TB D4/3 CdA, p. 32 Ex. 8
9	**Sicherung:** Der L liest einzelne Anschreiben vor. Wann immer der Traumjob benannt wird, hustet der L, anstatt das Wort vorzulesen. Die S sollen erraten, für welche Stelle das Anschreiben verfasst worden ist.	

Autour du texte

1.

Schwerpunkt: Textverständnisaufgabe
Lerntechnik: Selektives Lesen
Arbeitsform: Klassenverband
Hinweis: Schriftliche Durchnahme empfohlen
Sachfeld: Film
Landeskunde: OFAJ, kultureller Austausch
Lösungsmöglichkeiten: 1. 4 jeunes Français et trois jeunes Allemands forment le jury du prix « Dialogue en perspective ». Le prix a pour objectif d'encourager le dialogue interculturel et d'éveiller l'intérêt des jeunes Français pour le cinéma allemand. C'est un prix organisé par TV5MONDE et l'OFAJ.

2. Il faut avoir de 18 à 29 ans et parler les deux langues. On demande aux participants d'écrire la critique d'un film et de passer un entretien.

Au-delà du texte

1.
Schwerpunkt: DELF-Aufgabe; Internet-Recherche
Lerntechnik: Meinung äußern, jemandem etwas vorstellen
Arbeitsform: Einzelarbeit
Hinweis: Schriftliche Durchnahme empfohlen
Landeskunde: Film
Lösungsmöglichkeiten: 1. C'est un festival de film comme celui de Cannes. Il a été créé en 1951. Il avait lieu en été maintenant il a lieu en février. Il y a beaucoup de films, de stars et de prix. Le meilleur film reçoit un ours d'or (l'ours est le symbole de la ville de Berlin).

2. Pourquoi pas? Mais je ne parle pas assez bien le français et je ne suis pas fan du cinéma allemand. Je préfère les productions américaines ou les films «bollywood». // Ça dépend quand. Pendant les vacances, peut-être. Mais quand il y a école, j'ai trop peu de temps: je dois aller au lycée, faire mes devoirs et en plus j'ai mon entraînement de foot et des cours de guitare. // Bien sûr! J'aime le cinéma allemand et je trouve que les Français ne le connaissent pas assez. Il faut donc le faire connaître. Heureusement il y a Fatih Akim. Ma correspondante de l'île de la Réunion a étudié «Im Juli, im Bauch» en cours d'allemand et aussi le film de Caroline Zweig «Irgendwo in Afrika». Elle devrait demander à faire partie du jury.

Autour du texte

3.
Schwerpunkt: DELF-Aufgabe; Internet-Recherche
Lerntechnik: Meinung äußern
Arbeitsform: Einzelarbeit
Hinweis: Schriftliche Durchnahme empfohlen
Landeskunde: Film
Lösungsmöglichkeiten: De Luc Besson, j'ai vu *Taxi 1*, *Le grand Bleu* et *Arthur et les Minimoys*. // Je ne connais pas les films de Luc Besson: je n'en ai vu aucun. J'ai beaucoup aimé *L'Auberge Espagnole* et *Paris* de Cédric Klapisch. J'ai moins aimé *Les Poupées Russes*. // Moi, je ne connaissais même pas son nom. Je connais l'acteur Mathieu Kassovitz mais pas le réalisateur. Il a joué dans *Le Fabuleux Destin d'Amélie Poulain* //J'ai vu *La Haine* et *Les Rivières pourpres*. Je ne me souviens pas de l'acteur.

Luc Besson: Né le 18 mars 1959, Paris. Ses parents étaient moniteurs de plongée. Profession: Réalisateur: *Subway, Le Grand Bleu/Im Rausch der Tiefe, Nikita, Léon/Leon – der Profi, Le Cinquième Élément/Das fünfte Element; Arthur et les Minimoys* et surtout la série de films *Taxi*. Ne veut plus faire de films mais s'occuper de jeunes dans les banlieues.

Cédric Klapisch: Né le 4 septembre 1961, Neuilly-sur-Seine, dans une famille juive non pratiquante Profession: Réalisateur: *Le Péril jeune; Chacun cherche son chat/Jeder sucht sein Kätzchen; L'Auberge espagnole/Barcelona für ein Jahr; Les Poupées Russes/Wiedersehen in St. Petersburg; Paris.*

Mathieu Kassovitz: Né le 3 août 1967, Paris, fils d'un réalisateur hongrois qui a quitté Budapest en 1956 Profession: Acteur et réalisateur: a joué dans *Le Cinquième Élément; Le Fabuleux Destin d'Amélie Poulain, Astérix & Obélix: Mission Cléopâtre,* a réalisé *La Haine/Hass; Les Rivières pourpres/Die Purpurnen Flüsse*

4.
Schwerpunkt: Textverständnis
Lerntechnik: Besondere Ausdrücke finden und notieren
Arbeitsform: Einzelarbeit
Hinweis: Schriftliche Durchnahme empfohlen
Sachfeld: Offizielle Formulierungen
Status: Obligatorisch
Lösungen: Siehe unten oder SB S. 44 Ex. 4

TB D4/2 La France et l'Allemagne

Adresse

Lieu, Date

Objet

Adresse de l'entreprise/*du destinataire*

Madame, Monsieur,

Suite à votre appel/ annonce à candidatures … , je me permets de poser ma candidature.

[Description de ce qu'on a déjà fait/ ta formation/ tes expériences.]

Agé/e de … ans …

[Info: Pourquoi est-ce que tu t'intéresses pour ce poste?]

[La fin de la lettre officielle]

Dans l'espoir que ma candidature vous intéressera, je reste à votre disposition pour tout renseignement complémentaire. Vous trouvez ci-joint mon curriculum vitae.

Veuillez agréer, Madame, Monsieur, l'expression de ma sincère considération.

Signature

TB D4/3 Curriculum vitae

Curriculum vitae

Nom — Tél.

Adresse — E-Mail:

Données personnelles

Né/e le

à

nationalité

état civil

Formation

…–… Ecole primaire: .... ville

…–… Lycée : .... ville

…–… Baccalauréat, série : ....

Expériences (professionnelles): ....

Autres activités: ....

, le …

(ville) (date) signature

Pratique B

1 Réviser et s'exercer: Grâce à l'OFAJ ...

Schwerpunkt: Grammatikaufgabe: *Relativpronomen*
Lerntechnik: Gesetzmäßigkeiten anwenden
Arbeitsform: Einzelarbeit
Hinweis: Schriftliche Durchnahme empfohlen
Sachfeld: Deutsch-französische Beziehungen
Landeskunde: Deutsch-französische Beziehungen
Status: Obligatorisch
Lösungen: 1. ce qui; 2. ce que; 3. dont; 4. auxquelles; 5. ce qui; 6. pendant lesquels; 7. dont; grâce auxquels; 8. sur laquelle

2 Mot à mot: Un peu d'économie: 104 millards

Schwerpunkt: Graphiken verstehen und interpretieren
Lerntechnik: Graphiken lesen und verstehen
Hinweis: Schriftliche Durchnahme empfohlen
Arbeitsform: Partnerarbeit
Sachfeld: Wirtschaft
Landeskunde: Deutsch-französische Beziehungen
Neu: économique/économique; un milliard; une marchandise; un produit; un produit de luxe; un client/une cliente; un fournisseur/une fournisseuse
Status: Fakultativ
Lösungen: cent quatre milliards cinq cent millions, quarante-six milliards quatre cents millions pour les importations, cinquante-huit milliards cent millions d'euros de marchandises, des millions de bouteilles de Champagne/quinze pour cent, quinze pour cent (des exportations), vingt-huit pour cent (des importations françaises), huit virgule huit pour cent (du marché allemand), dix virgule cinq pour cent (des exportations allemandes).

3 Ecrire: Mon C.V.

Schwerpunkt: Einen Lebenslauf Schreiben, Offizielle Formulierung
Lerntechnik: Sich vorstellen
Arbeitsform: Einzelarbeit
Hinweis: Schriftliche Durchnahme empfohlen
Sachfeld: Berufe
Neu: une date de naissance
Status: Obligatorisch
Lösungsmöglichkeiten:

Nom, Prénom Adresse Date de naissance/né/e le: 14/03/1993 Nationalité: allemande Scolarité: Depuis 2008: 10e classe, XYZ-Gymnasium, Berlin Depuis 2005: XYZ-Gymnasium, Berlin 1998–2005: ABC-Grundschule, Berlin	Expériences professionnelles: Baby-sitting, stage dans la rédaction d'un journal. Langues: anglais: très bon niveau, français: bon niveau. Séjour à l'étranger: Echange scolaire à Londres, avril 2007. Informatique: bon niveau (WORD, Publisher, Power-Point) Hobbies: musique, jeux vidéo, cinéma, photographie

4 Lettre de motivation

Schwerpunkt: DELF-Aufgabe mit Internet-recherche, Motivationsbrief
Lerntechnik: Textproduktion, sich vorstellen
Arbeitsform: Partnerarbeit, Internet-Recherche
Hinweis: Schriftliche Durchnahme empfohlen
Neu: un emploi; un mode d'emploi; une qualité; un stylo; en tant que; un atout
Sachfeld: Berufe
Status: Obligatorisch
Lösungsmöglichkeiten:

Madame, Monsieur,

Suite à votre annonce sur Internet, je me permets de poser ma candidature pour le stage proposé. Agé de 17 ans, lycéen, de nationalité allemande, j'ai une expérience d'animateur de colonies de vacances franco-allemandes de l'OFAJ. J'ai aussi eu la possibilité de faire une dizaine de séjours en France en vacances ce qui m'a permis d'approfondir mes connaissances en français. Dans mon lycée, j'ai fondé un club franco-allemand dans lequel j'ai essayé de créer des relations entre les élèves des deux pays. C'est comme ça que j'ai eu la chance de me faire beaucoup d'amis en France, en particulier dans la famille française à qui je rends souvent visite. L'OFAJ représente pour moi une chance extraordinaire de faire des connaissances intéressantes. J'ai aussi l'intention de faire des études dans le domaine des relations franco-allemandes, ce que j'espère pouvoir réaliser après le baccalauréat. Dans l'espoir que ma candidature vous intéressera, je reste à votre disposition pour tout renseignement complémentaire. Vous trouverez ci-joint mon curriculum vitæ.

Veuillez agréer, Madame, Monsieur, l'expression de ma sincère considération.

Texte C: La France et l'Allemagne dans l'Europe

Überschrift: —
Text: *une superficie; un traité; Maastricht; une communauté; l'Union européenne; une coopération; un tribunal/des tribunaux*

Schritte		Medien
1	**Hinführung:** Der L zeigt den S je eine Karte von Deutschland und von Frankreich im gleichen Maßstab, auf denen die 6 größten Städte beider Länder zu sehen sind. Die S sollen die beiden Länder vergleichen. Der L stellt folgende Fragen: *Quel est le pays le plus grand? Dans quel pays y-a-t-il le plus de travailleurs étrangers? Dans quel pays y a-t-il le plus de chômeurs?* Die S stellen Hypothesen dazu auf und der L notiert die Antworten an der Tafel.	Folie D4/3 Folie D4/4 SB
2	**Hinführung:** Der L schreibt die Städtenamen und die Einwohnerzahlen an die Tafel.	TB D4/4
3	**Erarbeitung:** Anschließend wird die Zeittafel (SB, S. 45) gemeinsam gelesen. Die S bearbeiten die Aufgaben 2 und 3. Die Vokabeln können mit Hilfe des Kontextes und bekannter Wörter aus anderen Sprachen erschlossen werden.	SB TB D4/4

TB D4/4 Deutsche und französische Städte

Grandes villes de France	Régions	Habitants
Paris	Île-de-France	2 166 200
Marseille	Provence-Alpes-Côte d'Azur	826 700
Lyon	Rhône-Alpes	467 400
Toulouse	Midi-Pyrénées	437 100
Nice	Provence-Alpes-Côte d'Azur	346 900
Nantes	Pays de la Loire	281 800

Grandes villes d'Allemagne	Land	Habitants
Berlin	Berlin	3 404 037
Hambourg	Hambourg	1 754 182
Munich	Bavière	1 294 608
Cologne	Rhénanie-du-Nord-Westphalie	989 766
Francfort-sur-le-main	Hesse	652 610
Stuttgart	Bade-Wurtemberg	593 923

Pratique C

Autour du texte

Schwerpunkt: Zahlen interpretieren, Daten vergleichen und Internet-Aufgabe
Lerntechnik: Selektives Lesen
Arbeitsform: Partnerarbeit
Hinweis: Schriftliche Durchnahme empfohlen
Sachfeld: Deutsch-französische Beziehungen
Landeskunde: Deutsch-französische Beziehungen
Lösungsmöglichkeiten: 1. L'Allemagne est plus petite que la France et pourtant, il y a plus d'habitants. Le taux de chômage est le même (7, 8 %) en Allemagne et en France.
2. RFA: République fédérale d'Allemagne/RDA: République démocratique allemande/CECA: Communauté Européenne du Charbon et de l'Acier.
3. Les pays suivants entrent dans l'Union Européenne le 1er janvier 1995: L'Autriche, la Finlande et la Suède. L'Estonie, la Hongrie, la Lettonie, la Lituanie, la Pologne, la République Tchèque, la Slovénie, la Slovaquie; le 1er mai 2004: Chypre et Malte; le 1er janvier 2007: la Roumanie et la Bulgarie.

Au-delà du texte

Schwerpunkt: Textproduktion
Lerntechnik: Interkulturelles Verstehen
Arbeitsform: Einzelarbeit
Hinweis: Schriftliche Durchnahme empfohlen
Sachfeld: Deutsch-französische Beziehungen
Landeskunde: Deutsch-französische Beziehungen
Status: Obligatorisch
Lösungsmöglichkeiten: Depuis la fin de la Seconde Guerre mondiale l'Allemagne et la France travaillent ensemble. En 1951, la France et l'Allemagne fondent la CECA (Communauté Européenne pour le Charbon et l'Acier) avec l'Italie, la Belgique, les Pays-Bas et le Luxembourg.
En 1963 la France et l'Allemagne signent le traité de l'Elysée. A partir de cette date, la coopération franco-allemande va officiellement se développer. En plus, en ce qui concerne la politique de l'UE, la France et l'Allemagne luttent pour les mêmes objectifs. Les responsables de ces deux pays se rencontrent très souvent. Ils sont donc partenaires.

Texte D: La France et l'Allemagne après 1945

Überschrift: —
Abschnitt 1: *une réconciliation; un président/une présidente; une république; le palais d'Elysée; se rapprocher de qn/qc; un homme politique/une femme politique*
Abschnitt 2: *Helmut Kohl; François Mitterrand; un cimetière; Verdun; une guerre mondiale; définitif/définitive*
Abschnitt 3: *en commun; un gouvernement; régulier/régulière; un organisme*

Schritte		Medien
1	**Hinführung:** Voici les moments les plus importants des relations franco-allemandes.	Folie Textes supp.
2	**Erarbeitung:** Der L notiert die Titel zu den drei Textabschnitten an der Tafel. Dabei erklärt er den Begriff „la réconciliation" *(= l'oubli des disputes entre les deux nations)* et „l'amitié". Die S werden aufgefordert, sich zu den Titeln Stichpunkte zu machen, während der Text per Tonträger vorgespielt wird.	TB D4/5 S-CD
3	**Festigung:** Im Unterrichtsgespräch werden die Stichworte besprochen und festgehalten. Danach wird der Text gemeinsam laut gelesen. Die Vokabeln sind aus dem Kontext bzw. mit Hilfe bekannter Wörter aus anderen Sprachen erschließbar.	SB
4	**Sicherung:** Die S bearbeiten die Aufgabe 2, S. 46 mündlich.	SB Folie D4/2

TB D4/5 Les relations franco-allemandes

Les relations franco-allemandes

1 La réconciliation par le traité de l'Elysée	2 Un geste d'amitié	3 Les relations franco-allemandes actuelles
22.01.1963 → K. Adenauer + Ch. de Gaulle signent le traité de l'Elysée = premier pas de l'amitié franco-allemande → Les jeunes Allemands se rapprochent des jeunes Français	11.11.1984 → H. Kohl + F. Mitterrand se donnent la main à Verdun = symbole de la réconciliation définitive	2003 → 40e anniversaire du traité de l'Elysée → OFJA + ARTE

Autour du texte

Schwerpunkt: Textverständnisaufgabe
Lerntechnik: Selektives Lesen
Arbeitsform: Gruppenarbeit und dann Einzelarbeit
Hinweis: Schriftliche Durchnahme empfohlen
Sachfeld: Deutsch-französische Beziehungen
Landeskunde: Deutsch-französische Beziehungen
Status: Obligatorisch

Lösungsmöglichkeiten: 1. Je pense que les relations ne sont plus si difficiles. La Deuxième Guerre mondiale ne domine plus les rencontres. Ce sont plutôt des relations d'égal à égal entre les deux partenaires.
2. À mon avis, c'étaient les manifestations contre la guerre en Irak. Il y avait une grande solidarité entre les peuples qui n'était pas organisée par des institutions ou par la politique. Pour moi, c'était le premier mouvement de masse qui montrait une vraie unité. //

1. L'Allemagne et la France rendent hommage aux victimes des deux guerres. Les ennemis d'hier sont devenus des amis sincères. Il y a même une brigade franco-allemande, c'est-à-dire des soldats français et allemands réunis dans une seule « équipe ». En 1994, le 14 juillet la brigade franco-allemande marche sur les Champs-Elysées en présence du Chancelier Helmut Kohl à l'invitation du Président Mitterrand. Les guerres sont donc bien oubliées.
2. Pour moi, c'est de voir que les Allemands et les Français ne se considèrent plus comme des ennemis, travaillent ensemble et étudient ensemble.

D Pratique de la langue

1 Projet: La France et l'Allemagne en Europe

Schwerpunkt: Internet-Aufgabe
Lerntechnik: Interkuturelles Verstehen
Landeskunde: Deutsch-französische Beziehungen
Arbeitsform: Partnerarbeit
Lösungsmöglichkeiten: 1. Les mots-clés de l'histoire franco-allemande du XXe siècle:
deux guerres mondiales, zone d'occupation française en Allemagne, création de l'OTAN, création de la CECA, de la communauté européenne, coopération franco-allemande, traité de l'Élysée, la coopération culturelle et technique, réunification de l'Allemagne, Airbus, ARTE, échanges universitaires, diplômes européens, Abibac, DELF, ...
2. Le traité de l'Elysée a permis la rencontre de milliers de jeunes Allemands et Français et de développer des projets culturels. Mais on peut regretter que trop peu d'Allemands et de Français parlent la langue du voisin et même le connaissent.
3. Les hommes politiques ont soutenu l'initiative de ceux qui, dès la fin de la Seconde Guerre mondiale, voulaient une réconciliation franco-allemande totale.
4. Aujourd'hui, l'amitié franco-allemande semble tout à fait normale mais il ne faut pas qu'elle devienne banale. L'Allemagne et la France sont de véritables partenaires économiques. Mais il faut que la culture allemande contemporaine soit plus présente en France.

2 Transmettre: Un dialogue franco-allemand

Lerntechnik: Sprachmittlung
Arbeitsform: Einzelarbeit oder Partnerarbeit
Hinweis: Schriftliche Durchnahme empfohlen
Sachfeld: Kulturelle Unterschiede
Status: Obligatorisch
Lösungsmöglichkeiten: Toi: Tu crois qu'il y a encore beaucoup de préjugés entre Allemands et Français?
Toi: Ja und nein. Das Problem ist, dass wir nicht besonders viel über unsere Nachbarn wissen. Die Franzosen glauben, dass die Deutschen sehr diszipliniert sind, und die Deutschen denken, dass wir nur leben, um zu essen.
Toi: J'ai souvent passé mes vacances en France, une dizaine de fois à peu près. Ce qui me plaît bien en France, c'est le style de vie, les beaux paysages et en plus, les gens sont très sympas! Mais malheureusement, la population ne parle que rarement allemand.
Toi: Ja, das stimmt. Deshalb muss man die Jugendlichen dazu ermuntern, Deutsch zu lernen. Ich zum Beispiel hätte gerne Deutsch im Collège gelernt.
Toi: Alors, on va faire quelque chose pour l'amitié franco-allemande. On va boire un verre?

3 Un sondage

Schwerpunkt: Landeskunde-Aufgabe, Textverständnisaufgabe, Umfrage interpretieren
Lerntechnik: Interkulturelles Verstehen und Schreiben
Arbeitsform: Gruppenarbeit
Hinweis: Schriftliche Durchnahme empfohlen
Sachfeld: Kulturelle Unterschiede
Status: Obligatorisch
Neu: la plupart; la majorité;
Lösungsmöglichkeiten: **a)** Ce tableau présente un sondage sur les relations franco-allemandes. On a demandé quels étaient les adjectifs qui, aujourd'hui, illustraient le mieux ces relations. Ipsos pour ARTE et le Figaro a fait ce sondage. 3. On a interrogé 1000 personnes des deux pays. 57% pensent que le mot «partenariat» caractérise le mieux cette relation. ...
b) Je trouve intéressant que, malgré tous ces efforts, malgré toutes ces organisations, pour beaucoup de gens (presque un sur cinq), les relations franco-allemandes se caractérisent par le mot «méfiance». Il semble très difficile de changer les états d'esprit par des traités.
c) Etudier en Allemagne et / ou en France; Travailler en France et/ou en Allemagne; La culture française en Allemagne et/ou allemande en France.

Zu den Übungen im Cahier d'activités

La France et l'Allemagne

1 Un coup de téléphone de mamie → GBH § 10

Schwerpunkt: Révision
Übungstyp: Grammatikaufgabe: Personalpronomen
Lerntechnik: Gesetzmäßigkeiten anwenden
Hinweis: Schriftlich
Sachfeld: Familie
Status: Obligatorisch
Lösungen: → Cahier d'activités Lehrerausgabe

2 Le mien ou le tien? → GBH § 12

Schwerpunkt: Grammatikaufgabe: Possessivpronomen
Lerntechnik: Gesetzmäßigkeiten anwenden
Hinweis: Schriftlich
Sachfeld: Alltag
Status: Obligatorisch
Lösungen: → Cahier d'activités Lehrerausgabe

3 Les correspondants allemands vont bientôt arriver. → GBH § 10

Schwerpunkt: Grammatikaufgabe: Personalpronomen
Lerntechnik: Gesetzmäßigkeiten anwenden
Hinweis: Schriftlich
Sachfeld: Schule
Status: Obligatorisch
Lösungen: → Cahier d'activités Lehrerausgabe

4 Comment le leur dire? → GBH § 10

Schwerpunkt: Grammatikaufgabe: Personalpronomen
Lerntechnik: Gesetzmäßigkeiten anwenden
Hinweis: Schriftlich
Sachfeld: Alltag

Status: Obligatorisch
Lösungen: → Cahier d'activités Lehrerausgabe

5 Savoir faire: Une lettre de motivation

Schwerpunkt: Savoir faire; Textproduktion
Lerntechnik: Offizielle Formulierungen; Gesetzmäßigkeiten anwenden
Hinweis: Schriftliche Durchnahme empfohlen
Sachfeld: Berufe
Status: Obligatorisch
Lösungsmöglichkeiten:

Anna Gebauer
Augusten Str. 77
D-70178 Stuttgart

Stuttgart, le 01/07/08

Objet: candidature

WWF France
Delphine
1, Carrefour de Longchamp
F-75116 PARIS

Madame, Monsieur,

Suite à votre annonce pour un stage au WWF-France, je me permets de poser ma candidature. Je suis lycéenne, âgée de 17 ans, de nationalité allemande. Je parle allemand, anglais et français. Au lycée, mes matières préférées sont les mathématiques et les sciences naturelles. Je participe à l'atelier d'environnement et au projet «Jugend forscht» (Les jeunes et les sciences). J'aime organiser et travailler en équipe.

En choisissant WWF-France, j'aurais la possibilité d'approfondir mes connaissances et de profiter linguistiquement de mon stage.

Après le bac, je voudrais faire des études dans le domaine de l'environnement pour devenir ingénieur en environnement.

J'espère que ma candidature vous intéressera. Vous trouverez ci-joint mon curriculum vitæ.

Veuillez agréer, Madame, Monsieur, l'expression de ma sincère considération.

Anna Gebauer

6 Etre assistante d'allemand en France

Schwerpunkt: Tandemaufgabe; Grammatikaufgabe
Lerntechnik: Gesetzmäßigkeiten anwenden
Grammatik: Relativpronomen
Hinweis: Mündlich
Status: Obligatorisch
Lösungsmöglichkeiten: → Cahier d'activités Lehrerausgabe

7 Parler: A comme Argent de poche

Schwerpunkt: DELF-Aufgabe
Lerntechnik: Seine Meinung äußern
Hinweis: Mündlich
Sachfeld: Lebenswelt
Status: Obligatorisch
Lösungsmöglichkeiten: Arguments possibles:
– Moi aussi, je dois tout payer, et ce n'est pas facile.
– Oui, mais comme ça, on apprend à faire des économies.
– Ce n'est pas facile pour un jeune de trouver un petit job / boulot.
– Moi, je gagne aussi de l'argent en travaillant à la maison.
J'aide les plus jeunes à faire leurs devoirs, par exemple.

8 Ecrire: Rencontres franco-allemandes

Schwerpunkt: DELF-Aufgabe
Lerntechnik: Kreatives Schreiben; Erzählen
Grammatik: Concordance des temps
Hinweis: Schriftlich
Sachfeld: Reise
Neu: un nœud; une couverture
Lösungsmöglichkeiten: C'était l'année dernière. J'ai participé avec ma classe à un échange avec une classe du lycée de Chambéry, une petite ville dans les Alpes françaises. Ma partenaire était Marie. Elle habite avec son petit frère, ses parents et un très grand chien au-dessus de la ville dans un petit village. Le chien a été mon premier problème parce que j'ai peur des chiens. Le deuxième problème: les couvertures dans mon lit! Je n'ai pas l'habitude de dormir avec trois couvertures si fines; bref, le lendemain matin, je me suis réveillée dans un nœud de couvertures, je n'ai pas trouvé mon ours en peluche et, en plus, le chien, ce monstre était couché devant mon lit. Il me regardait avec des yeux tout à fait innocents. Les repas me semblaient bizarres: pas de petit-déjeuner, mais un grand repas tard le soir, et toujours la baguette! Rentrée à la maison, j'ai tout de suite mangé du pain noir. Avec ma correspondante, je me suis bien entendue.
On s'écrit encore et l'an prochain on part ensemble au ski dans l'Algau, mais sans le chien!

9 Ecouter: Mieux comprendre les Français → CD 1, track 33–36

Schwerpunkt: DELF-Aufgabe; Hörverstehensaufgabe
Lerntechnik: Selektives Hörverstehen
Sachfeld: Kulturelle Unterschiede
Landeskunde: Französische Sitten
Status: Obligatorisch
Lösungen: **a) + b)** → Cahier d'activités Lehrerausgabe

10 En français: Une invitation

Schwerpunkt: Übersetzung
Lerntechnik: Sprachmittlung; Erläutern/Erklären
Sachfeld: Besuch
Status: Obligatorisch
Landeskunde: Französische Sitten
Lösungsmöglichkeiten: → Cahier d'activités Lehrerausgabe

11 En français: Une invitation

Schwerpunkt: Übersetzung
Lerntechnik: Sprachmittlung; Erläutern/Erklären
Sachfeld: Besuch
Status: Obligatorisch

Landeskunde: Französische Sitten
Lösungsmöglichkeiten: → Cahier d'activités Lehrerausgabe

12 Auto-contrôle 1: Questions à la correspondante

13 Auto-contrôle 2: On prépare l'échange.

14 Auto-contrôle 3: Dis-le-moi! → GBH § 12
Schwerpunkt: Grammatikaufgaben: 1. Possessivpronomen; 2. und 3. Personalpronomen
Lerntechnik: Gesetzmäßigkeiten anwenden
Hinweis: Schriftliche Durchnahme empfohlen
Sachfeld: Familie; Austausch
Status: Obligatorisch
Lösungsmöglichkeiten: → Cahier d'activités Lehrerausgabe

Landeskunde

Draguignan
Die französische Stadt Draguignan liegt im Département Var, in der Region Provence-Alpes-Côte d'Azur. Draguignan befindet sich in der Nähe der Eisenbahnstrecke Marseille-Nizza und der Autobahn A8. Die Stadt hat ca. 40 000 Einwohner.

Eugène Delacroix (1798–1863) und sein Ölgemälde „La liberté guidant le peuple" (1830):
Am 27. Juli 1830 kam es zu einem gewaltsamen Aufstand der Pariser Bevölkerung (die Julirevolution). Es war die Politik Karls X., der sich das Ziel gesetzt hatte, die Vorherrschaft des Adels wieder durchzusetzen und unter anderem die Pressefreiheit abzuschaffen, die die Bürger gegen die Obrigkeit auf die Barrikaden führte. Die erneute Machtergreifung des Bürgertums war die Folge. Da der Aufstand spontan aus dem Volk heraus kam, gab es keinen expliziten Anführer. Delacroix stellt auf seinem Gemälde jedoch eine barbusige Frau mit der von den Bourbonen verbotenen Trikolore in der Hand in die Bildmitte. Die Figur, die die Freiheit symbolisiert, wirkt zugleich wie eine Göttin und eine Frau aus dem Volk. Von beiden Seiten stürmen Aufrührer in bürgerlicher Kleidung heran, u. a. ein Mann mit Zylinder und Gewehr. In dieser Figur porträtierte Delacroix sich selbst, obwohl er zur Zeit des Aufstandes zwar in Paris war, aber sich nicht aktiv daran beteiligte. Als das Gemälde im Salon von 1831 ausgestellt wurde, war die Kritik zwiespältig. Die Regierung kaufte das Bild für 3000 Francs. Als Ermahnung des neuen Königs Louis-Philippe, sollte es im Thronsaal des Palais du Luxembourg hängen. Es hing stattdessen für einige Monate in der Galerie des Palastes. Als der aufwiegelnde Charakter des Bildes in schwierigeren Zeiten den offiziellen Geschmack verletzte, wurde es entfernt und erst nach der Revolution von 1848 wieder für kurze Zeit aufgehängt. Anschließend war es noch einmal auf der Weltausstellung 1855 zu sehen und hängt nun im Louvre in Paris.

Das Bild der Auftaktseite ist eine Karikatur, die sich an das oben beschriebene Gemälde von Delacroix anlehnt. In diesem Fall kämpfen Deutschland und Frankreich Seite an Seite. Die Karikatur soll die S motivieren, über die historische Dimension des Verhältnisses der beiden Länder nachzudenken. Marianne und Germania führen gemeinsam Europa an.

Konrad Adenauer und Charles de Gaulle in der Kathedrale von Reims:
Am 14. und 15. September 1958 besuchte Konrad Adenauer Charles de Gaulle in Colombey-les-deux-Eglises, wo der Präsident Frankreichs seinen Landsitz hatte. Dank der Freundschaft zwischen den beiden Männern verbesserten sich die deutsch-französischen Beziehungen zusehends und die beiden Regierungen arbeiteten intensiv zusammen. Die gegenseitigen Staatsbesuche de Gaulles und Adenauers im Jahre 1962 waren die wichtigsten Ereignisse der Aussöhnung zwischen Frankreich und Deutschland. In Frankreich war der Höhepunkt dieser Aussöhnung der Gottesdienst am 7. Juli 1962 in der Kathedrale von Reims, in einem symbolträchtigen Ort

(Reims ist die alte Krönungsstätte der französischen Könige). Deshalb ist das Bild berühmt geworden als ein Symbol der endgültigen Versöhnung zweier Staaten, die vor kurzem Erbfeinde waren.

Der Elysée-Vertrag:
Beim Elysée-Vertrag handelt es sich um den deutsch-französischen Freundschaftsvertrag, der am 22. Januar 1963 von Bundeskanzler Konrad Adenauer und dem französischen Staatspräsidenten Charles de Gaulles im Pariser Elysée-Palast unterzeichnet wurde. Der Vertrag ist ein Abkommen über die deutsch-französische Zusammenarbeit. Er dient der Besiegelung der Aussöhnung zwischen Frankreich und Deutschland und der Grundsteinlegung für einen dauerhaften Frieden in Europa. Die beiden Regierungen verpflichten sich zu Gesprächen hinsichtlich wichtiger Fragen der Außen-, Sicherheits-, der Jugend- und der Kulturpolitik und zu regelmäßigen Treffen auf Regierungsebene.
Nach der Unterzeichnung trat der Vertrag am 2. Juli 1963 in Kraft. Drei Tage später folgte das Gründungsabkommen für das Deutsch-Französische Jugendwerk. Viele Städtepartnerschaften und Schulpartnerschaften entstanden anschließend.

Das Deutsch-Französische Jugendwerk (DFJW):
Das DFJW, auf Französisch "Office franco-allemand pour la Jeunesse" (OFAJ) genannt, wurde – wie im Elysée-Vertrag vereinbart – 1963 gegründet. In den Jahren 1963 bis 2000 war der Sitz des Jugendwerkes Bad Honnef-Rhöndorf, heute ist er auf die Hauptstädte Berlin und Paris verteilt. Das Ziel des Deutsch-Französischen Jugendwerkes liegt in der gegenseitigen Verständigung und in der Vertiefung der Beziehungen zwischen der deutschen und französischen Jugend. Insbesondere der Austausch von beispielsweise Schulklassen und Sportgruppen wird finanziell gefördert und durch Beratung in pädagogischen oder sprachlichen Fragen unterstützt. Allein 2002 stellten die Regierungen hierfür ca. 20 Millionen Euro zur Verfügung. Ziel ist es, die Kultur des Partners zu vermitteln. Mehr Informationen hierzu gibt es unter: www.bmfsfj.de/bmfsfj/generator/Politikbereiche/kinder-und-jugend,did=98544.html

Internationale Filmfestspiele Berlin (Berlinale):
Die Berlinale ist ein Filmfestival, das 1951 gegründet wurde und einmal im Jahr in Berlin stattfindet. Seit 2002 finanzieren nicht nur Sponsoren, sondern auch der Bund das Filmfest. Die im Wettbewerb erfolgreichen Filme werden von einer internationalen Jury mit dem goldenen oder silbernen Bären ausgezeichnet. Präsentiert werden bis zu 400 Filme in verschiedenen Sektionen. Etwa 20 000 Fachbesucher aus 120 Ländern nehmen jedes Jahr an der Berlinale teil. Journalisten berichten hierüber in mehr als 100 Ländern.

Verdun
Die Schlacht um Verdun war eine der größten Schlachten des Ersten Weltkrieges und eine der grauenvollsten der Weltgeschichte. Sie begann am 21. Februar 1916 mit dem Angriff der Deutschen auf französische Stellungen bei Verdun und endete am 20. Dezember 1916 ohne wesentliche Verschiebungen der Fronten aber mit einem Verlust von insgesamt 300 000 Soldaten (Deutsche und Franzosen). Diese Schlacht war eine riesige Materialschlacht auf engstem Raum. Aufgrund des massiven Einsatzes von Geschützen verwandelte sich die Landschaft in wenigen Wochen zu einer Kraterlandschaft. Kaum ein Soldat, der vor Verdun eingesetzt wurde, überstand die Schlacht ohne zumindest leicht verwundet worden zu sein.

CECA: Communauté européenne du charbon et de l'acier/Europäische Gemeinschaft für Kohle und Stahl (EGKS, Montanunion)
Hierbei handelt es sich um einen europäischen gemeinsamen Markt für Kohle und Stahl, der auf der Grundlage des Vertrags vom 18.04.1951 gebildet wurde. Die Gründerstaaten waren Belgien, die BR Deutschland, Frankreich, Italien, Luxemburg und die Niederlande. Alle Mitglieder der EU gehören heute der EGKS an. → www.linternaute.com/biographie/robert-schuman-1/date/49387/la-creation-de-la-ceca

Vorschläge für Projekte und Klassenraumaktivitäten

Textverständnis durch vorherige Internetrecherche bzw. selbstständige Textbearbeitung
Die S werden aufgefordert, zu verschiedenen Themen in Gruppen selbstständig im Internet zu recherchieren bzw. einen Text selbstständig zu bearbeiten. Die S, die einen Text bearbeiten, erhalten die Aufgabe, den Text den Mitschüler(innen) zu präsentieren, Vokabeln auf Französisch zu erklären und Fragen bzw. Übungen (z. B. Lückentexte, richtige-falsche Aussagen) vorzubereiten. Die selbst recherchierten Informationen der S zu bestimmten Themen sollten mit Hilfe einer Kurzinformations- und Vokabelübersicht präsentiert werden.

Die Themen sind:

1) Der Elysée-Vertrag (2 Schüler)
2) Der Text D, SB S. 46 wird von einer Gruppe erarbeitet. Die Aufgabe besteht darin, den Text den Mitschülern später vorzulesen, Vokabeln auf Französisch zu erklären und Fragen zur Sicherung des Textverstehens vorzubereiten. (5-6 Schüler)
3) Das Deutsch-Französische Jugendwerk (2 Schüler)
4) Die deutsch-französischen Beziehungen heute (SB S. 41, Aufgabe 1) (2 Schüler)
5) Freundschaft bei den Politikern beider Länder: (Adenauer–De Gaulle, Schmidt–Giscard d'Estaing, Kohl–Mitterrand, Merkel–Sarkozy) (4 Schüler)
6) Informationen zu Frankreich und ihrer Wirtschaft (SB S. 43, Nr. 2) (2 Schüler)
7) Der Text C, SB S. 45 (4 Schüler)
8) Die Berlinale (2 Schüler)
9) Der Text B, Textabschnitte 1 und 2, SB S. 41 (4 Schüler)
10) SB S. 42, Aufgabe 1: Informationen zu Besson, Kassovitz und Klapisch sammeln und ein Merkblatt über ihre Biographie und verschiedene ihrer Filmtitel erstellen. (3–4 Personen)

Die Gruppen zu den Themen 1 und 2, 3–6, sowie 7–9 sollten ihre Informationen untereinander austauschen, bevor es vor der gesamten Klasse vorgestellt wird.

DOSSIER 5

Vorbemerkungen

Situativer Rahmen: Im vorliegenden Dossier 5 geht es um die frankophone Welt. Neben allgemeinen Erklärungen zur „Francophonie" machen die Schüler Bekanntschaft mit Bewohnern ausgewählter französischsprachiger Länder und deren Leben und Kultur. Zur variantenreichen Bearbeitung werden verschiedenen Textgattungen miteinbezogen (Sachtexte, Literatur, Lieder).

Kommunikative Schwerpunkte: Die Schüler lernen Redemittel kennen, die sie befähigen sollen, über Lieder zu sprechen. Darüber hinaus verwenden sie Französisch als Brückensprache und lernen, Statistiken aus zu- und zu bewerten.

Grammatische Schwerpunkte: Die Fragepronomen „lequel" und „quoi", das passé simple, die Verneinung mit ne...ni...ni und Adjektive mit wechselnder Bedeutung bei Voran- und Nachstellung bilden die grammatischen Pensen des Dossiers.

Lernbereiche	Lerninhalte	Übungen
Textverständnis	– Autour du texte	SB S. 51, 53, 55, 56 CdA S.39, 40 Ex. 8
Lerntechniken	– Pour parler d'une chanson – Présenter un exposé – Résumer un texte en allemand – Internetrecherche	SB S. 55 SB S. 57; CdA S. 40 Ex. 9 SB S. 53 SB S. 57 Ex. 3 CdA S. 40 Ex. 9
Grammatik	– Das Fragepronomen – Das Passé simple – Die Verneinung – Adjektive mit wechselnder Bedeutung	GBH S. 29, 30 §13 SB S. 51 Ex. 1 CdA S. 36 Ex. 4 GBH S. 31 § 14 SB S. 53 Ex. 1 CdA S. 37 Ex. 3 GBH S. 32 § 15 SB S. 53 Ex. 2 CdA S. 36, 37 Ex. 1, 2 GBH S. 33 §16 SB S. 55 Ex. 1
Transfer	– Lire un journal français – Rédiger la fin d'une histoire – Présenter une organisation internationale	SB S. 55 SB S. 57 SB S. 57 CdA S. 39 Ex.7 a, b
Hörverstehen	– Do you speak french? – Femme noire, femme africaine – Chanson: La réalité – Découvrir La Réunion	SB S. 48 SB S. 50 SB S. 54 CdA S. 38, 39 Ex.6 a, b
Landeskunde	Léopold Sédar Senghor La Guinée Le Mali La Côte d'Ivoire	

Entrée: « Do you speak French? »

Überschrift: —
Entrée: *la Polynésie française; La Réunion*

Schritte		Medien
1	**Hinführung:** Der L stellt den S die Frage: Do you speak french?, die sie entweder in englischer oder französischer Sprache beantworten. Anschließend arbeiten die S in PA und formulieren mündlich ihre Hypothesen über die kommende Unterrichtsarbeit.	
2	**Erarbeitung 1:** Der L führt in knapper Form in die Situation ein: *Nous allons rencontrer des hommes et des femmes qui parlent français mais vivent dans différents pays du monde.* Die S öffnen das SB, setzen sich in 3er-Gruppen zusammen und bearbeiten mündlich Aufgabe 1 S. 48. Dazu wählt je ein S der Gruppe eines der Fotos aus und beschreibt es (Folie). Zum Schluss tragen 2 Gruppen ihre Ergebnisse im Plenum vor.	SB Folie D5/1
3	**Erarbeitung 2:** Es folgt durch den L eine kurze Erklärung: *Nous allons faire la connaissance de trois jeunes. Ils s'appellent Aimé, Aminata et Alisson. Et nous allons les écouter maintenant.* Die Aufgabe 2 im SB S. 48 wird leise gelesen. Anschließend wird der Hörtext vorgespielt. Die S bearbeiten Aufgabe 2 schriftlich, die danach im Plenum ausgewertet wird.	SB, S-CD
4	**Festigung 1:** Die Mädchen der Klasse nehmen die Identität von Aminata und Alisson an, die Jungen die von Aimé. Sie stellen sich mündlich vor. Die Vorstellung sollte die Arbeitsergebnisse von Aufgabe 1 mit beinhalten.	SB
5	**Festigung 2:** Die S bearbeiten Aufgabe 3 schriftlich als HA und erstellen eine Liste von mindestens 10 Ländern, in denen französisch entweder offizielle Sprache, Unterrichtssprache oder Verkehrssprache ist.	SB

« Do you speak French? »

1.
Schwerpunkt: Bilder beschreiben und interpretieren
Arbeitsform: Klassenverband
Hinweis: Schriftliche Durchnahme empfohlen
Sachfeld: Beschreibung von Landschaften
Landeskunde: La Francophonie
Neu: au large de; un bolide
Lösungsmöglichkeiten: Bild 1: Le feu court à travers les herbes et les cailloux. A l'arrière plan une barre montagneuse se dresse dans le brouillard. Où sommes-nous? A La Réunion, une toute petite île perdue au large de Madagascar. Le volcan de la Fournaise est très actif.
Bild 2: Des perles noires dans une main sur fond de lagon. La photo d'un paradis? Une publicité pour un lieu de vacances merveilleux? Cette photo nous invite au repos, à la baignade.
Bild 3: Des voitures de course dans un marché africain. Une image de la course Paris-Dakar. Les hommes et les femmes d'Afrique admirent les bolides mais ils ont perdu leur tranquillité. Il y a souvent des accidents. Mais la course attire des touristes et des journalistes.

2.
Schwerpunkt: Hören und interpretieren
Lerntechnik: Selektives Hören

Arbeitsform: Klassenverband
Hinweis: Schriftliche Durchnahme empfohlen
Lösungen: Aminata habite au Sénégal, à Dakar. Elle parle de la course Paris-Dakar; Aimé est de l'île de la Réunion et Alisson vit en Polynésie française, à Tahiti.

3.
Schwerpunkt: Internet-Recherche
Hinweis: Schriftliche Durchnahme empfohlen
Landeskunde: Politik
Lösungsmöglichkeiten: Le français est langue officielle (seule ou avec d'autres langues) dans les Etats membres de la Francophonie suivants:
Afrique: le Benin; le Burundi; le Burkina Faso; le Cameroun; la République Centrafricaine; les Comores; le Congo; la République Démocratique du Congo; la Côte d'Ivoire; Djibouti; le Gabon; la Guinée; la Guinée équatoriale; Madagascar; le Mali; le Niger; le Rwanda; les Seychelles; le Sénégal; le Tchad; le Togo.
Au Maroc et en Tunisie, on parle encore le français mais le français n'est pas langue officielle. En Algérie on parle également français mais le français n'est pas langue officielle et l'Algérie ne fait pas partie de la francophonie.

Texte A: La francophonie, qu'est-ce que c'est?

Überschrift:	*la francophonie*
Abschnitt 1:	*soit ... soit; obtenir qc; une indépendance; un continent*
Abschnitt 2:	*ancien/ancienne; géographique/géographique; vu que; politique/politique*
Abschnitt 3:	*exister; l'Organisation des Nations Unies; une conférence, un chef d'Etat; avoir lieu; Beyrouth; Bucarest*
Abschnitt 4:	*Léopold Sédar Senghor; une passion; la gentillesse; l'honnêteté; un contexte; rendre qc à qn; rendre justice à qc; une personnalité; l'Académie française; une beauté*
Abschnitt 5:	*s'exprimer; s'agir de qn/qc; même si; considérer qn/qc comme qn/qc; effectivement*

Schritte		
1	**Hinführung 1:** Zum Einstieg zeigt der L die Folie zur Frankophonie. Die S beschreiben auf Französisch, was sie sehen. Anschließend leitet der L zur HA über: A la maison, vous avez cherché et trouvé au moins 10 pays africains où la langue officielle est le français ou dans lesquels on parle français. Die S tragen ihre Suchergebnisse vor. Diese werden auf Folie festgehalten (par exemple: l'Algérie (ne fait pas partie de la francophonie), la Tunisie, le Maroc, la Mauritanie (in diesen Ländern wird zwar französisch gesprochen aber die französische Sprache ist dort keine offizielle Sprache!), le Burkina Faso, le Sénégal, la Côte d'Ivoire, le Togo, le Bénin, le Tchad...).	SB Folie D5/2
2	**Hinführung 2:** Der L erklärt Folgendes: Comme vous voyez, il y a un grand nombre de pays africains où l'on parle français. Mais on trouve des gens qui parlent français dans le monde entier. Tous ces pays sont des pays francophones et ils forment ensemble la francophonie. Le français est très important dans le monde. C'est la langue de la diplomatie, de la mode et de la gastronomie.	Folie D5/3

Schritte		
3	**Erarbeitung 1:** Textabschnitte 1–5 Auf eine Semantisierung der unbekannten Vokabeln wird hier verzichtet. Diese ist integraler Bestandteil der Schülerarbeit, die in Form des Gruppenpuzzles erfolgen soll. Ziel der Schülerarbeit ist die Bearbeitung eines Fragebogens (= Arbeitsblatt) zur „Francophonie", der auf Grundlage des Textes im SB S. 49/50 und einiger ausgewählter Fragen aus dem Übungsteil *Autour du texte SB S. 51* erarbeitet wurde. **a.** Die Klasse wird in 5 Stammgruppen à 5 Schüler eingeteilt. Jeder S innerhalb der Stammgruppe erhält den Fragebogen zum durchlesen. Auf dem Tisch einer Stammgruppe liegen Zettel mit den Zahlen 1–5 oder anderen unterschiedlichen Symbolen. Jeder S nimmt einen dieser Zettel. Die S mit den jeweils übereinstimmenden Zahlen oder Symbolen aus den 5 Stammgruppen bilden nun die Expertengruppen, in denen sie sich zusammenfinden. Entsprechend der Schülerzahl ist die Anzahl der Stamm- und Expertengruppen variabel.) **b.** Jede Expertengruppe erhält nun ihren eigenen Arbeitsauftrag: 1. *Lisez le texte 1, p. 49. Racontez ce texte en allemand à votre groupe.* 2. *Lisez le texte 2, p. 49. Racontez …* 3. *Lisez le texte 3, p. 49. Racontez …* 4. *Lisez le texte 4, p. 50. Racontez …* 5. *Lisez le texte 5, p. 50. Racontez …* Nachdem die jeweiligen Expertengruppen ihre Arbeit beendet haben, kehren die S in die Stammgruppen zurück. Auf Grundlage der Informationen, die die S in den einzelnen Expertengruppen erhalten haben bearbeitet jede Stammgruppe gemeinsam den Fragebogen.	SB KV D5/1
4	**Festigung 1:** Nach Beendigung der Gruppenarbeit hören die S den Text SB S. 49/50 vom Tonträger.	SB S-CD
5	**Festigung 2:** Im Plenum werden die Fragebögen ausgewertet.	KV D5/1
6	**Sicherung:** Die S bearbeiten schriftlich Aufgabe 5 zu Autour du texte als HA.	SB
7	**Transfer:** In PA bearbeiten die S mündlich die Aufgabe 1 zu Au-delà du texte. Die Aufgabenstellung wird durch „Décrivez-le à votre voisin/e." ergänzt. Einige der Antworten werden in der Klasse vorgestellt. Die S sollen anschließend ein eigenes Logo entwerfen, es darstellen, erklären und der Klasse präsentieren.	SB
8	**Hinführung 3:** Der L schreibt den Inhalt des Tafelbildes an die Tafel. Die Sätze werden laut gelesen. Anschließend werden sie von den S in PA mündlich übersetzt. Im UG führt der L die S zu weiteren Aussagen: Funktion im Satz, Wortart, weitere mögliche Formen. Die Grundformen werden in Tabellenform zu den Sätzen hinzugefügt.	TB D5/1
9	**Erarbeitung 2:** Die S erhalten ein AB mit den Beispielen aus dem GBH und einer entsprechenden Aufgabe, die sie selbstständig schriftlich bearbeiten. Nach der selbstständigen Bearbeitung hat jeder S die Möglichkeit, sich mit einem Partner über die Lösung auszutauschen. Zum Schluss folgt ein UG zur Ergebnissicherung. Dabei wird die Überschrift auf dem AB ergänzt.	KV D5/2
10	**Festigung 3:** Die S lösen mündlich in PA SB S. 51 Ex. 1.	SB

TB D5/1 Fragepronomen „lequel“

Fragepronomen „lequel“

- Je viens d'acheter une BD. - Laquelle?
- Hier, j'ai joué au tennis avec mon copain. - Avec lequel?
- Dans ma famille, on parle souvent de nos vacances? - Desquelles?

lequel	laquelle
lesquels	lesquelles

Autour du texte

Schwerpunkt: Projekt; Textverständnisaufgabe
Lerntechnik: Selektives Lesen
Arbeitsform: Klassenverband
Hinweis: Fragen 4 und 6 sind fakultativ
Sachfeld: Frankophonie
Landeskunde: Geschichte der Frankophonie
Neu: une bulle; la Roumanie; analyser qc
Lösungsmöglichkeiten: 1. La francophonie, c'est l'ensemble des pays où on parle le français. Après l'indépendance des colonies françaises en Afrique, Léopold Senghor a eu l'idée de réunir les pays francophones d'Afrique dans une communauté pour les lier à la France.
2. L'OIF est l'organe politique de la francophonie qui réunit les chefs d'État et de gouvernements.
3. Pour lui, c'est la langue de la gentillesse et de l'honnêteté qu'il faut protéger de l'omniprésence de l'anglais. Pour moi, c'est la langue de la précision et de la clarté. Parler et comprendre le français me permet de pouvoir partager la culture de millions de personnes et en plus c'est la langue de notre voisin.
4. Il la décrit comme une belle femme. Elle a gardé sa nature, elle est forte et fière; peut-être personnifie-t-elle l'Afrique.
5. La bulle: C'est vrai. La langue française est parlée officiellement sur tous les continents.
En effet, même à Vanuatu (Océanie), un petit Etat sur une petite île au large de la Nouvelle Calédonie, le français est la langue officielle.
Statistique 1: D'après cette statistique, la langue française gardera encore en 2050 le 9e rang des langues parlées par les 15-24 ans. L'anglais sera au 4e rang et le chinois sera au 1er rang.
Statistique 2: D'après cette statistique, le français est aujourd'hui au 2e rang des langues employées aux assemblées générales de l'ONU, après la langue anglaise. Cette statistique montre l'importance des langues dans le domaine politique et, donc, la langue française y joue encore un grand rôle.
6. 15% de la population roumaine parle et comprend la langue française. Mais la langue maternelle des Roumains n'est pas le français. On peut donc faire partie de la francophonie quand le français est, pour une large part de la population, une deuxième langue.

Au-delà du texte

Schwerpunkt: Bildgesteuerte Textproduktionsaufgabe
Lerntechnik: Vermutung äußern
Sachfeld: Politik
Landeskunde: Frankophonie
Arbeitsform: Partnerarbeit
Status: Obligatorisch
Lösungsmöglichkeiten: 1. Un homme assis réfléchit dans un cercle de cinq couleurs symbolisant les 5 continents.

2.a) Pour L.S.S, la francophonie permet aux différents peuples qui la composent d'échanger des expériences et de se donner des conseils au plan politique, économique et culturel. 2.b) C'est avant tout un dessin humoristique: six hommes portent ensemble une énorme calebasse /un grand chapeau qui semble être lourd. On ne sait pas s'il y a quelque chose dedans. Les hommes (il n'y a pas de femmes) viennent de différentes parties du monde.
2.c) Chaque pays et chaque personne apporte une partie de sa propre culture aux autres pays formant la francophonie. Les pays riches ont aussi des moyens financiers et économiques à donner. Pour tous, la francophonie est une possibilité de s'enrichir culturellement et économiquement. Les pays francophones ont apporté les épices, leur cuisine, leur littérature, leur musique, leurs croyances, etc.

A Pratique de la langue

1 S'exercer: A quoi est-ce que tu penses ...? → GBH § 13

Schwerpunkt: Grammatikaufgabe: *Fragepronomen „lequel, laquelle, quoi"*
Lerntechnik: Gesetzmäßigkeiten anwenden
Arbeitsform: Partnerarbeit
Sachfeld: Frankophonie
Hinweis: Schriftliche Durchnahme empfohlen
Landeskunde: Geschichte der Frankophonie
Status: Obligatorisch
Lösungen: 2. Lequel de ces trois hommes ont fait beaucoup pour la francophonie? – C'est L.S. Senghor qui a fait le plus pour la francophonie. 3. Dans lesquelles de ces villes a eu lieu un sommet de la Francophonie? – C'est à Dakar et à Bucarest où un sommet de la Francophonie a eu lieu. 4. De quoi discutent les membres de l'OIF? – Ils discutent des problèmes dans leurs pays et des sujets internationaux. 5. Duquel de ces pays Léopold Sédar Senghor était-il le président? – Il était président du Sénégal (Il était le président du Sénégal). 6. Lequel de ces trois chiffres donne le nombre des «vrais» francophones dans le monde? – C'est 175 millions qui donne le nombre des «vrais» francophones dans le monde.

Texte B: L'enfant noir

Überschrift: —
Text: *Camara Laye; la Guinée; un peuple; un serpent; paraître; une gueule; une bête; avaler qn/qc; lent/lente; un doigt; un apprenti/une apprentie; une claque; particulièrement*

Schritte		Medien
1	**Hinführung 1:** Der L zeigt das Cover des Buches „L'enfant noir" als Folie und stellt die Frage: Quel est le titre du livre? Nach der Schülerantwort informiert der L: C'est un roman autobiographique de Camara Lyae. Er gibt folgende Aufgabe: Imaginez-vous que vous êtes la personne sur la première de couverture. Quel est votre nom ? Quel âge avez-vous ? Où habitez-vous ? Parlez en quelques phrases de votre vie. Die S haben 3-4 Minuten Zeit, sich die Antworten zu überlegen. Einige S stellen ihre Antworten vor. Der L leitet dann über: Maintenant, nous allons travailler sur un extrait de ce roman.	

Schritte		Medien
2	**Erarbeitung 1:** vocabulaire Vor der Textdurchnahme werden die Vokabeln semantisiert: *la Guinée (Karte); un peuple (= une population); un serpent (= le boa est un serpent); paraître (= dt.); une gueule (= la bouche de certains animaux); une bête (= un animal); avaler qn/qc (= le boa avale un rat); lent/lente (= contr. rapide); un doigt (= une main a 5 doigts);* ***un apprenti****/une apprentie (= qn qui apprend un métier); une claque (= geste); particulièrement (= en particulier)*	
3	**Erarbeitung 2:** L'enfant noir Der Text wird den S zunächst als Hörtext präsentiert. Die S erhalten zur Bearbeitung ein AB.	KV D5/3 S-CD
4	**Festigung 1:** Die Höraufgabe wird in der Klasse ausgewertet und der Text anschließend laut gelesen.	SB
5	**Festigung 2:** Die S zählen von 1–5 ab. Jeder S bearbeitet die seiner Zahl entsprechende „Autour du texte"-Aufgabe individuell mündlich. Die Antworten werden in der Klasse vorgestellt.	SB
6	**Transfer:** Die S bearbeiten in PA schriftlich „Au-delà du texte"-Aufgabe 2. Einige Schülerpaare lesen ihren Dialog vor der Klasse vor.	SB
7	**Hinführung 2:** Die S erhalten eine Tabelle mit verschiedenen Verb- und Zeitformen und Beispielsätzen. Sie werden aufgefordert, die jeweils passenden Karten zu finden. (Diese Aufgabe ist als vorbereitende HA denkbar.)	KV D5/4
8	**Erarbeitung 3:** Die Lösung wird in der Klasse besprochen. Die Form *je trouvai* bleibt übrig. Der L sagt, dass es sich dabei um das *passé simple* handelt. Die Übersicht zu den Verbkonjugationen im GBH wird mit den S gelesen.	GBH
9	**Festigung 3:** Die S lösen schriftlich die Aufgabe SB S. 53 Ex. 1a. Anschließend werden die Ergebnisse im Plenum ausgewertet. Im UG wird dabei auf Aufgabe 1b eingegangen.	SB
10	**Hinführung 2:** Der L bittet die S, ein Blatt zu nehmen und schreibt die Fragen an die Tafel, deren Antworten die S stichwortartig auf dem Blatt notieren (Die S sollen jeweils mindestens 2 nennen.). Zu den einzelnen Fragen werden jeweils 2–3 S gehört. Und so hat der L eine günstige Gelegenheit, auf eine neue Struktur der Verneinung hinzuweisen. *Exemple:* *Ein S sagt: Je n'aime pas X et je n'aime pas Y.* Der L schreibt an die Tafel oder auf eine Folie: *S n'aime ni X ni Y.*	TB D5/2
11	**Erarbeitung 4:** ne…ni…ni Durch die Beispiele wurde deutlich, dass mit Hilfe von „ne…ni…ni" zwei Objekte verneint können werden. Die Schülerantworten aus Schritt 10 werden auf eine Folie festgehalten.	
12	**Festigung 4:** Die S lösen mündlich in PA die Aufgabe SB S. 53 Ex. 2.	SB
13	**Sicherung 1:** Bezug nehmend auf die Fragen aus Schritt 10 erhalten die S die Aufgabe, schriftlich und mit vollständigen Sätzen je 4 Antworten mit der doppelten Verneinung „ne…ni…ni" zu formulieren.	
14	**Sicherung 2:** Der L schreibt die Regeln der Verneinung mit „ne…ni…ni" und „ni…ni…ne" an die Tafel.	TB D5/3

TB D5/2 Je n'aime pas...

Je n'aime pas...

Nommez:

deux chanteurs que vous n'aimez pas: ____________ ____________

deux sports que vous n'aimez pas: ____________ ____________

deux plats que vous n'aimez pas manger: ____________ ____________

deux vêtements que vous n'aimez pas porter: ____________ ____________

deux couleurs que vous n'aimez pas: ____________ ____________

deux animaux que vous n'aimez pas: ____________ ____________

deux groupes de musique que vous n'aimez pas: ____________ ____________

deux matières scolaires que vous n'aimez pas: ____________ ____________

deux boissons que vous n'aimez pas boire: ____________ ____________

deux films que vous n'avez pas aimés: ____________ ____________

TB D5/3 Die Verneinung mit ne...ni...ni und ni...ni...ne

La négation avec ne...ni...ni

„ne...ni...ni" verneint **zwei Objekte**

es steht kein **„pas"**

Exemples:

Je **n'**aime **ni** le bleu **ni** le rouge.

Je n'aime ni les spaghettis ni les pommes de terre.

La négation avec ni...ni...ne

„ni..ni..ne" verneint **zwei Subjekte**

das **„ne"** steht **vor** dem **Verb**

nach dem Verb steht **kein „pas"**

Exemples:

Ni le bleu **ni** le rouge **ne** me plaisent.

Ni les spaghettis **ni** les pommes de terre **ne** me plaisent.

Autour du texte

Schwerpunkt: Textverständnisaufgabe
Lerntechnik: Selektives Lesen
Arbeitsform: Einzelarbeit
Hinweis: Schriftliche Durchnahme empfohlen
Sachfeld: Lebenswelt
Landeskunde: Frankophone Literatur
Neu: un indice
Status: Obligatorisch
Lösungsmöglichkeiten: 1. Il y a des serpents noirs, les gens vivent dans des cases et il y a des roseaux et des génies!
2. Le garçon a cinq ou six ans, son père travaille dans une forge/un atelier et il y a aussi la mère du narrateur. Un copain du père travaille pour lui, donc, la famille ne semble pas pauvre.
3. Ils sont choqués et se font du souci. La mère donne des claques à son enfant pour qu'il n'oublie jamais qu'il était en danger. Et aussi parce qu'elle a eu très peur.
4. Il pleure à cause des claques et il apprend qu'il ne faut jamais jouer avec des serpents.

5. Le deuxième serpent noir ne semble pas être dangereux, mais un animal extraordinaire qu'il faut protéger. Donc, elle reste calme.
6. Ein kleiner Junge entdeckt eine Schlange, spielt mit ihr und begibt sich so in Gefahr. Die Erwachsenen retten ihn, reagieren entsprechend schockiert und töten die Schlange. Später findet der Junge eine weitere Schlange und teilt dies den Erwachsenen mit, die sie jedoch für harmlos halten und daher in Ruhe lassen. Die Mutter bezeichnet diese Schlange als „Genie deines Vaters".

Au-delà du texte

Schwerpunkt: Dossier-Aufgabe; Erzählen
Lerntechnik: Kreatives Schreiben
Arbeitsform: Partnerarbeit
Sachfeld: Lebenswelt
Neu: un grigri
Status: Obligatorisch
Lösungsmöglichkeiten: 1. Cela veut dire que les esprits du père et du serpent se comprennent bien. Le serpent ne va jamais faire de mal à quelqu'un que le père aime.
2. – Maman a dit que le serpent est ton génie. Est-ce que c'est vrai?
– Elle a dit ça? Bon, elle est sage, ta mère. Si elle te l'a dit, c'est que c'est vrai.
– Qu'est-ce que ça veut dire?
– Ça veut dire qu'il est comme moi: fort, mais doux. Je ne ferai de mal à personne. Et lui non plus.
3. Non, je n'en ai aucun parce que je ne crois plus à ces choses. J'avais une petite pierre, mais elle n'a pas fonctionné lors de ma dernière interro de maths. Alors, je l'ai donnée à mon petit frère.

B Pratique de la langue

1 S'exercer: Ce fut un jour ...

Schwerpunkt: Grammatikaufgabe; Révision: *Le passé simple*
Lerntechnik: Gesetzmäßigkeiten anwenden; Aspekte aufzeigen
Arbeitsform: Klassenverband
Hinweis: schriftliche Durchnahme emfohlen
Neu: correspondre à qc
Status: Obligatorisch
Lösungen: **a** il se trouva → il s'est trouvé, ils se trouvèrent → ils se sont trouvés, il regarda → il a regardé, je me trouvai → je me suis trouvé, elle me donna → elle m'a donné, je me mis → je me suis mis, je remarquai → j'ai remarqué, je courus → j'ai couru, elle vit → elle a vu, elle me dit → elle m'a dit, elle ajouta → elle a ajouté, il disparut → il a disparu, je remarquai → j'ai remarqué, elle dit → elle a dit
b On l'utilise comme le passé composé, mais essentiellement dans les textes littéraires.

2 S'exercer: La réponse n'est pas toujours positive. → GBH § 15

Schwerpunkt: Grammatikaufgabe: *ne...ni...ni, ni...ni...ne, ne...que*
Lerntechnik: Gesetzmäßigkeiten anwenden
Arbeitsform: Einzelarbeit
Hinweis: Schriftliche Durchnahme empfohlen
Sachfeld: Literatur
Landeskunde: Frankophone Literatur
Status: Obligatorisch
Lösungen: 1. Non, ni le père ni la mère n'ont vu le serpent avec lequel leur fils jouait. 2. Non, il n'était ni vert ni froid. 3. Non, son attention ne s'est tournée ni vers un arbre ni vers une autre bête. 4. Non, il n'y avait qu'un apprenti qui est sorti de l'atelier. 5. Non, ni le petit garçon ni ses

copains ne savaient qu'il ne fallait pas tuer certains serpents. 6. Non, il n'a demandé qu'à son père ce qu'est, ce génie.

Texte C: Réalités?

Überschrift: —
Chanson: *une réalité; un couple; aveugle/aveugle; le Mali; chômer; Bamako; à travers; un disque*

Schritte		Medien
1	**Hinführung 1a (optional):** In Vorbereitung auf diese Stunde können zwei S bestimmt werden, die einen etwa 5-minütigen Vortrag über das Land Mali ausarbeiten (Einbeziehung der Stratégie SB S. 57). Folgende Aufgabenstellung wäre denkbar: *Informez-vous sur le Mali (livre de français, Bibliothek, Internet, etc.). Faites un portrait du pays. Parlez dans votre exposé de la géographie, de villes importantes, de la population, du climat, de l'importance de l'industrie et de l'agriculture.* Wünschenswert wäre die Ausarbeitung eines AB für die Mitschüler, das diese während des Vortrages ergänzen sollen. Der Vortrag kann benotet werden.	
2	**Hinführung 1b:** Sollte sich der L nicht für die Hinführung 1a entscheiden, kann er die Erarbeitung 1 als Hinführung 1 wählen.	
3	**Erarbeitung 1:** Der L stellt folgende Aufgabe, die von den S in PA bearbeitet wird: *A quoi pensez-vous, quand vous entendez le mot „réalité"? Ecrivez vos pensées sur un papier.* Zur Bearbeitung dieser Aufgabe erhalten die S ca. 3 min. Anschließend werden die Schülergedanken gesammelt Der L gibt den Hinweis: *Ne nommez qu'une seule pensée. Ne répétez pas les idées des autres.*	
4	**Erarbeitung 2:** Der L führt in die weitere Arbeit ein: *Il y a deux chanteurs africains, Amadou et Mariam, qui essaient de décrire leur vue sur la réalité dans une chanson…* (die Namen werden an die Tafel geschrieben). Die S öffnen das SB S. 54 und werden aufgefordert, den oberen Infokasten leise zu lesen. Es folgt ein kurzes UG zum Inhalt: *D'où viennent Amadou et Mariam? Depuis quand chantent-ils? forment-ils un couple dans la vie? Ils portent des lunettes de soleil. Pourquoi? Quelle est leur réputations?*	SB
5	**Erarbeitung 3:** «La réalité»: Die S lesen den Liedtext leise und bearbeiten die „Autour du texte"-Aufgabe b schriftlich.	SB
6	**Festigung 1:** Die „Autour du texte"-Aufgabe b wird im Klassenverband ausgewertet.	SB
7	**Sicherung 1:** Die S setzen sich in 3er-Gruppen zusammen und erhalten die Aufgabe, den Liedtext für das Lesen in der Klasse vorzubereiten. Dabei gilt eine feste Struktur: A liest die positiven Aspekte, B liest die negativen Aspekte, C liest immer triste réalité. Die S werden angewiesen, deutlich und bestimmt langsam und laut zu lesen.	SB
8	**Sicherung 2:** Als HA beantworten die S schriftlich die Frage: *D'après la chanson, en quoi ce monde représente une triste réalité?*	

Schritte		Medien
9	**Erarbeitung 4:** La chanson Die S erhalten in Vorbereitung des Hörens die Aufgabe: *Imaginez-vous que vous êtes Amadou et Mariam. Vous avez écrit ensemble les paroles de la chanson. Maintenant, vous en parlez avec votre producteur de musique. Expliquez-lui quelle mélodie, quel rythme, quels instruments vous souhaitez.* Die Schülerpaare stellen ihre Ideen den Mitschülern vor. Anschließend hören die S das Lied. Die Bücher sind dabei geöffnet.	SB S-CD
10	**Transfer:** In Gruppen (4-5 S) erarbeiten die S ein mögliches *Konzept* für einen *Videoclip* zu dem Lied (Zeit, Ort, Personen, Farben, Handlungen, etc.), das sie anschließend ihren Mitschülern vorstellen. Nach der Präsentation der Arbeitsergebnisse könnte der Videoclip (TV5Monde) gemeinsam angesehen werden: http://www.tv5.fr/TV5Site/musique/artiste-473-amadou__mariam.htm	Internet
11	**Hinführung 2:** Der L gibt jedem S einen Zettel mit einem der folgenden Adjektive: ancien; certain; cher; dernier; pauvre; propre; seul; triste; vrai. Die S erhalten die Aufgabe, ein passendes Substativ zu finden. Dazu können Wörterbücher genutzt werden. Der L notiert die Ergebnisse für die S sichtbar auf Folie. (Es sind zu jedem Adjektiv mehrere Substantive zu erwarten, da sich die Bedeutung der Adjektive mit deren Stellung im Satz ändert.)	
12	**Erarbeitung 5:** Die S werden aufgefordert, das Ergebnis zu erklären (unterschiedliche Stellung ein- und desselben Adjektivs führt zu einer Veränderung der Bedeutung). Gemeinsam wird dazu die Übersicht im GBH angesehen.	GBH
13	**Festigung 2:** Die S bearbeiten individuell schriftlich die Aufgabe SB S. 55 Ex. 1.	SB
14	**Sicherung 3:** Als HA bilden die S schriftlich je zwei Sätze zu ihrem Adjektiv und lösen die Aufgabe GBH S. 34 Ex. 4.	GBH

Autour du texte

Schwerpunkt: Textverständnisaufgabe; Projekt
Lerntechnik: Selektives Lesen; Gliedern
Arbeitsform: Partnerarbeit
Sachfeld: Lebenswelt
Hinweis: Schriftliche Durchnahme empfohlen
Landeskunde: Frankophone Musik
Neu: un rythme; gai/gaie; la parole; un couplet; négatif/négative
Status: Obligatorisch
Lösungsmöglichkeiten: 1. Le rythme est rapide, la mélodie monotone. On entend presque seulement la guitare et la batterie. C'est d'ailleurs la batterie qui donne le rythme de la chanson. La chanson se compose de couplets qui ne riment pas et d'un refrain court qui revient neuf fois. Le texte de la chanson parle de la tristesse de la réalité. Le chanteur utilise des images et une langue concrète.

Au-delà du texte

Schwerpunkt: Internet-Aufgabe; Dossier-Aufgabe
Lerntechnik: Erläutern/erklären
Arbeitsform: Gruppenarbeit
Sachfeld: Mali
Landeskunde: Mali
Neu: social/sociale

Status: Obligatorisch
Lösungsmöglichkeiten: 1. Ils s'engagent pour les jeunes aveugles de Bamako: Ils chantent et donnent des concerts pour gagner de l'argent qui aidera ces jeunes.

C Pratique de la langue

1 Mot à mot: Les anciennes colonies

Schwerpunkt: Grammatikaufgabe: Adjektive: Platz und accord
Lerntechnik: Gesetzmäßigkeiten anwenden
Arbeitsform: Partnerarbeit
Hinweis: Schriftliche Durchnahme empfohlen
Sachfeld: Geschichte
Landeskunde: Kolonialgeschichte
Neu: un département d'outre-mer, la richesse, la canne à sucre, une source
Status: Obligatorisch
Lösungen: 1. Chère Madame, certaines personnes disent que la France ne s'occupe pas assez de «ses» anciennes colonies. Pourquoi? 2. Ma pauvre dame! Aujourd'hui, ce sont souvent des pays pauvres qui ont des graves problèmes économiques. 3. C'est une triste réalité! 4. Même dans les quatre DOM ou «départements d'outre-mer», des vrais départements français, la situation n'est pas bien meilleure. 5. Les produits qui faisaient la richesse ancienne de ces régions, les épices, la banane et la canne à sucre, ne se vendent plus beaucoup aujourd'hui. 6. Et le tourisme comme seule source d'argent ne suffit pas, non plus. 7. Résultat: D'après les dernières statistiques, environ 170 000 des 1,5 millions d'habitants des DOM n'ont pas de travail! 8. On voit partout des gens pauvres, sans travail qui ne peuvent même pas s'acheter des produits chers.

Texte D: Aya de Yopougon

Einleitung: *un héros/une héroïne; populaire/populaire; Abidjan; la Côte d'Ivoire*
Bild 6: *un patron; une patronne*

Schritte		Medien
1	**Hinführung 1:** Es erfolgt in der Klasse ein UG zum Thema „Lesen". Der L stellt verschiedene Fragen. Zu jeder Fragen werden mehrere S gehört: *Est-ce que tu aimes lire? Racontez-moi de tout ce que vous avez lu cette semaine, et où et quand. Quel est ton auteur/livre préféré? Est-ce que tu aimes la BD? Quels héros de la BD est-ce que tu connais?*	
2	**Hinführung 2:** Der L informiert die S: *Aya, c'est le nom de l'héroïne d'une BD. Elle est lycéenne et habite à Abidjan en Côte d'Ivoire dans le quartier populaire Yopougon, appelé tout simplement « Yop City ».* Der L präsentiert die BD als Folie. Die S beschreiben mündlich ihrem Partner die BD: *Décrivez la BD à votre voisin/e.* Es werden 2 Beispiele vorgetragen.	Folie D5/4
3	**Erarbeitung 1:** Die S setzen sich in 2er-Gruppen zusammen. Sie erstellen einen möglichen Dialog zwischen den beiden Personen und schreiben ihn auf. Alle Schülergruppen lesen ihr Arbeitsergebnis vor.	
4	**Erarbeitung 2:** « Aya de Yopougon » Die S öffnen das SB S. 56 und lesen die BD zunächst leise. Sie wählen sich dann einen S, dem sie die BD auf Deutsch erzählen. *Ouvrez le livre p. 56, lisez silencieusement la BD. Puis, choisissez un élève à qui vous raconterez la BD en allemand.*	SB

Schritte		Medien
5	**Sicherung 1:** Die S lesen die BD mit verteilten Rollen laut vor.	SB
6	**Festigung 1:** Im Klassenverband werden mündlich die „Autor du texte"-Aufgaben 1–3 besprochen.	SB
7	**Festigung 2:** Als HA bearbeiten die S die „Au-delà du texte"-Aufgabe 1 schriftlich.	SB
8	**Sicherung 2:** In der darauffolgenden Stunde setzen sich je 4–5 S zusammen und besprechen ihre Ergebnisse der HA. Sie erstellen eine gemeinsame Liste, die sie an der Tafel oder auf Folie festhalten und den Mitschülern vorstellen.	
9	**Transfer:** In PA lösen die S die „Au-delà du texte"-Aufgabe 2. Das Gespräch wird schriftlich festgehalten. Sie benutzen für das Gespräch zwischen Aya und ihrer Mutter die Listen aus Schritt 9. Die S spielen die Szenen anschließend vor der Klasse vor.	SB

D Pratique de la langue

Autour du texte

Schwerpunkt: Textverständnisaufgabe
Lerntechnik: Selektives Lesen; Erklären
Status: Obligatorisch
Arbeitsform: Klassenverband
Sachfeld: Lebenswelt
Landeskunde: Sitten in Afrika
Neu: préciser qc
Lösungsmöglichkeiten: 1. Elle veut être médecin pour soigner les gens. 2. Il dit qu'il faut d'abord passer le bac et que les longues études concernent les hommes. Il pense que les femmes doivent seulement se marier et soigner leurs maris. C'est une opinion courante en Afrique.
3. A la fin, Aya a compris que son père ne voudra jamais qu'elle fasse des études. Il veut qu'elle se marie et lui cherche déjà un mari. Elle pense qu'elle ne peut pas discuter avec son père. Mais sa mère pourra peut-être l'aider.

Au-delà du texte

Schwerpunkt: Projekt; Dossier-Aufgabe
Lerntechnik: Kreatives Schreiben; Meinung äußern
Arbeitsform: Partnerarbeit
Sachfeld: BD
Neu: convaincre qn de qc; Angoulême
Status: Fakultativ
Lösungsmöglichkeiten: 1. Je veux aider les gens. Je veux être indépendante. Quand mon mari sera mort, je veux pouvoir nourrir mes enfants. Il y a trop peu de médecins dans ce pays.
2. – Ma chère, la vie est comme ça. C'est à ton père de décider. Quant à moi, je trouve bien que tu veuilles être médecin. Tu es intelligente et il nous faut des médecins ici.
– Et tu ne peux pas convaincre papa? Aide-moi, s'il te plaît.
– J'aimerais bien, mais il nous faut des arguments, et pas seulement des arguments logiques. Tu sais, en ce qui concerne les traditions, les hommes se moquent de la logique.
– Bon, faisons une liste …
3. C'est le festival le plus important de la BD en Europe. Il y a sept prix à gagner: le Prix du patrimoine, le Prix du dialogue et de l'écriture, le Prix du scénario, le Prix du dessin, le Prix du premier album, le Prix du meilleur album et le Grand Prix de la Ville d'Angoulême. Moi, je lis surtout *Peanuts* comme BD / Moi c'est *Bill* ou *Gaston la gaffe*.

1 Ecrire: Chez les Sissoko

Schwerpunkt: Dossier-Aufgabe; Bildgesteuerte Textproduktionsaufgabe
Lerntechnik: Kreatives Schreiben mithilfe von Bildstimuli
Arbeitsform: Gruppenarbeit
Hinweis: Schriftliche Durchnahme empfohlen
Sachfeld: Lebenswelt
Landeskunde: Sitten in Afrika
Neu: des félicitations *(f. pl.)*; se rendre compte de qc; une invitation
Status: Obligatorisch
Lösungsmöglichkeiten:
– Médecin! dit monsieur Sisssoko. Quelle idée?
– Oui, je lui ai dit que ce n'est pas un métier de femmes.
– Et pourquoi pas, au contraire? Notre pays a besoin de médecins. Moi, je voulais que mon fils devienne médecin. Mais, non, lui, il veut devenir chef cuisinier. Au moins, votre fille, elle a plus d'ambition! Elle gagnera de l'argent!
– Vous trouvez?
– Ben oui, votre fille, c'est un bon parti!

Zu den Übungen im Cahier d'activités

1 Il y a serpents et serpents. → GBH § 15

Schwerpunkt: Révision; Grammatikaufgabe: *Negation*
Lerntechnik: Gesetzmäßigkeiten anwenden
Sachfeld: Lebenswelt
Status: Obligatorisch
Lösungen: → Cahier d'activités Lehrerausgabe

2 L'anniversaire d'Aminata → GBH § 15

Schwerpunkt: Grammatikaufgabe: *Negation*
Lerntechnik: Gesetzmäßigkeiten anwenden
Sachfeld: Geburtstag
Status: Obligatorisch
Lösungen: → Cahier d'activités Lehrerausgabe

3 Emma et le viel homme → GBH § 14

Schwerpunkt: Grammatikaufgabe
Lerntechnik: Gesetzmäßigkeiten anwenden
Grammatik: *passé simple* und *passé composé*
Sachfeld: Erinnerungen
Status: Obligatorisch
Lösungen: → Cahier d'activités Lehrerausgabe

4 Si on pouvait encore poser des questions à Léopold Sédar Senghor → GBH § 13

Schwerpunkt: Grammatikaufgabe: *lequel* und *quoi* als Fragepronomen
Lerntechnik: Gesetzmäßigkeiten anwenden
Grammatik: Sachfeld: Frankophonie
Landeskunde: Senghor und die Frankophonie
Status: Obligatorisch
Lösungen: → Cahier d'activités Lehrerausgabe

5 Découvrir La Réunion

Schwerpunkt: Tandemaufgabe; Übersetzung
Lerntechnik: Sprachmittlung
Sachfeld: Reise
Landeskunde: La Réunion
Status: Obligatorisch
Lösungen: → Cahier d'activités Lehrerausgabe

6 Ecouter: Léopoldine, le français et l'arbre à palabres → CD 1, track 46

Schwerpunkt: DELF-Aufgabe; Hörverstehensaufgabe
Lerntechnik: Selektives Hörverstehen
Sachfeld: Portrait
Landeskunde: Frankophonie
Status: Obligatorisch
Lösungen: **a)** 1. Léopoldine est prof de français à Lille. 2. Elle est née au Sénégal. 3. Sa grand-mère lui manque. 4. Sa grand-mère lui a donné le nom de Léopoldine à cause de Léopold Senghor. 5. Ils étaient étonnés parce qu'ils n'avaient jamais eu de prof noir. 6. Une fois par mois, elle les emmène s'asseoir sous un arbre à palabres. 7. Pour elle, c'est vivre en France sans oublier ses origines.
b) Text 2

7 Ecrire: Journée internationale de la Francophonie

Schwerpunkt: DELF-Aufgabe; Textproduktion
Lerntechnik: Meinung äußern
Sachfeld: Frankophonie
Landeskunde: Frankophonie
Status: Obligatorisch
Lösungsmöglichkeiten: **a)** Dans tous les pays du monde, on peut rencontrer le français et on peut l'apprendre. Apprendre le français c'est aussi apprendre à connaître tous ceux qui dans le monde ont cette langue en partage./Dans le monde entier, on peut parler le français. Mais ce n'est pas parce qu'on parle la même langue qu'on est les mêmes. On n'a pas la même histoire, les mêmes idées. On est donc différents, mais comme on parle la même langue, on peut vivre ensemble plus facilement.
b) Pourquoi pas? La chaîne de télévision francophone TV5Monde organise des concours à cette occasion. Les Instituts Français participent aussi à cette fête. Alors fêtons ensemble et en français la langue française et les peuples qui la parlent et l'écrivent./A mon avis, j'ai trop peu d'informations pour pouvoir juger cela. Avant cet article, je n'ai jamais entendu parler de ces journées. Je pense qu'on les a organisées pour soutenir les organisations francophones qui ont pour objectif d'informer le public. Peut-être y a-t-il aussi des réseaux d'économie pour soutenir les pays pauvres en Afrique, par exemple. Cela serait vraiment utile. Je trouve bien de faire circuler la musique des pays francophones qui n'est pas encore connue au public. Cela me plairait aussi. Je trouve bien que les gens des pays francophones ont commencé à se faire connaître au monde. La plupart des gens en Allemagne, par exemple, ne savent pas encore que la langue française n'est parlée non seulement en France, mais aussi dans beaucoup d'autre pays. Mais je sais qu'il y a encore beaucoup de travail à faire.

8 Lire: Une histoire africaine

Schwerpunkt: DELF-Aufgabe; **a)** Textverständnisaufgabe **b)** Textverständnisaufgabe
Lerntechnik: Selektives Lesen
Sachfeld: Sport
Status: Obligatorisch
Lösungsmöglichkeiten:
a) + b) Lösungen: → Cahier d'activités Lehrerausgabe

c Bandian est à la fois heureux et triste. Il quitte son pays, sa famille et ses amis. Il quitte tout ça pour faire ce qu'il adore, le football. C'est son rêve de jouer dans un très grand club.

9 Savoir faire: Rechercher et présenter un exposé

Schwerpunkt: Internet-Aufgabe; Multiple Choice
Sachfeld: Frankophonie
Landeskunde: Frankophonie
Status: Obligatorisch
Lösungen: **a)** → Cahier d'activités Lehrerausgabe
b) Les pays francophones:

Le français est langue officielle (seule ou avec d'autres langues) dans les Etats suivants:

Afrique
le Benin
le Burundi
le Burkina Faso
le Cameroun
La République Centrafricaine
les Comores
le Congo
la Côte d'Ivoire
Djibouti
le Gabon
la Guinée
la Guinée équatoriale
Madagascar
le Mali
le Niger
le Rwanda
les Seychelles
le Sénégal
le Tchad
le Togo

Europe
Andorre
la Belgique
la Communauté française de Belgique
la France
le Luxembourg
Monaco
la Suisse

Amérique du Nord
le Canada
Canada Nouveau-Brunswick
Canada Québec

Amérique-Caraïbes
Haïti

Océanie
Vanuatu

Le français est langue en partage dans les Etats suivants:

l'Albanie
la Bulgarie
les îles du Cap-Vert
Dominique
Ex-République yougoslave de Macédoine
la Grèce
le Laos
le Maroc
la Mauritanie
la Roumanie
Sao Tomé et Principe
le Viêt-nam
Andorre
le Cambodge
Chypre
l'Egypte
le Ghana
la Guinée Bissau
le Liban
l'île Maurice
la Moldavie
Sainte-Lucie
la Tunisie

10 Autocontrôle: Amadou et Mariam – un couple très différent

Schwerpunkt: Grammatikaufgabe
Lerntechnik: Gesetzmäßigkeiten anwenden

5

Grammatik: Negation
Sachfeld: Lebenswelt
Status: Obligatorisch
Lösungen: → Cahier d'activités Lehrerausgabe

Landeskunde

Léopold Sédar Senghor
wurde am 9. Oktober 1906 in Joal, im Senegal, geboren. Er starb am 20. Dezember 2001 in Verson, Frankreich. Léopold Sédar Senghor war Lyriker, Philosoph und Politiker. Von 1960 bis 1980 regierte er als Staatsoberhaupt den Senegal. Er erhielt im Laufe seines Lebens zahlreiche Ehrungen sowohl als Dichter als auch als Staatsmann. Sein Leben war geprägt durch den ständigen Kampf gegen die kulturelle Fremdbestimmung Afrikas, für die Wiedererlangung der bedrohten Afrikanität und einen besseren Status Senegals und Westafrikas.

Lebenslauf
geb. 09.10.1906
gest. 20.12.2001
1928: Ausbildung in Paris
1933: Gründung der Vereinigung westafrikanischer Studenten
1935: Agrégation in klassischer Philologie
Gründung der Strömung der „Négritude"
1940: deutsche Kriegsgefangenschaft
nach Kriegsende: Arbeit als Gymnasiallehrer
1951: Wahl zum Abgeordneten der französischen Nationalversammlung
Gründung einer eigenen Partei
1960-1980: nach der Unabhängigkeit des Senegals dessen 1. Staatspräsident
1970: korrespondierendes Mitglied der Académie française
1983: als erster Schwarzafrikaner ständiges Mitglied der Académie française
1996: Lifetime Award des Grand Prix littéraire de l'Afrique noire

Guinea
Ist seit der Erlangung der Unabhängigkeit am 2. Oktober 1958 ein selbstständiger Staat in Westafrika mit der Hauptstadt Conakry (ca. 1,8 Mio. Einwohner). Guinea hat eine Fläche von 245 857 km^2. Seine Nachbarländer sind: Guinea-Bissau, der Senegal, Mali, die Elfenbeinküste, Liberia und Sierra Leone. Das Land wird im Westen vom Atlantischen Ozean begrenzt.
Küstenlandschaften, das Tafelgebirge des Fouta Djalen, leicht hügelige Savannenlandschaften und das bewaldete Hochland der Nimbaberge bestimmen das geografische Aussehen des Landes und dessen Klima.
Guinea wird von verschiedenen Volksgruppen bevölkert. Die drei größten ethnischen Gruppen (insgesamt ca. 20) sind die Fulbe (40 % der Bevölkerung), die Malinke (ca. 23 %) und die Suse (ca. 11 %). Etwa 85 % der Bevölkerung sind Muslime.
Französisch ist Amtssprache. Daneben werden 8 weitere Nationalsprachen gesprochen: Malinke, Suse, Ful, Kissi, Bassari, Loma, Koniagi und Kpelle.
Guinea zählt zu den ärmsten und industriell am wenigsten entwickelten Ländern der Erde. Auf Grund seiner reichen Vorkommen an Bauxit und Eisenerz und weiteren Bodenschätzen wie Diamanten, Gold, Erdöl, Uran, Kupfer und Mangan könnte es zu den wirtschaftlich bedeutendsten und reichsten Ländern zählen. Hauptwirtschaftszweig in Guinea ist die Landwirtschaft, die trotz guter natürlicher Bedingungen wenig produktiv ist. Die Ursache hierfür liegt in den traditionell kleinbäuerlichen Familienbetrieben.

Mali
Mali ist ein westafrikanischer Staat, der seine Unabhängigkeit von Frankreich 1960 erlangte. Obwohl die ehemalige französische Kolonie eines der ärmsten und am wenigsten entwickelten Länder der Welt ist, gilt das Land als positives Beispiel für die Demokratisierung in Afrika.
Die Einwohnerzahl beträgt ca. 12 Millionen. 90 % der Bevölkerung gehören dem Islam an. Bambara ist mit 40 % die verbreitetste Sprache. Französisch wird hingegen, obwohl es Amtsprache ist, von nur rund 10 % der Bevölkerung gesprochen, hauptsächlich von den Regierungsbeamten und der Bevölkerung in den städtischen Gebieten. Das Land ist in sieben Regionen und den Distrikt der Hauptstadt Bamako gegliedert. In der Hauptstadt leben rund 1,3 Millionen Menschen. Daneben sind Ségou, Sikasso und Mopti die wichtigsten Städte.
Da das Land zu einem Großteil aus Wüste besteht, ist Landwirtschaft nur bedingt möglich. Nur 2 % der Fläche des Landes stehen für den Anbau von Mais, Reis, Hirse, Sorghum und Baumwolle zur Verfügung. Dennoch leben 80% der Bevölkerung vom Ackerbau. Die wichtigste Anbauzone ist das Binnendelta des Niger. Zu den Bodenschätzen Malis gehören Salz, Phosphate, Gold und Uran.

Die Elfenbeinküste
Staat in Westafrika. Der Name stammt von der Küste, die von tiefen Lagunen gesäumt ist. Dichter Tropenwald erstreckt sich dahinter bis ins Landesinnere. Savannengebiet schließt sich daran an. Die Gesamtfläche des Landes beträgt 322 462 km^2. Das Klima ist tropisch mit ergiebigen Regenfällen und einer durchschnittlichen Jahrestemperatur von rund 26°C. Im Land befinden sich mehrere Nationalparks und Naturschutzgebiete, die einen Gesamtanteil von ca. 6 % der Landesfläche ausmachen.
Die Bevölkerung der Ivorer besteht aus über 60 ethnischen Gruppen. Man findet sie auf Grund der Verstädterung gemischt in den städtischen Gebieten. Fast zwei Drittel der Bevölkerung der Elfenbeinküste sind Anhänger traditioneller afrikanischer Religionen. Neben Französisch, das Amts-, Handels- und Verkehrssprache ist, werden weitere 70 Sprachen gesprochen.
Wie Guinea und Mali ist die Elfenbeinküste ein Agrarland. Etwa 60 % der Arbeitskräfte sind in der Landwirtschaft tätig. Die wichtigsten Exportgüter sind Kakao, Kaffee, Kochbananen, Baumwolle und Zuckerrohr. Das Land ist weltgrößter Kakaoproduzent. Daneben werden für den Eigenbedarf Maniok, Reis, Mais, Hirse und Erdnüsse angebaut.
Nach dem Erhalt der Unabhängigkeit am 7. August 1960 folgten in den 60er und 70er Jahren Jahre erfolgreicher prowestlicher und marktwirtschaftlicher Politik unter dem Präsidenten Felix Houphouet-Boigny. Das Land zählte zu den reichsten Staaten Westafrikas. 1990 kam es zu ersten politischen Unruhen. Als 1993 Felix Houphouet-Boigny starb, wurde Henri Bédié sein Nachfolger. Seine Präsidentschaft wurde 1999 in einem unblutigen Putsch durch das Militär beendet. Neuer Präsident wurde im Jahr 2000 Laurent Ghabo. Das Land stürzte in eine tiefe politische Krise. Es kam immer wieder zu Unruhen. Im Jahr 2002 brach der Bürgerkrieg aus. 2004 eskalierte die Situation erneut. Im Jahr 2005 einigten sich Rebellen und Armee auf ein Entwaffnungsabkommen, das im Oktober 2005 neue Präsidentschaftswahlen ermöglichen sollte. Beides wurde nicht realisiert, was im Januar 2006 die Situation nochmals eskalieren ließ.

Vorschläge für Projekte und Klassenraumaktivitäten

Da während der Arbeit an Text A die Stimme von Léopold Sédar Senghor nicht gehört wurde, könnte das Gedicht jetzt in die abschließende Lektionsphase eingebaut werden. Es wäre eine intensive Arbeit mit dem Wörterbuch nötig, da die Sprache sehr bildhaft ist. Als Produkt könnte ein Porträt der „Femme blanche, femme allemande“ stehen, basierend auf den unterschiedlichen Aspekten der afrikanischen Vorlage (Farben, äußere Form, Wesen/Charakter, geografische und klimatische Einflüsse, Schönheit des Landes, etc).

A la carte 1

Vorbemerkungen

Situativer Rahmen: In dieser Lerneinheit geht es um die Bedeutung der Medien und Informationsstruktur für Jugendliche in unserer Gesellschaft. Die verschiedenen Informationsquellen und der Umgang der Jugendlichen mit den einzelnen Medien werden kritisch beleuchtet. Es soll ein Bewusstsein für den Nutzen aber auch die Gefahren der übermäßigen Technologie-Nutzung aufgebaut werden.

Kommunikative Schwerpunkte: Die Schüler diskutieren über verschiedene Aspekte der Mediennutzung, sie vertreten ihre persönliche Meinung, vergleichen und interpretieren Karikaturen.

Grammatische Schwerpunkte: In dieser Einheit geht es um die Veränderlichkeit des *participe passé* bei vorausgehendem direktem Objekt, Verben mit transitivem und intransitivem Gebrauch, die Verwendung von Aktiv statt Passiv und die *mise en relief.*

Lernbereiche	Lerninhalte	Übungen
Textverständnis	– Global- und Detailverständnis	SB S. 59 Autour du texte
Lerntechniken	– Dolmetschen – Sich auf Sprachprüfungen vorbereiten	SB S. 64 Ex. 6 SB S. 65 D1
Grammatik	– Passé composé/accord du participe passé – Passiv – Mise en relief	GBH § 18; § 19 GBH § 17 GBH § 20
Transfer	– Wetterbericht vorstellen	SB S. 61 B1c
Hörverstehen	– Global- und Detailverstehen	SB S. 61 B1
Landeskunde	– Französische Medienlandschaft kennenlernen: Okapi – Interkulturelle Vergleiche im Bereich der Medien anstellen: Yves Michaud	SB S. 60, S. 61

Entrée: Accro de l'info?

Überschrift: *accro à/de qc*

Entrée: *un lien; une info (R une information), un magazine, le courrier des lecteurs, un débat, un chômeur/une chômeuse, autrefois, un conte, un conte de fée, les médias, un spectateur/une spectatrice, un auditeur/une auditrice*

Schritte		Medien
1	**Hinführung:** Der L erklärt den Ausdruck *être accro à/de qc*. Danach zeigt er den S die Karikatur SB S. 58. Der text wird abgedeckt. Die S sollen zunächst beschreiben, was zu sehen ist. Danach wird der Text hinzugezogen. Der L erklärt das Wort *le lien*. Der L fragt die S, warum der junge Mann „accro de l'info" ist. Anschließend beantworten die S die Frage *„Accro de l'info?"* auf ihre Person bezogen.	SB

Schritte		Medien
2	**Erarbeitung 1:** Die S lesen zusammen mit dem L die Fragen. Sie stellen Fragen zu unbekanntem Vokabular. *Un magazine (un journal illustré)* – Verweis auf die englische Entsprechung (magazine) und Verweis auf folgende Bedeutung *un magazine télé = une émission à la télé; ausgehend von dem bekannten Wort „lecteur": les lettres, les mails que les lecteurs d'un magazine écrivent; un débat = une discussion; un chômeur/une chômeuse = qn qui n'a pas de travail; autrefois = dans le passé, un conte = qc qu'on raconte, un conte de fée = une histoire qu'on raconte aux enfants, les médias vgl. engl. Entsprechung: media, un [télé]spectateur/une [télé]spectatrice = qn qui regarde la télé, un auditeur/une auditrice = qn qui écoute des émissions à la radio*	SB
3	**Erarbeitung 2:** Die S bearbeiten den Test gemäß Ex.1	SB
4	**Festigung:** Die S bearbeiten Ex. 2 als schriftliche Hausaufgabe.	

Accro de l'info?

1. Test

2. Est-ce que vous aimeriez travailler comme journaliste plus tard?

Schwerpunkt: Seine Meinungen äußern
Lerntechnik: Argumentieren
Arbeitsform: Einzelarbeit
Landeskunde: Medien
Status: Obligatorisch
Lösungsmöglichkeiten: Etre journaliste? Pourquoi pas. J'aime savoir ce qui se passe dans le monde, comprendre les événements et j'aime écrire des petits textes.

Texte A: Les jeunes et l'information

Überschrift:	——
Abschnitt 1:	*informer qn de qc*
Abschnitt 2:	*Yves Michaud*
Abschnitt 3:	*soit, se sentir concerné/e par qn/qc*
Abschnitt 4:	*un effet, en effet, un fait, un moyen de communication*
Abschnitt 5:	*tant, risquer de faire qc, influencer qn/qc*

Schritte		Medien
1	**Hinführung:** Der L schreibt den Titel der Lektion an die Tafel und fragt die S, woher sie ihre Informationen im Allgemeinen beziehen. Die S antworten darauf und notieren die verschiedenen Medien an die Tafel. Dann erklären sie ihre Auswahl *(Internet, journal, télévision)*. Der L fragt sie anschließend, welche Zeitschriften sie lesen und ob sie *Okapi* kennen. Wenn sie die Zeitschrift nicht kennen, stellt er sie ihnen kurz vor.	SB
2	**Erarbeitung 1:** Der L schreibt den Titel des Interviews *„A quoi ça sert d'être informé?"* an die Tafel. Die S diskutieren mögliche Antworten, die der L an der Tafel festhält. Die S hören den Text einmal, die Bücher sind dabei geöffnet. Danach lesen die S das Interview mit verteilten Rollen.	S-CD SB
3	**Sicherung:** Die S suchen im Internet nach Informationen über *Okapi* und *Yves Michaud*. Einzelne S stellen ihre Recherche-Ergebnisse vor und geben an, welche Medien sie zur Informationssuche genutzt haben.	Internet

Schritte		Medien
4	**Erarbeitung 2:** Die S fragen nach unbekannten Vokabeln in den einzelnen Frage-Antwort-Sequenzen: *informer qn de qc* → aus dem Deutschen ableiten; *soit* = d'accord; *se sentir concerné,e par qn/qc* → *se sentir intéressée ou touché,e par qn/qc; un effet* → Vergleich mit dem dt. oder engl. Ausdruck (effect), *en effet* = effectivement; *un fait* → *un événement ou une action, un moyen de communication* → *l'Internet, le portable, ce sont des moyens de communication; risquer de faire qc* → Verweise auf das Deutsche bzw. Englische (to risk), *influencer qn/qc* → Verweis auf die englische Sprache (to influence)	SB
5	**Erarbeitung 3:** Die S suchen die passenden Textpassagen zur Beantwortung der „Autour du texte"-Fragen. *1 – pour savoir ce qui se passe; qc qui est intéressant, qui touche, qc qui est important dans le monde; 2 – Les choses qui sont importantes dans leur vie privée, leurs loisirs; 3 – l'environnement, la politique, la vie d'autres gens dans le monde entier; 4 – donner de la forme aux sujets, aux actualités pour que les lecteurs, les spectateurs ou les auditeurs les comprennent*	SB
6	**Transfer:** Die S notieren sich Stichworte zur „Au délà du texte"-Aufgabe. Danach diskutieren sie in Kleingruppen über dieses Thema.	SB
7	**Festigung:** In Partnerarbeit wird die Aufgabe SB S. 60 Ex. 1 bearbeitet.	SB
8	**Sicherung:** Die S stellen eine der ausgewählten Zeitungen, Zeitschriften oder Fernsehsender mit den angegebenen Worthilfen vor.	

Autour du texte

Schwerpunkt: Textverständnisaufgabe
Lerntechnik: Leseverstehen
Arbeitsform: Klassenverband
Sachfeld: Medien
Landeskunde: Französische Medien
Status: Obligatorisch
Lösungsmöglichkeiten: 1. Ça sert d'être informé pour savoir ce qui se passe dans le monde/ ce que font les autres hommes sur la planète, pour comprendre comment le monde fonctionne. 2. Les jeunes s'intéressent aux informations qui parlent de sport, de cinéma, des inventions, des sorties de CD, etc. Certains aussi s'intéressent à la politique et à l'environnement. 3. D'après l'article, il faut s'informer sur «certains sujets qui nous touchent». 4. Un journaliste doit donner de la forme aux faits, les présenter et les rendre simples.

Au-delà du texte

Schwerpunkt: Textproduktion
Lerntechnik: Meinungen äußern
Arbeitsform: Einzelarbeit
Sachfeld: Medien
Status: Obligatorisch
Lösungsmöglichkeiten: A mon avis, il n'y a pas de sujet dont on ne parle pas assez. Ça dépend seulement du média. Aujourd'hui, il y a des forums sur Internet pour chaque sujet; il faut seulement les trouver. Mais il y a aussi des sujets dont on parle trop!

Pratique A

1 Pour parler des moyens de communication

Schwerpunkt: Gesteuerte Textproduktion; Sache beschreiben
Lerntechnik: Sammeln und Strukturieren von Informationen
Arbeitsform: Partnerarbeit
Sachfeld: Medien
Landeskunde: Französische Medien
Neu: la presse; une maison d'édition; publier qc; un hebdomadaire; un mensuel; une revue; neutre/neutre; se servir de qn/qc; zapper; un journal; un feuilleton; un débat télévisé; un film documentaire; un film policier; une série; un internaute/une internaute; surfer; chatter; télécharger qc; un document; un salon de chat; une spécialité
Status: Obligatorisch
Lösungsmöglichkeiten: *Okapi* est un magazine pour les 10-15 ans. Il aborde les thèmes qui intéressent beaucoup les jeunes: la musique, les fêtes, la mode, les stars et la vie quotidienne des jeunes. Ce magazine est neutre, la politique ne joue aucun rôle. La présentation des articles est colorée et vivante et il y a beaucoup de photos.
Arte est une chaîne de télévision franco-allemande mais aussi européenne qui présente beaucoup d'émissions culturelles et de reportages. Les téléspectateurs sont des Français et des Allemands mais aussi des européens puisque 7 pays d'Europe font partie de cette société, la plupart des émissions sont faites en allemand et en français. Mais il peut y avoir des émissions ou des films dans d'autres langues européennes.
TV5Monde est une chaîne de télévision francophone. Elle présente des émissions ou des films venant principalement de Belgique, du Canada, de la France et de la Suisse.

Texte B: Programme de télé

Überschrift: —
Abschnitt 2: *un champion/une championne*

Schritte		Medien
1	**Hinführung:** Jeder S formuliert fünf Fragen, mit denen er anschließend die Fernseh-Gewohnheiten und -Erfahrungen eines Mitschülers erfragt (vgl. Approche-Aufgabe). Die Ergebnisse dieser Befragungen werden später im Plenum vorgestellt. Beispiel: *As-tu une émission que tu ne rates/manques jamais ou rarement/que tu regardes régulièrement? Quelles sont tes émissions préférées/détestées? Quelles chaînes regardes-tu pour t'informer?/ pour te distraire?* Jede Antwort soll auch begründet werden. *Tu regardes les séries télés? Lesquelles?*	SB
2	**Erarbeitung 1:** Die S lesen den Auszug aus der Fernsehzeitschrift und bearbeiten die „Autour du texte"-Aufgaben.	SB
3	**Festigung:** Die S bearbeiten die „Au-delà du texte"-Aufgabe.	SB
4	**Erarbeitung 2:** Der L schreibt die Aufgabenstellung SB S. 61 Ex. 1a an die Tafel. Die Bücher der S bleiben geschlossen. Der L legt die Folie mit der Frankreich-Karte auf.	Folie C1/1 L-CD
5	**Erarbeitung 3:** Die S öffnen das Buch und schreiben die Tabelle ab. Danach bearbeiten sie beim zweiten Hören die Aufgabe SB S. 61 Ex. 1b. (TB L5/C1_1)	L-CD TB C1/1
6	**Festigung:** Ein S stellt das Wetter gemäß der Aufgabe SB S. 61 Ex. 1c vor, wobei er die Folie zu Hilfe nimmt.	Folie C1/1

Autour du texte

Schwerpunkt: Textverständnisaufgabe
Lerntechnik: Meinungen äußern
Arbeitsform: Klassenverband
Sachfeld: Fernsehen
Landeskunde: Französisches Fernsehen
Neu: un champion/une championne
Status: Obligatorisch
Lösungsmöglichkeiten: 1. C'est un jeu télévisé. Quatre candidats doivent répondre à plusieurs questions pour gagner un prix. En Allemagne, cette émission correspond à *Das Quiz*, ou bien *Quizshow*. 2. *24 heures chrono* est une série qui s'appelle en allemand *24*. C'est l'histoire d'un agent aux Etats-Unis qui lutte contre des terroristes. Chaque saison correspond à 24 heures.

Au-delà du texte

Schwerpunkt: Gesteuerte Textproduktion
Arbeitsform: Einzelarbeit
Sachfeld: Fernsehen
Landeskunde: Französisches Fernsehen
Status: Obligatorisch
Lösungsmöglichkeiten: Moi, je regarderais *24 heures chrono* parce que cette série est très excitante et parce qu'en regardant des séries que je connais déjà je peux mieux les comprendre.

Pratique B

1 Ecouter: La météo à la radio → track 01

Übungstyp: DELF-Aufgabe
Schwerpunkt: Hörverstehensaufgabe
Lerntechnik: Sammeln und Strukturieren von Informationen
Arbeitsform: Klassenverband
Sachfeld: Wetterbericht
Neu: propre/propre
Status: Obligatorisch
Lösungen: **a)** Non, il ne fait pas beau partout. Il fait beau dans le sud de la France et en montagne. C'est à Aurillac qu'il fait le plus froid.
b) → TB C1/1
c) Il fera très beau sur les régions méditerranéennes mais les vents souffleront autour de 100 km/heure/Le soleil brillera au bord de la Méditerranée mais le vent soufflera à 100km/h par endroit. Il fera très beau également sur les Alpes et sur les Pyrénées. Des éclaircies vont se développer sur le Nord, la Picardie, l'Ile de France, la Normandie, les pays de Loire, l'Aquitaine et le Midi-Pyrénées. Ça va rester plus chargé, mais sans vrai mauvais temps sur la Bretagne, le centre et le Poitou-Charentes. La neige tombera du Limousin à l'Alsace. C'est encore Aurillac qui a la température la plus basse: -15 degrés maintenant. Il fera cet après-midi 1 degré à Chambéry, 2 à Clermont-Ferrand, 3 à Tarbes, 4 degrés à Strasbourg et Montélimar, 5 à Mont-de-Marsan, 6 à Reims, 7 à Paris et au Mans, 8 degrés à Nîmes et à Dieppe, 10 à Brest et 11 degrés à Nice.

TB C1/1 La météo

Ville	Temps le matin	Temps l'après-midi	Température

Texte C: Tous des internautes?

Überschrift: —
Abschnitt 1: *ficher le camp (fam.), marrant/e*
Abschnitt 2: *apprivoiser qn/qc, se méfier de qn/qc, inconnu/inconnue, n'importe qui, au profit de, un réseau, principal/principale, limité/limitée, inquiétant/inquiétante*
Abschnitt 3: *insulter qn/qc, soupçonner qn, Roubaix, ainsi que, apparaître, une mesure, un abus, héberger qn/qc*

Schritte		Medien
1	**Hinführung 1:** Die S stellen mündlich ihre Gewohnheiten im Umgang mit dem Internet dar (*Approche*-Aufgabe).	SB
2	**Erarbeitung 1:** Die S betrachten und lesen den Textabschnitt 1 (Comic). Danach bearbeiten sie in Partnerarbeit die „Autour du texte"-Aufgabe 1.	SB
3	**Erarbeitung 2:** Die S lesen den Textabschnitt 2 (Les ados apprivoisent Internet) und bearbeiten die „Autour du texte"-Aufgabe 2.	SB
4	**Erarbeitung 3:** Die S lesen den Textabschnitt 3 (Deux ados de 13 et 14 ans ...) und bearbeiten die „Autour du texte"-Aufgabe 3.	SB
5	**Transfer:** Mit den S wird ein TB zu den Vorteilen und Risiken des Internets erstellt.	TB C1/2
6	**Hinführung 2:** Die S suchen aus dem Textabschnitt 3 Beispiele für Sätze im *passé composé*, in denen das *participe passé* verändert wurde. Diese Sätze dienen als Beispielsätze für das TB L5/C1/3.	SB
7	**Erarbeitung 4:** Die S formulieren anhand des Beispielsatzes die Regel zum Accord im Passé composé.	SB
8	**Erarbeitung 5:** Das TB wird erarbeitet.	TB C1/3
9	**Erarbeitung 6:** Aufgabe SB, S. 4, Ex. 5	Folie C1/2 L-CD

Autour du texte
Schwerpunkt: Textverständnisaufgabe
Lerntechnik: Leseverstehen
Sachfeld: Internet
Arbeitsform: Partnerarbeit
Status: Obligatorisch
Lösungsmöglichkeiten: 1. Une prof voit que des élèves jouent sur un ordinateur à l'école. Elle est fâchée parce que pour elle, l'ordinateur est un outil de travail qu'on n'a pas installé à l'école

pour que les élèves s'amusent. Mais le soir, elle reste après les cours à l'école pour jouer. Et elle oublie l'heure! 2. La plupart des jeunes utilisent l'Internet pour parler avec des amis, donc seulement comme moyen de communication. Je pense qu'en Allemagne, c'est la même chhose. Bien sûr, il y a des jeunes qui jouent beaucoup sur Internet, mais ils ne sont pas vraiment nombreux. 3. La police les a arrêtés parce qu'ils avaient insulté la police dans leur blog et parce qu'ils avaient mis des appels à la violence contre des agents de police.

Au-delà du texte

Schwerpunkt: Gesteuerte Textproduktion
Lerntechnik: Meinung äußern
Arbeitsform: Gruppenarbeit
Sachfeld: Internet
Status: Obligatorisch
Lösungsmöglichkeiten: L'Internet est un moyen de communication qui marche très vite et simplement et qui relie les hommes et les femmes de beaucoup de pays. On peut échanger et chercher des informations vite et facilement. Mais comme tout le monde peut y mettre des informations, elles ne sont pas toujours justes. Un autre problème est qu'on ne sait jamais avec qui on parle, il faut toujours être prudent et il ne faut pas donner trop d'informations privées. En plus, il y a aussi des dangers pour l'ordinateur: les virus etc.

TB C1/2 Internet

Internet

Avantages	Risques
– s'informer	– solitude
– travailler	– pour la santé (manque de – mouvement, avoir mal aux yeux)
– préparer	– problèmes sociaux
– communiquer rapidement	– problèmes financiers
– rester facilement en contact	– manque d'attention
	– l'anonymat
	– la criminalité

TB C1/3 Accord du participe passé

Accord du participe passé

Wiederholung:	C'est la police qui les a arrêtés. Je cherche les chaussures que j'ai achetées hier.
Ergänzung:	Quelles mesures a-t-on prises contre cet abus? Combien d'e-mails est-ce que tu as reçus hier?
Regel:	Das *Participe passé* wird verändert, wenn das direkte Objekt dem Verb vorausgeht.

Das direkte Objekt kann in Form
- eines direkten Objektpronomens (me, te, la les, nous, vous)
- des Relativpronomens que/qu'
- des Frageworts combien de + Nomen
- des Fragebegleiters quelle, quels, quelles + Nomen vorausgehen.

Pratique C

1 S'exercer: Un accro de l'Internet → GBH § 18

Schwerpunkt: Grammatikaufgabe: Accord von Verben und Adjektiven
Lerntechnik: Gesetzmäßigkeiten anwenden
Sachfeld: Internet
Arbeitsform: Partnerarbeit
Neu: la science-fiction
Status: Obligatorisch
Lösungen: 1. Combien d'heures as-tu passées devant ton écran, hier? – Je ne les ai pas comptées. 2. Quels sites as-tu visités ces derniers jours? – J'ai visité tous les sites que j'ai trouvés intéressants. 3. Combien d'e-mails as-tu reçus, hier? – J'en ai reçu entre 10 et 15, mais je ne les ai pas encore ouverts tous. 4. Hier, as-tu téléchargé des vidéos sur ton ordinateur? – Bien sûr, des films que j'ai copiés sur Internet et que mes copains m'ont passés. 5. Quelle série as-tu trouvée intéressante? – La série que j'ai trouvée intéressante était une série de science-fiction. Mais j'en ai oublié le titre. 6. Tu ne penses pas qu'hier, tu as passé trop de temps devant ton ordinateur? Et tes devoirs? – Oui, c'est vrai. Hier, par exemple, je ne les ai pas faits.

2 S'exercer: Chatter avec un nouvel ordinateur → GBH § 18

Schwerpunkt: Grammatikaufgabe: *Accord im passé composé*
Lerntechnik: Gesetzmäßigkeiten anwenden
Hinweis: Schriftliche Durchnahme empfohlen
Arbeitsform: Einzelarbeit
Sachfeld: Internet
Neu: un vendeur/une vendeuse
Status: Obligatorisch
Lösungen: 1. sommes allés 2. a sorti, ont descendu, sommes rentrés 3. sommes arrivés, est tout de suite descendue 4. a rentré, avons monté 5. suis monté

3 S'exercer: Comment présenter une information?

Schwerpunkt: Sprachkontrastive Aufgabe
Lerntechnik: Gesetzmäßigkeiten anwenden
Arbeitsform: Einzelarbeit
Hinweis: Schriftliche Durchnahme empfohlen
Neu: prononcer qc; agressif/aggressive; abuser de qc; un thé; un contenu
Status: Obligatorisch
Lösungen: 1. … wird geschrieben …/man schreibt 2. … spricht man aus …/wird … ausgesprochen 3. … macht man nicht …/wird … nicht gemacht 4. … kommuniziert man …/ wird … kommuniziert 5. … werden verdächtigt …/man verdächtigt 6. … werden veröffentlicht …/veröffentlicht man 7. Man betrachtet …/wird … betrachtet 8. … wird getrunken …/ man trinkt ...

4 Mot à mot: Ce n'est pas vrai! → GBH § 20

Schwerpunkt: Grammatikaufgabe: *Mise en relief*
Lerntechnik: Gesetzmäßigkeiten anwenden, Verbessern
Sachfeld: Internet
Arbeitsform: Klassenverband
Neu: La science-fiction
Lösungsmöglichkeiten: 2. Non, ce sont les surfeurs qui surfent sur la côte. 3. Non, ce sont les chauffeurs des camions qui chargent des cartons sur/dans leurs camions. 4. Non, c'est une information qu'un blog offre. 5. Non, ce sont des points de vue personnels qu'on publie dans un courrier des lecteurs. 6. Non, c'est une fois par semaine que les hebdomadaires paraissent. 7. Non, c'est présenter des émissions qu'une animatrice fait à la radio.

5 Ecouter: Un reportage de sport → track 02

Übungstyp: DELF-Aufgabe
Schwerpunkt: Wortschatzaufgabe
Arbeitsform: Klassenverband
Sachfeld: Sport
Neu: un cheval; une séquence
Lösungen: TF1: tennis, France 2: foot, TV5 Monde: natation, ARTE: le cheval

6 Transmettre: Le bain de langue dans le pays

Schwerpunkt: Gesteuerte Textproduktion
Lerntechnik: Resümee schreiben
Arbeitsform: Einzelarbeit
Hinweis: Schriftliche Durchnahme empfohlen
Sachfeld: Sprachen
Neu: la science-fiction
Lösungsmöglichkeiten: Le texte parle des avantages d'apprendre une langue dans le pays où elle est parlée. L'été, des jeunes du monde entier vont en Grande Bretagne ou en France pour améliorer leur anglais ou leur français. Le matin, ils apprennent la langue et l'après midi, ils font du sport ou des activités artistiques. En jouant, ils ont moins peur d'utiliser la langue étrangère. A leur retour, ils parlent mieux et ont de meilleures notes. D'après cet article, c'est plus facile d'apprendre une langue quand il faut l'utiliser dans toutes les situations de la vie quotidienne.

Texte D: Des ados au micro

Überschrift: *un micro(phone)*
Abschnitt b: *Toul, animer qc, ainsi, glander, mensuel/le, hésiter à faire qc, aborder qn/qc divers/diverse, joyeux/joyeuse*

Schritte		Medien
1	**Hinführung:** *Quel rôle la radio joue-t-elle dans votre vie? Quelles émissions vous intéressent à la radio?*	
2	**Erarbeitung 1:** Die S hören den Text SB S. 65 Approche b. Die Bücher bleiben dabei geschlossen.	S-CD
3	**Erarbeitung 2:** Beim zweiten Hören sollen die S stichwortartig Antworten zur „Autour du texte"-Frage 1 notieren.	S-CD
4	**Festigung:** Die S bearbeiten die „Autour du texte"-Aufgabe 2.	SB
5	**Transfer:** Die S bearbeiten die „Au-delà du texte"-Aufgabe.	SB

Pratique D

Autour du texte

Schwerpunkt: Internet-Aufgabe
Lerntechnik: Sammeln und Strukturieren von Informationen
Arbeitsform: Klassenverband
Neu: la science-fiction
Sachfeld: Radio
Landeskunde: Französisches Radio

Lösungsmöglichkeiten: 1. Elles font l'émission pour les habitants de leur cité, surtout pour les jeunes. 2. Il y a en France de nombreuses radios faites par les jeunes/beaucoup de radios des jeunes en France. Les émissions traitent des sujets qui intéressent les jeunes: la musique, le cinéma, les stars, les nouvelles de la région etc.

Au-delà du texte

Schwerpunkt: Gesteuerte Textproduktion; Seine Meinung äußern
Arbeitsform: Partnerarbeit
Sachfeld: Radio
Status: Obligatorisch
Lösungsmöglichkeiten: Je n'en connais aucune. Je pense qu'en Allemagne, ces émissions sont plus rares qu'en France. En général, je suis pour ces émissions, mais à mon avis, une bonne émission de radio ne contient pas seulement des informations, mais aussi de la bonne musique.

1 Se préparer pour l'examen DELF

Schwerpunkt: DELF-Aufgabe
Sachfeld: Sport
Arbeitsform: Gruppenarbeit
Neu: simuler qc; un examen
Status: Obligatorisch
Lösungsmöglichkeiten: Deux élèves A et B écoutent les infos et en parlent.
A – Tu as vu le match de tennis de Rotterdam?
B – Bien sûr. Et c'est Roger Federer qui a encore gagné.
A – Evidemment, contre Paul Henri Mathieu, c'était facile.
B – Oui, mais Federer n'est pas au mieux de sa forme. Regarde le journal de TF1, tu auras les plus beaux moments du match.
B – Pas possible, ce soir il y a Lyon Marseille sur Antenne 2.
A – Enregistre le match, regarde les infos de TF1 puis sur Arte, il y a une bonne émission sur le cheval.
B – Sur Arte, ça va être ennuyeux! Alors regarde le match et regarde les infos de TF1 sur Internet.
A – A propos de sport, la France va certainement avoir une médaille en natation au championnat du monde.
B – Tu es sûr ?
A – Oui, je l'ai entendu sur TV5Monde.

Zu den Übungen im Cahier d'activités

1 Nous sommes allés au cybercafé. → GBH § 18

Schwerpunkt: Révision: Grammatikaufgabe: *Passé composé* + accord des *Participe passé*
Lerntechnik: Gesetzmäßigkeiten anwenden
Sachfeld: Freizeit
Status: Fakultativ/*Obligatorisch*
Lösungen: → Cahier d'activités Lehrerausgabe

2 Au musée → GBH § 18

Schwerpunkt: Grammatikaufgabe: Fragestellungen
Lerntechnik: Gesetzmäßigkeiten anwenden
Sachfeld: Kriminalistik
Status: Fakultativ/Obligatorisch
Lösungen: Combien d'hommes est-ce que vous avez vus? Combien de photos est-ce que vous avez prises? Quels objets est-ce qu'ils ont volés? Combien de vases est-ce qu'ils ont cassés? Quels tableaux est-ce qu'ils ont volés? Quelle porte est-ce qu'ils ont ouverte? Quelle voiture est-ce qu'ils ont prise?

3 En français: Scènes de tous les jours → GBH § 18
Schwerpunkt: Grammatikaufgabe: Fragestellungen
Lerntechnik: Gesetzmäßigkeiten anwenden
Sachfeld: Lebenswelt
Status: Fakultativ/Obligatorisch
Lösungen: → Cahier d'activités Lehrerausgabe

4 Après le déménagement
Schwerpunkt: Übersetzung
Lerntechnik: Sprachmittlung
Sachfeld: Reise
Status: Fakultativ/Obligatorisch
Lösungen: → Cahier d'activités Lehrerausgabe

5 C'est la solution que je cherche → GBH § 20
Schwerpunkt: Grammatikaufgabe: *Mise en relief*
Lerntechnik: Gesetzmäßigkeiten anwenden
Sachfeld: Medien
Status: Fakultativ/Obligatorisch
Lösungen: 1. Non, c'est sur Internet qu'il cherche des informations. 2. Non, c'est au sport et au cinéma que les jeunes s'intéressent. 3. Ce sont les hommes politiques qui n'intéressent pas ce jeune homme. 4. C'est sur TV5 Monde qu'on trouve des émissions en français. 5. C'est le cinéma qu'il préfère. 6. Ce sont ses copains qui l'ont aidé à installer le blog.

6 Pour parler des moyens de communication
Schwerpunkt: Wortschatzaufgabe; Die richtigen Wörter finden
Lerntechnik: Wörter umschreiben
Sachfeld: Medien
Status: Fakultativ/Obligatorisch
Lösungen: → Cahier d'activités Lehrerausgabe

7 Ecrire: On a changé, pas vrai?
Schwerpunkt: Dossier-Aufgabe; Textproduktion; Person beschreiben
Lerntechnik: Kreatives Schreiben mithilfe von Bildstimuli
Sachfeld: Jugend
Status: Fakultativ/Obligatorisch
Lösungsmöglichkeiten: **a)** Ce sont d'autres jeunes, ils ont d'autres vêtements et d'autres coiffures. Les quatre sont encore gais et les deux photos sont prises en été. Sur la deuxième photo, les jeunes sont plus approchés les uns des autre./Ces adolescents ont vieilli mais ils sont toujours aussi heureux de vivre. Ils sourient à la vie, à l'avenir. Les garçons de la photo du haut semblent plus vieux que les filles. Les coiffures ont un peu changé.
b) Quand j'étais en 5e, je n'avais que 10 ans. Depuis cette époque, j'ai trouvé beaucoup de nouveaux amis. Je suis allée beaucoup au cinéma, j'ai commencé à jouer des jeux en réseau. En plus, j'ai découvert un sport qui me plaît beaucoup: la natation. J'ai commencé à me maquiller et après, j'ai arrêté de me maquiller. J'avais deux copains que j'ai quittés. Mes parents se sont séparés et j'ai déménagé avec ma mère et ma sœur. Maintenant, ma grand-mère habite chez nous parce qu'elle est très malade. Cela a changé toute notre vie. Donc, je pense que, depuis la 5e, je suis devenue un petit peu adulte./Quand j'étais en 5ème, je n'avais que 10 ans. Mes cheveux étaient courts. Je mettais mes livres et mes cahiers dans un sac que je portais sur le dos. Je jouais au foot avec les copains et les copines. Le dimanche j'allais me promener avec mes parents. Maintenant, j'ai les cheveux longs. Je prends mes livres sous mon bras. Je ne joue plus au foot mais je discute avec mes amis en écoutant de la musique. Et le dimanche, plus question de sortie avec les

parents, je vais au cinéma avec toute la bande./je ne sors plus avec mes parents, je vais au cinéma avec toute la bande.

8 Parler: Toi et les jeux vidéo

Übungstyp: DELF-Aufgabe
Schwerpunkt: Über ein besonderes Thema schreiben
Lerntechnik: Sammeln und Strukturieren von Informationen
Sachfeld: Medien
Lösungsmöglichkeiten: **a)** Je joue très rarement aux jeux vidéo, mais j'aime jouer sur Internet. J'y ai fait la connaissance de plusieurs personnes sympathiques avec qui j'aime chatter. Ce sont des gens de tous les âges, de partout, d'Allemagne, de France, bien sûr, et du monde entier. J'aime ça!/J'adore jouer aux jeux vidéo. Particulièrement les jeux de courses automobiles. J'aime regarder la route, éviter les obstacles, inventer une stratégie pour gagner. J'aime aussi le bruit des voitures. J'ai l'impression d'être dans une voiture de course et sur la ligne du départ, parmi les meilleurs.
b) Je pense que c'est juste. Il y a beaucoup de gens qui détestent les jeux vidéo et qui ne les ont jamais essayés./Il est facile de répondre oui à cette question. Mais, je n'aime pas les jeux en général. J'ai appris à jouer mais je n'ai jamais su. Je ne fais pas attention. Il faut m'expliquer les règles du jeu à chaque nouvelle partie. C'est certainement pour ça que je ne joue pas sur mon ordinateur.
c) Status: Fakultativ/Obligatorisch
Lösungen: → Cahier d'activités Lehrerausgabe

9 Savoir faire: Se préparer pour l'examen du DELF

Schwerpunkt: DELF-Aufgabe; Gesprächssituative Aufgabe
Lerntechnik: Kommunikationsstrategien: Unterhaltung aufrechterhalten durch Nachfragen, Rückfragen und Kommentare
Sachfeld: Prüfung
Status: Fakultativ/Obligatorisch
Lösungen: → Cahier d'activités Lehrerausgabe

10 Grâce au français, on comprend l'italien.

Schwerpunkt: Sprachkontrastive Aufgabe
Lerntechnik: Sprachmittlung; Vergleiche anstellen
Sachfeld: Reise
Status: Fakultativ/Obligatorisch
Lösungen: → Cahier d'activités Lehrerausgabe

11 Ecouter: Une information de France Info → S CD 2, track 03

Übungstyp: DELF-Aufgabe
Schwerpunkt: Hörverstehensaufgabe
Lerntechnik: Selektives Hörverstehen
Sachfeld: Medien
Status: Fakultativ/Obligatorisch
Lösungen: → Cahier d'activités Lehrerausgabe

12 Auto-contrôle 1: Questions à une super star

Schwerpunkt: Grammatikaufgabe: Fragestellungen
Lerntechnik: Gesetzmäßigkeiten anwenden
Status: Fakultativ/Obligatorisch
Lösungen: → Cahier d'activités Lehrerausgabe

13 Auto-contrôle 2: Dites-le en français. → GBH § 17
Schwerpunkt: Grammatikaufgabe
Lerntechnik: Gesetzmäßigkeiten anwenden
Grammatik: Passivübersetzungen
Status: Fakultativ/Obligatorisch
Lösungen: 1. En Suisse, on parle quatre langues. 2. En Grande-Bretagne, on roule à gauche. 3. Il est en colère parce qu'on lui a menti. 4. Cela ne se fait pas.

14 Auto-contrôle 3: Le repas d'anniversaire de Nils → GBH § 20
Schwerpunkt: Grammatikaufgabe: *Mise en relief*
Lerntechnik: Gesetzmäßigkeiten anwenden
Sachfeld: Geburtstag
Status: Fakultativ/Obligatorisch
Lösungen: → Cahier d'activités Lehrerausgabe

15 Auto-contrôle 4: Mme Sellier → GBH § 18
Schwerpunkt: Grammatikaufgabe: Passé composé
Lerntechnik: Gesetzmäßigkeiten anwenden
Sachfeld: Alltag
Status: Fakultativ / Obligatorisch
Lösungen: **a)** 1. Hier matin, Mme Sellier est sortie. 2. Elle a sorti son vélo du garage et elle a descen du la rue Lafayette. 3. Elle est arrivée au marché. 4. Après, elle est rentrée. 5. Elle a monté ses affaires au cinquième étage. 6. Et là, devant sa porte, elle est tombée.
Lösungsmöglichkeiten: **b)** Mme Sellier ne s'est pas blessée, mais les œufs sont cassés. Donc, elle devra encore une fois aller au marché …

Landeskunde

Okapi
Okapi ist eine französische Jugendzeitschrift, die zweimal pro Monat erscheint. Als Leserkreis gelten Schülerinnen und Schüler, die das *collège* besuchen, d.h. ca. 10-15 Jährige. Mit dieser Zeitschrift werden Jugendliche mit den wichtigsten Neuigkeiten zu speziellen Themenschwerpunkten versorgt. Darüber hinaus können sie an Experten schreiben. In jeder Ausgabe gibt es Tests, Spiele und Comics.

Yves Michaud
Yves Michaud wurde 1930 geboren. Er ist kanadischer Politiker, Philosoph und Journalist.

Vorschläge für Projekte und Klassenraumaktivitäten

Eigene Jugendzeitschrift erstellen
Der Lehrer bringt einige Beispiele französischer Jugendzeitschriften mit und bespricht mit den Schülern deren Aufbau. Den Schülern wird das Ziel, nämlich die Erstellung einer eigenen französischen Jugendzeitschrift und die Dokumentation der einzelnen Schritte, dargelegt. Die Schüler sollen ihre einzelnen Arbeitsschritte reflektieren, notieren und in chronologischer Reihenfolge zunächst auf Deutsch festhalten.
Zu Beginn der eigentlichen Arbeitsphase finden sich die Schüler in Gruppen zu zweit oder zu dritt zusammen. Sie überlegen sich einen Arbeitstitel und die Ausrichtung einer interessanten Jugendzeitschrift.

Als ersten Schritt sollen die Schüler die Kapitel finden, zu denen sie Seiten ausarbeiten wollen. Um diese Gliederung zu erstellen, sollten ihnen zwei Unterrichtsstunden zur Verfügung stehen.
Als nächsten Schritt und zugleich als Hausaufgabe suchen die Schüler Materialien (z. B. deutsche Jugendzeitschriften) und recherchieren innerhalb der Themen. Sie holen sich Anregungen zur grafischen und inhaltlichen Gestaltung der Zeitschrift.
Für die nächste Arbeitsphase werden sechs Unterrichtsstunden bereitgestellt, in denen die Schüler zunächst die Inhalte ihrer Zeitschrift definitiv festlegen, gegebenenfalls mit dem Lehrer besprechen (Beratung hinsichtlich der Themen und der zeitlichen Aufteilung) und ihre Arbeit innerhalb der Gruppe aufteilen.
Den Schülern stehen zur Recherche und Ausarbeitung Computer sowie Wörterbücher zur Verfügung. Als Ergebnis wird eine „echte" Jugendzeitschrift in Papierform sowie eine mündliche Präsentation des Arbeitsprozesses bis zum Endprodukt erwartet.

Eigene Radiosendung oder Videosequenz konzipieren
Bei technisch interessierten und begabten Schülern ist es ebenso denkbar, anstatt einer Zeitschrift ein Jugendmagazin als Radiosendung oder Sendung eines Jugendkanals zu konzipieren.

A la carte 2

Vorbemerkungen

Situativer Rahmen: In einem kleinen Streifzug durch einige Regionen Frankreichs geht es im A-Teil um Natur und Umwelt am Beispiel der umstrittenen Wiedereingliederung von Bären in den Pyrenäen. Es folgt im B-Teil eine Darstellung des Ausbaus des Schienennetzes für den TGV. Am Beispiel der Fahrzeiten von ausgewählten Strecken von Paris in die Provinz bzw. ins benachbarte Ausland wird deutlich, wie vorteilhaft die neuen Verbindungen für die Reisenden sind. Im C-Teil erfahren die Schüler anschließend, dass es in Frankreich neben der in der Verfassung verankerten Amtssprache Französisch noch weitere sieben Sprachen gibt. Die Vielfalt der Themen spiegelt sich auch in der Fülle der verschieden Textsorten wider (Sachtexte, Blog, Grafiken, Werbung, Sprichwörter, Bilder).

Kommunikative Schwerpunkte: Auf Grund der z. T. sehr kontroversen Themen werden die Schüler immer wieder aufgefordert, ihre eigene Meinung zu vertreten. In der Strategie „Organiser un débat" erwerben sie das nötige Rüstzeug dazu. Das Aus- und Bewerten von Grafiken bildet einen weiteren Schwerpunkt in diesem Dossier.

Grammatische Schwerpunkte: In diesem Dossier wird das Passiv eingeführt, das die Schüler in Aktivsätze umformen lernen. Hinzu kommen die Formen und der Gebrauch des *Participe présent* sowie die Beschäftigung mit der Veränderlichkeit des *Participe passé* bei reflexiven Verben.

Lernbereiche	Lerninhalte	Übungen
Textverständnis	– Fragen beantworten, Textaussagen mit einer Grafik vergleichen	SB S. 68, 70, 72 Autour du texte CdA Ex. 2
Lerntechniken	– Eine Debatte führen	SB S. 69 Ex. 4 CdA Ex. 9
Integration	– Passiv – Participe présent – Veränderlichkeit des Participe passé bei reflexiven Verben	SB S. 69 Ex. 1; CdA Ex. 2 SB S. 69 Ex. 2; CdA Ex. 3 SB S. 71 Ex. 1; CdA Ex. 4
Transfer	– Pro- und Contra-Diskussionen führen – Werbung und Antiwerbung gestalten bzw. betreiben – Über große Brückenbauwerke in Frankreich berichten	SB S. 68 Au-delà du texte; CdA Ex. 9 SB S. 73 Au-delà du texte SB S. 71 Au delà du texte SB S. 71 Ex. 3
Hörverstehen	– Hörverstehen des Textes A «Le retour des ours» 1–4 – Hörsehverstehen einer Werbung für die SNCF – Le nom des ours	SB S. 67 Internet SB S. 71 Ex. 2 CdA Ex. 5
Landeskunde	– Bären in den Pyrenäen – TGV-Est – Regionalsprachen in Frankreich	SB Text A SB Text B SB Text C

Entrée: «100 % français?»

Überschrift: —
Entrée: —

	Schritte	Medien
1	**Hinführung:** Der L zeigt zunächst die drei ersten Fotos und lässt sie beschreiben. Dann verfährt er mit den drei nächsten Fotos analog.	Folie C2/1
2	**Erarbeitung 1:** Nun fragt der L nach den Namen der Regionen. Die Schüler erhalten dazu die Gelegenheit, die Karte auf S. 217 zu benutzen. Sie nennen die Namen der beiden Regionen „Midi-Pyrénées" und „Champagne-Ardenne" und begründen ihre Antworten.	SB
3	**Erarbeitung 2:** Der L fordert die S auf weitere Spezialitäten bzw. Sehenswürdigkeiten dieser Regionen zu nennen. Es steht zu erwarten, dass die Kenntnisse hinsichtlich der bereits in Band 2 behandelten Region *Midi-Pyrénées* umfassender sind als die hinsichtlich der Region *Champagne-Ardenne*. Deshalb können die S evt. auch das Internet zu Hilfe nehmen.	SB Internet

Texte A: Le retour des ours

Approche: *sauvage*
Abschnitt 1: *peu à peu, uniquement, diminuer, la Slovénie*
Abschnitt 2: *manifester, prévoir qc, lâcher qn/qc, causer qc, un manifestant/une manifestante*
Abschnitt 3: *puisque, un troupeau, un chasseur/une chasseuse, une race, survivre à qn/qc*
Abschnitt 4: *un homme, cependant, prudent/prudente, rare, se retrouver nez à nez avec qn/qc, agressif/agressive*
Abschnitt 5: *un écologiste/une écologiste*

	Schritte	Medien
1	**Hinführung 1:** S-L-Gespräch über wild lebende Tiere und ihr Vorkommen in Deutschland. Der L stellt die Frage nach dem Vorkommen von Bären in Europa. (s. Approche)	
2	**Hinführung 2:** Ausgehend vom Titel des A-Textes „Le retour des ours" stellen die S die Vermutung auf, dass in Frankreich Bären wieder in freier Natur eingegliedert werden.	
3	**Erarbeitung 1:** Die S hören die vier Textabschnitte an und bearbeiten das AB (Kopiervorlage. Zwischen den verschiedenen Texten wird eine kurze Pause gemacht.	S-CD KV C2/1
4	**Erarbeitung 2:** Das AB wird im Plenum korrigiert. Die S fassen (mit Hilfe des AB) die Texte chronologisch zusammen. Sie können ihre Zusammenfassung als HA schreiben.	KV C2/1 S-CD
5	**Erarbeitung 3:** Die S werten die Tabelle des WWF im SB S. 67 aus. Dabei sollen sie mit den Ausdrücken des Redemittelkastens „Pour parler d'un graphique" im SB S. 68 arbeiten. (Autour du texte-Aufgabe 4)	SB
6	**Erarbeitung 4:** Nun sollen die S Autour du texte-Aufgaben 2 und 3 beantworten. Die Aufgabe 3 geht über den Text hinaus und setzt ein gewisses „Weltwissen" von einem intakten Ökosystem voraus.	SB Internet

Schritte		Medien
7	**Erarbeitung 5:** Die S lesen den Textabschnitt 3 und fassen seine Kernaussage zusammen. Die Textabschnitte 2-4 können nun auch in eine zeitliche Reihenfolge gebracht werden: 2004: Cannelle a été tuée. 2005: L'ours Boutxy a tué 162 moutons. 2006: Manifestation contre le relâchement d'ours slovènes	SB
8	**Erarbeitung 6:** Lektüre der Textabschnitte 5 und 6. Die S stellen die Argumente für und gegen die Wiedereinführung der Bären in den Pyrenäen zusammen (Autour du texte-Aufgabe 4).	TB C2/1
9	**Transfer 1:** Die S suchen nach Argumenten für die Einführung von Bären in Frankreich. Die Frage geht über den Text hinaus und setzt ein gewisses „Weltwissen" von einem intakten Ökosystem voraus. (Autour du texte Aufgabe 3).	Internet
10	**Transfer 2:** Mit der Au-delà du texte-Aufgabe erhalten die S die Möglichkeit, ihre eigene Meinung zu dem Thema zu äußern. Sie können dabei auch europaweit andere Regionen – auch die eigene – einbeziehen.	TB C2/1

TB C2/1 La réintroduction des ours dans les Pyrénées

La réintroduction des ours dans les Pyrénées

Arguments

pour	**contre**
– les ours sont en train de disparaître, il faut les protéger, ils ont toujours vécu dans les P.	– les ours tuent des moutons
– sans les ours slovènes on n'aurait plus d'ours en France	– ils font peur aux bêtes et causent des dégâts
– les ours ne sont pas dangereux pour les hommes	– il n'y a plus assez de place pour des ours sauvages dans la nature
– il faut être prudent et éviter des rencontres avec des ourses accompagnées d'oursons	– il y a malgré tout un certain risque pour les bergers et les touristes.
	– Peut-on vraiment éviter de rencontrer un ours quand on se promène dans les Pyrénées?

1	**Erarbeitung: Das Passiv** Der L gibt einen Beleg für das Passiv in den Textabschnitten 1 bis 6 vor und lässt die S eine Regel erstellen: „Das Passiv wird gebildet aus einer Form von *être* und dem *Participe passé* des entsprechenden Verbs. Das Subjekt des Aktivsatzes wird im Passivsatz mit *par* angeschlossen." Der L gibt einen Hinweis auf den im Gegensatz zum Deutschen weniger häufigen Gebrauch des Passivs im Französischen.	SB TB C2/2
2	**Festigung:** SB S. 69 Ex. 1 und CdA Ex. 2	SB CdA

TB C2/2 Das Passiv

Das Passiv

L'ourse Cannelle **a été tuée** par un chasseur. Aktiv: Un chasseur a tué l'ourse Cannelle.

Das Passiv wird gebildet aus einer Form von ***être*** und dem ***Participe passé*** des entsprechenden Verbs. Das Participe passé ist entsprechend veränderlich. Das Subjekt des Aktivsatzes wird im Passivsatz mit ***par*** angeschlossen.

1	**Erarbeitung: Das Participe présent:** Die S suchen Belege aus den Texten 3 (Attaquant le troupeau, l'ours a fait peur aux bêtes), 5 (Très rares sont les personnes se promenant dans les Pyrénées qui se sont retrouvées nez à nez avec un ours / N'ayant jamais tué personne, l'ours ne représente pratiquement aucun danger pour les touristes ni pour les bergers / Ne pouvant pas quitter leurs oursons, elles ne peuvent pas fuir et deviennent très agressives) und 6 (**Etant** fille d'agriculteur ...)	SB TB C2/3
2	**Festigung:** SB S. 60 Ex. 2 und CdA Ex. 3	SB CdA

TB C2/3 Das Participe présent

Das Participe présent ...	**kann ersetzen ...**
Attaquant le troupeau, l'ours a fait peur aux bêtes.	Kausalsätze: Comme / parce que l'ours a attaqué le troupeau, il a fait peur aux bêtes.
Très rare sont les personnes se promenant dans les Pyrénées qui se sont retrouvées nez à nez avec un ours.	Relativsätze: Très rares sont les personnes qui se promènent dans les Pyrénées …
N'ayant jamais tué personne, l'ours ne représente pratiquement aucun danger pour les touristes ni pour les bergers.	Comme il n'a jamais tué personne, l'ours ne représente pratiquement aucun danger …
Ne pouvant pas quitter leurs oursons, elles ne peuvent pas fuir et deviennent très agressives	Comme elle ne peuvent pas quitter leurs oursons, elles …
Etant fille d'agriculteur …	Comme je suis fille d'agriculteur …
Formen: Das *Participe présent* wird wie der *Gérondif* aus dem Stamm der 1. Person Plural Präsens und der Endung ***-ant*** gebildet. Es steht ohne die Präposition *en* und ist unveränderlich. Die Verneinung umschließt das *Participe présent*.	Gebrauch: Das *Participe présent* ersetzt Kausal- oder Relativsätze und kann mit jeder Zeit des Hauptsatzes kombiniert werden. Mit *ayant* + *Participe passé* kann eine Vorzeitigkeit ausgedrückt werden.

Autour du texte

Schwerpunkt: Textverständnisaufgabe
Lerntechnik: Leseverstehen
Arbeitsform: Partnerarbeit
Hinweis: Schriftliche Durchnahme empfohlen
Sachfeld: Natur
Landeskunde: Bären in den Pyrenäen
Neu: baisser; augmenter; faible/faible; élevé/élevée; un point de vue
Status: Obligatorisch
Lösungsmöglichkeiten: 1. Depuis 1900, les ours ont, peu à peu, disparu en France. A la fin du 20e siècle, il n'y avait que 9 ours dans les Pyrénées. En 1996, on a lâché quelques ours slovènes et ainsi, le nombre des ours a un peu augmenté. 2. Ce sont les bergers et les éleveurs de moutons qui manifestent contre les ours parce qu'ils pensent que ces animaux sont un danger pour leurs bêtes. 3. A mon avis, c'est pour réparer le dégât qu'on a fait à la nature en tuant tant d'animaux. 4. Pour: Les ours sont une partie importante de la nature, les ours ne sont pas, en principe, dangereux pour l'homme. Contre: les ours sont dangereux pour les moutons et pour les chèvres parce qu'ils les attaquent, les mangent et leur font peur.

Au-delà du texte

Schwerpunkt: Textproduktion; Meinung äußern
Lerntechnik: Sammeln und Strukturieren von Informationen
Arbeitsform: Klassenverband
Sachfeld: Natur
Landeskunde: Bären in den Pyrenäen
Status: Obligatorisch
Lösungsmöglichkeiten: Je suis d'avis/je pense que l'homme a déjà trop changé la nature. La nature peut se guérir elle-même, mais il faut la laisser tranquille. Protégeons les animaux de nos régions, respectons la nature! Si les ours reviennent, laissons-les revenir. Il y a assez de moyens pour protéger les bêtes des agriculteurs. Mais, d'un autre côté, je ne pense pas qu'il faille lâcher des ours parce qu'en lâchant des animaux, l'homme n'imagine pas toujours les conséquences sur la nature. Pensons par exemple aux lapins et aux renards en Australie. Ces animaux qui n'appartenaient pas à la faune de ce vaste pays menacent aujourd'hui les espèces du pays.

Pratique A

1 S'exercer: Deux nouvelles trouvées dans un journal → GBH § 21

Schwerpunkt: Grammatikaufgabe: Aktiv und Passiv
Lerntechnik: Gesetzmäßigkeiten anwenden
Arbeitsform: Einzelarbeit
Hinweis: Schriftliche Durchnahme empfohlen
Sachfeld: Natur
Landeskunde: Bären in den Pyrenäen
Neu: surprendre qn
Status: Obligatorisch
Lösungen: **a)** Pour la première fois depuis le 1er novembre, on a retrouvé les traces de l'ourson. Il y a quatre mois, un chasseur avait tué sa mère Cannelle. Le 31 mai, on a observé une ourse et un ourson du côté espagnol.
b) Arbas, 4 avril 2006: Samedi, une femme a été arrêtée par la police pour avoir essayé de voler de l'argent dans un magasin. Elle avait été surprise par le propriétaire du magasin quand elle ouvrait la caisse. Le magasin sera rouvert demain.

2 S'exercer: Faits divers → GBH § 22
Schwerpunkt: Grammatikaufgabe: Bildung un Gebrauch des *Participe présent*
Lerntechnik: Gesetzmäßigkeiten anwenden
Arbeitsform: Einzelarbeit
Sachfeld: Natur
Landeskunde: Bären in den Pyrenäen
Neu: des faits divers *(m., pl.)*
Status: Obligatorisch
Lösungen: 1. Comme/Parce qu'il était malade, … 2. Comme elle a vu l'ours dans son jardin, … 3. Les paysans qui voulaient manifester contre les ours … 4. Comme ils ne trouvent pas de travail, … 5. L'ours qui avait senti que les chasseurs étaient là, …

3 S'exercer: Rencontre avec un ours → GBH § 22
Schwerpunkt: Grammatikaufgabe: Bildung un Gebrauch des *Participe présent*
Lerntechnik: Gesetzmäßigkeiten anwenden
Arbeitsform: Einzelarbeit
Hinweis: Schriftliche Durchnahme empfohlen
Sachfeld: Natur
Landeskunde: Bären in den Pyrenäen
Status: Obligatorisch
Lösungen: 1. … les ours tuant des moutons … 2. Les ours craignant l'homme … 3. Alors, restant loin des maisons, … 4. Seul un ours ayant peur ou ayant faim … 5. N'ayant jamais vu d'hommes, certains ours … 6. Les personnes gardant leur calme …

4 Organiser un débat
Schwerpunkt: Eine Debatte führen
Lerntechnik: Sammeln und Strukturieren von Informationen im Rahmen einer Debatte
Sachfeld: Tiere
Arbeitsform: Gruppenarbeit
Neu: un débat; un zoo
Status: Obligatorisch
Lösungsmöglichkeiten: Quelques arguments pour ou contre:
Pour: C'est la seule possibilité de voir des animaux venant d'autres régions du monde et de les étudier. C'est bien pour la solidarité des hommes pour les animaux. Cela permet la survie d'espèces en voie de disparition C'est une attraction dans une ville ou une région. C'est une source d'emplois.
Contre: Les animaux enfermés sont malheureux et malades à cause du manque de liberté. Ils n'ont pas une vie normale – Un zoo, ça coûte cher. → S. Stratégie, Seite 69 Nr. 4.

Texte B: L'Alsace aux portes de Paris

Überschrift:	*l'Alsace (f), aux portes de*
Tableau:	*une distance*
Abschnitt 1:	*une destination, une vitesse*
Abschnitt 2:	*aérien/aérienne, une ligne aérienne, un directeur général/une directrice générale, relier*
Abschnitt 3:	*Londres, un aller-retour / des allers-retours,*
Abschnitt 4:	*la SNCF, une compagnie, une compagnie aérienne*

	Schritte	Medien
1	**Hinführung 1:** Die S antworten auf die *Approche*-Frage und begründen die Wahl ihres Verkehrsmittels.	SB
2	**Hinführung 2:** Die S lesen und analysieren die Aussage der Tabelle neben dem Foto und stellen erste Hypothesen über die Konkurrenz zwischen Flugzeug und TGV auf (*Autour du texte*-Aufgabe 1).	SB
3	**Erarbeitung 1:** Die S lesen den Artikel und bearbeiten die *Autour du texte*-Aufgabe 2. Dabei sollen auch die unterschiedlich langen Wegzeiten von zu Hause bis zu den Bahnhöfen bzw. Flughäfen (einschl. Einchecken, Sicherheitskontrollen etc.) zur Sprache kommen.	SB S-CD TB C2/4
4	**Erarbeitung 2:** Die S bearbeiten die *Autour du texte*-Aufgabe 3 in Kleingruppen.	SB TB C2/4
5	**Erarbeitung 3:** Die S äußern sich zu den Konsequenzen des Ausbaus des Hochgeschwindigkeitnetzes auf europäischer Ebene. (*Autour du texte*-Aufgabe 4).	SB CdA Ex. 9
6	**Transfer 1:** Die S kreiren eine Werbeanzeige **für** den TGV.	Internet
7	**Transfer 2:** Die S entwickeln Slogans **gegen** eine geplante neue TGV-Trasse.	
8	**Erarbeitung:** Grammatik: Ausgehend von dem Beispiel *„nous nous sommes dit"* aus dem Lektionstext wird nach der Wiederholung der Regel zur Veränderlichkeit des *Participe passé* bei reflexiven Verben folgende Regel entwickelt: „Wenn das Reflexivpronomen ein indirektes Objekt ist, wird das *Participe passé* **nicht** angeglichen." Beispiel: *dire à quelqu'un; téléphoner à quelqu'un; mais rencontrer quelqu'un*	GBH
9	**Festigung:** Übungen im SB, Ex. 1 und CdA Ex. 4.	SB CdA

TB C2/4 Pour ou contre le TGV

Les avantages du TGV (sur les distances de moins de 500 km):

- ils roulent sur des nouvelles lignes qui permettent une vitesse de plus de 300 km à l'heure
- ils ne s'arrêtent que dans les grandes villes. On peut vivre à Reims et travailler à Paris.
- les gares se trouvent normalement au centre des villes; les aéroports se trouvent très loin des centres-villes: il faut ajouter deux heures au temps de vol.
- les voyageurs ne perdent pas de temps (pas de contrôles avant le départ des trains)
- le TGV a permis le développement des régions desservies par le TGV

Les inconvénients du TGV:

- les nouvelles lignes coupent les paysages en deux et détruisent la nature
- les TGV font beaucoup de bruit
- les TGV ne relient que les grandes villes: il y a beaucoup de régions et de villes qui ne profitent pas des avantages économiques liés aux TGV

Autour du texte

Schwerpunkt: Textverständnisaufgabe
Lerntechnik: Leseverstehen
Sachfeld: Transportmittel
Landeskunde: TGV
Arbeitsform: Gruppenarbeit
Neu: une conséquence
Status: Obligatorisch
Lösungsmöglichkeiten: 1. Non, pour les grandes distances, l'avion est plus rapide. 2. Le TGV est plus rapide que l'avion sur les distances de moins de 500 km. Par rapport au tableau, le TGV est moins rapide que l'avion d'un point à un autre. Mais les gares se trouvant dans les centres villes et non comme les aéroports à la périphérie, le TGV est plus rapide. Un exemple: Le vol Paris Stuttgart dure 1 heure à ce temps il faut ajouter le trajet jusqu'à l'aéroport, environ 45 minutes. Il faut s'enregistrer, effectuer les contrôles encore environ 2 heures, débarquer, attendre ses bagages encore 30 minutes. Paris Stuttgart dure donc plus de 4 heures dans le meilleur des cas. 3. Pour les habitants des grandes villes, le TGV est un moyen très pratique pour aller dans les autres grandes villes. Les compagnies aériennes ont une concurrence forte, elles doivent se spécialiser pour ne pas perdre de clients. Le TGV respecte l'environnement: Par exemple, l'Eurostar émet moins de CO_2 que l'avion. 4. Il est aussi important pour l'Europe parce qu'il relie la France à ses voisins européens. Le voyage entre l'Allemagne, par exemple, et la France devient plus rapide et plus facile, ce qui peut améliorer les échanges et le commerce.

Au-delà du texte

Schwerpunkt: Dossier-Aufgabe; Internet-Aufgabe
Lerntechnik: Kreatives Schreiben; verschiedene Aspekte aufzeigen
Arbeitsform: Partnerarbeit
Hinweis: Schriftliche Durchnahme empfohlen
Sachfeld: Transportmittel
Landeskunde: TGV
Status: Obligatorisch; Teil 3 ist fakultativ
Lösungsmöglichkeiten: 1. rapide, confortable, moins de pollution 2. trop cher pour les familles, dangereux à cause de la vitesse, pas nécessaire, coupe la nature, détruit le paysage, les forêts./Sauvons nos forêts! TGV Est, c'est la peste! 3. Plus rapide et plus confortable que l'avion! Voyagez avec le TGV! Le TGV rapproche les hommes!

Pratique B

1 S'exercer: Contre le TGV → GBH § 23

Schwerpunkt: Grammatikaufgabe: *verbes pronominaux*
Lerntechnik: Gesetzmäßigkeiten anwenden
Arbeitsform: Einzelarbeit
Hinweis: Schriftliche Durchnahme empfohlen
Sachfeld: Transportmittel
Landeskunde: TGV
Neu: un responsable/une responsable; Pomponne
Status: Obligatorisch
Lösungen: 1. se sont téléphoné, se sont rencontrés 2. se sont dit 3. se sont donné 4. se sont parlé, se sont disputés 5. se sont promis

2 Son et image: Une publicité de la SNCF

Schwerpunkt: Internet-Aufgabe
Lerntechnik: Hör-, Sehverstehen

Arbeitsform: Klassenverband
Sachfeld: Transportmittel
Landeskunde: SNCF
Status: Obligatorisch
Lösungen: **a)** 1. Ils sortent de la tête des gens. 2. Ils représentent des idées.
b) 1. On les oublie tout de suite. Elles s'en vont, elles tombent malades et elles ne grandissent pas. 2. On s'en occupe beaucoup. On les laisse grandir. On leur donne à manger. 3. La SNCF veut être moderne, ouverte. Elle fait attention à toutes les nouvelles idées qui naissent et qui peuvent, peut-être, transformer le monde/améliorer la vie des hommes.

3 Projet: Sur les ponts...
Schwerpunkt: Projekt; Internet-Aufgabe
Lerntechnik: Sammeln und Strukturieren von Informationen; Sache beschreiben
Sachfeld: Architektur
Landeskunde: Französische Brücken
Arbeitsform: Gruppenarbeit
Status: Fakultativ
Lösungsmöglichkeiten:
Pont du Gard: 1. dans le sud de la France, près de Nîmes 2. portion d'aqueduc romain 3. construit au 1er siècle comme aqueduc, depuis le moyen âge utilisé comme pont, aujourd'hui inscrit sur la liste du patrimoine mondial de l'UNESCO. Aujourd'hui site touristique
Viaduc de Garabit: 1. situé près de Ruynes 2. viaduc métallique 3. construit par Gustave Eiffel en 1884.
Pont Saint-Bénezet: 1. près d'Avignon 2. viaduc en pierre 3. construit de 1177 à 1185, plusieurs fois détruit, inscrit sur la liste du patrimoine mondial de l'UNESCO.
Viaduc de Millau: 1. près de Millau 2. pont à haubans 3. achevé et inauguré en 2004 par Jacques Chirac 4. détient trois records du monde: la pile, la flèche et le tablier routier les plus hauts du monde.

Texte C: «La langue de la République est le français.»

Überschrift: —
Text: *constater qc, préserver qc, enseigner qc, l'alsacien (m), le lorrain, un dialecte, un locuteur/une locutrice, le flamand, l'irlandais (m), un Gaulois/une Gauloise, le basque, l'occitan (m), désigner qc, la langue d'oc, courant/courante, le catalan, Perpignan, le corse*

Schritte		Medien
1	**Hinführung 1:** Ausgehend von der Karte im SB S. 214 oder von der Folie C2/2 erfahren die S, dass es in Frankreich Regionen gibt, in denen neben Französisch noch eine andere Sprache gesprochen wird (s. *Approche*).	SB Folie C2/2
2	**Hinführung 2:** Der L spielt den S von der L-CD, track 03 die einzelnen „Sprachproben" a)–f) vor. Die S lesen sie zusammen mit der Übersetzung und danach abschnittweise den sich daran anschließenden Sachtext.	L-CD SB
3	**Erarbeitung 1:** Die S resümieren kurz die Entwicklung der französischen Sprache, wie sie im 1. Abschnitt des Textes dargestellt wird.	SB
4	**Erarbeitung 2:** Die S erarbeiten anhand des 2. Abschnitts die wesentlichen Kriterien, mit denen man eine „Regionalsprache" und ihren Status (ggf. in Abgrenzung zu den Sprachen von Immigranten bzw. zu den regionalen Varianten des Französischen) bestimmen kann.	SB

Schritte		Medien
5	**Erarbeitung 3:** Die S lesen die Liste der Regionalsprachen im Sb, auf S. 72. In Partnerarbeit sollen sie anschließend versuchen, die Sprichwörter a)–d) den jeweiligen Sprachen zuzuordnen. Sie können auch auf die Karte im SB, S. 214 oder die Folie zurückgreifen: a = alsacien, b = corse, c = breton, d = flamand	SB Folie C2/2 TB C2/5
6	**Transfer 1:** Nun können sich die S zu den Verhältnissen im Deutschen äußern: große Dialektvielfalt aber nur wenige Regionalsprachen (dänisch, sorbisch, friesisch ...). Die S sollten Gelegenheit haben, eigene Recherchen zu dem Thema durchzuführen (*Au-delà du texte*-Aufgabe 3).	Internet
7	**Transfer 2:** Aus den Aufgaben von *Au-delà du texte* dürfen die Schüler selbst den Staz *«La langue de la République est le français»* kommentieren. Die Ergebnisse können sie auf einer Folie oder in einem Tafelbild präsentieren.	TB C2/6

TB C2/5 Les langues régionales (I)

Une langue régionale, c'est
- une langue que l'on parle en France mais qui n'est pas le français.
- une langue d'une minorité culturelle qui a préservé sa langue jusqu'à nos jours.
- une langue non officielle
- une langue qui peut être enseignée aujourd'hui dans sa région d'origine ou dans d'autres régions de France.

TB C2/5 Les langues régionales (I)

«La langue de la République est le français».

- il n'y a qu'une seule langue officielle en France: le français.
- elle est obligatoire dans toutes les écoles françaises.

Faut-il apprendre les langues régionales à l'école?

Oui: elles sont intéressantes, elles aident à apprendre d'autres langues,
elles aident à parler/apprendre la langue des voisins européens: l'allemand, le flamand, le catalan p.ex.
On comprend mieux ses origines quand on connaît la langue de sa région.

Non: Il faut d'abord apprendre le français correctement parce qu'elle est la seule langue que l'on parle dans tout le pays. Après, il faut apprendre des langues qui sont vraiment importantes comme l'allemand, l'anglais, l'arabe, le chinois, l'espagnol, ...
Dans un monde moderne elles ne sont plus intéressantes pour les jeunes.

Autour du texte

Schwerpunkt: Textverständnisaufgabe
Lerntechnik: Leseverstehen
Sachfeld: Sprachen und Dialekte
Landeskunde: Sprachen in Frankreich
Arbeitsform: Partnerarbeit
Status: Obligatorisch

Lösungsmöglichkeiten: 1. a = alsacien, b = corse, c = breton, d = flamand   2. Les langues régionales et les dialectes sont nombreux. Ce sont surtout des langues parlées. Mais il existe aussi des littératures régionales, des journaux et des émissions de radio ou de télévision en langue régionale. De nombreuses associations nationales et régionales veulent protéger ces langues régionales et dialectes comme partie importante de la culture et de l'identité.

Pratique C

1 Transmettre: Deux annonces

Schwerpunkt: DELF-Aufgabe; sprachkontrastive Aufgabe
Lerntechnik: Sprachmittlung
Arbeitsform: Partnerarbeit
Sachfeld: Liebe
Status: Obligatorisch
Lösungen: 1. Salut, je vis à Barcelone, j'ai 22 ans, je suis sympa, intelligent et cultivé. Je veux faire la connaissance d'une femme attractive/séduisante et intéressante.   2. Femme, belle présence, 30 ans, blonde, 1,65 m, mince, cultivée cherche partenaire/compagnon sportif, tranquille et très intelligent, dans la région milanaise.

2 Mot à mot: La langue

Schwerpunkt: Wortschatzaufgabe
Lerntechnik: Worterschließung aus dem Kontext
Arbeitsform: Partnerarbeit
Sachfeld: Idiomatische Redewendungen
Neu: un sens; idiomatique/idiomatique; moche/moche
Status: Obligatorisch
Lösungen: **a)** Zunge und Sprache
b) donner sa langue au chat – aufgeben; avoir un cheveu sur la langue – lispeln; tenir sa langue – schweigen; être mauvaise langue – verleumden
c) 1. «Un mouton? Une vache? Un chien?» – «Ça suffit! Arrête! Donne ta langue au chat!» 2. «F'est fuper!» – «Oh, mon Dieu, tu as un cheveu sur la langue!»   3. «Non, je ne te raconte plus rien. Tu ne sais pas tenir ta langue!»   4. «Tu sais, sa copine est laide /moche » – «Quelle mauvaise langue!»

Zu den Übungen im Cahier d'activités

1 En parlant breton ...

Schwerpunkt: Révision; Grammatikaufgabe: *Gérondif*
Lerntechnik: Gesetzmäßigkeiten anwenden
Sachfeld: Sprachen
Status: Obligatorisch
Landeskunde: Regionalsprachen in Frankreich
Lösungen: → Cahier d'activités Lehrerausgabe

2 Le touriste 100 % français → GBH § 21

Schwerpunkt: Grammatikaufgabe: *Passiv*
Lerntechnik: Gesetzmäßigkeiten anwenden
Sachfeld: Reise
Landeskunde: Image der reisenden Franzosen
Status: Obligatorisch
Lösungen: → Cahier d'activités Lehrerausgabe

3 Ce qui a changé avec le TGV Est → GBH § 22

Schwerpunkt: Grammatikaufgabe: *Participe présent*
Lerntechnik: Gesetzmäßigkeiten anwenden
Sachfeld: Transportmittel
Landeskunde: TGV Est
Status: Obligatorisch
Lösungen: → Cahier d'activités Lehrerausgabe

4 Dans les Pyrénées → GBH § 23

Schwerpunkt: Grammatikaufgabe: *Passé composé, Accord du participe passé*
Lerntechnik: Gesetzmäßigkeiten anwenden
Sachfeld: Tiere
Landeskunde: Bären in den Pyrenäen
Status: Obligatorisch
Lösungen: → Cahier d'activités Lehrerausgabe

5 Ecouter: Le nom des ours → S CD 2, track 11

Schwerpunkt: Delf-Aufgabe; Hörverstehen
Lerntechnik: Selektives Hörverstehen
Sachfeld: Tiere
Landeskunde: Bären in den Pyrenäen
Lösungen: **a)** + **b)** → Cahier d'activités Lehrerausgabe
c) Moi, je propose «Teddy» comme nom parce que, pour moi, tous les ours s'appellent Teddy. Pour les femelles, cela peut être l'abréviation de Théodora et pour les mâles l'abréviation de Théodore.//Quand j'étais petit/e, mon ours en peluche s'appelait Teddy. Alors pour moi tous les ours s'appellent Teddy. Celui de mon ami/e français/e s'appelle Nounours, alors pourquoi pas Nounours.

6 Typiquement français?

Schwerpunkt: Textverständnisaufgabe; Übersetzung
Hinweis: Tandemaufgabe;
Lerntechnik: Sprachmittlung;
Status: Obligatorisch
Lösungen: **a)** + **b)** → Cahier d'activités Lehrerausgabe
c) Der Braunbär
- kann über eine Distanz von ca. zwei Kilometern mit 50km/h laufen,
- frisst im Herbst ca. 40 kg pro Tag, das er in ca. 2 kg Fett umwandelt, was ihm hilft, den Winter zu überstehen,
- setzt beim Laufen wie der Mensch, der Gorilla und der Schimpanse den ganzen Fuß auf,
- ist vor allem nachts aktiv, auch um nicht dem Menschen zu begegnen,
- ist ein Einzelgänger,
- war einst weit verbreitet, ist wegen des Menschen jedoch heute nur noch selten anzutreffen,
- kann in freier Natur bis zu 15 Jahre alt werden.

7 Ecrire: Lo sapeva? Le saviez-vous?

Schwerpunkt: Textverständnisaufgabe in einer 3. Fremdsprache
Lerntechnik: Leseverstehen
Status: Obligatorisch
Lösungen: → Cahier d'activités Lehrerausgabe

8 Ecrire: Scoupe et Tourbillon à la chasse

Schwerpunkt: Bildgesteuerte Textproduktionsaufgabe
Lerntechnik: Kreatives Schreiben mithilfe von Bildstimuli

Sachfeld: Tiere
Status: Obligatorisch
Lösungsmöglichkeiten: **a)** Le garçon Scoupe a relâché les lions ce qui étonne Tourbillon, l'extraterrestre. Ce dernier craint que les lions soient chassés, mais Scoupe dit que c'est interdit et que maintenant, les lions sont libres de faire ce qu'ils veulent. Scoupe demande ce que les lions veulent faire et un lion lui répond en chassant les deux amis.
b) Le garçon Scoupe a relâché les ours ce qui étonne Tourbillon, l'extraterrestre. Ce dernier craint que les ours soient chassés, mais Scoupe dit que c'est interdit et que maintenant, les ours sont libres de faire ce qu'ils veulent. Scoupe veut savoir ce que les ours veulent faire et un ours lui répond en chassant les deux amis. L'extraterrestre et le jeune garçon s'enfuient et grimpent sur la plus haute branche d'un arbre, mais ils sont vite entourés par des ours: Il y a malheureusement une ruche en bois dans l'arbre et l'odeur du miel les attire. Mais les abeilles attaquent et chassent les ours, Scoupe et Tourbillon peuvent descendre de leur arbre avec quelques piqûres de guêpes.

9 Savoir faire: Organiser un débat

Schwerpunkt: Savoir faire
Lerntechnik: Unterrichtskommunikation in der Fremdsprache; Meinung äußern
Sachfeld: Transportmittel
Landeskunde: TGV Est
Status: Obligatorisch
Lösungsmöglichkeiten: **a)** pour: rapide, confortable, pas de pollution, relie la France à ses voisins européens, les échanges et les commerces sont soutenus
contre: trop cher pour les familles, dangereux à cause de la vitesse, pas nécessaire, coupe la nature, détruit le paysage, menace l'existence des compagnies aériennes.
b) (S. auch SB, Seite 69)

Position vertreten	**Zustimmung**	**Ablehnung**	**Zugeständnis**
– A mon avis, … – Moi, personnellement, je pense que … – Je pense que … – En ce qui me concerne, je … – Pour ma part, je …	– Je suis du même avis que … – Je suis d'accord. – L'avantage, c'est que … – Je trouve que c'est vrai ce que tu dis parce que …	– Je trouve que c'est faux ce que tu dis parce que … – Je ne suis pas d'accord car … – A vrai dire, … – Le problème, c'est que …	– Oui, d'accord, cela m'a convaincu.

10 Auto-contrôle 1: Promenade dans le Pyrénées → GBH § 22

Schwerpunkt: Auto-controle; Grammatikaufgabe: *Participe présent*
Lerntechnik: Gesetzmäßigkeiten anwenden
Sachfeld: Freizeit
Status: Obligatorisch
Lösungen: → Cahier d'activités Lehrerausgabe

11 Auto-contrôle 2: La vie des ours → GBH § 21

Schwerpunkt: Auto-controle; Grammatikaufgabe: *Passiv*
Lerntechnik: Gesetzmäßigkeiten anwenden
Sachfeld: Tiere
Status: Obligatorisch
Lösungen: → Cahier d'activités Lehrerausgabe

Landeskunde

1. Die Bären in den Pyrenäen
Die Wiedereinführung von Bären in den Pyrenäen ist heftig umstritten und spaltet vor allem in den betroffenen Gebieten die Bevölkerung in zwei Lager: Während die Befürworter (Tierschützer, Wissenschaftler ...) die Bären als festen und schützenswerten Bestandteil des Ökosystems der Pyrenäen ansehen, halten die Gegner (Viehzüchter, Landwirte, Jäger) die Bären für obsolet in einem Gebiet, das schon seit langem in weiten Teilen eine von Menschenhand geschaffene Kulturlandschaft geworden ist, in der kein Miteinander von Tierzucht und großen Raubtieren mehr möglich ist. Da in den nächsten Jahren weitere Freilassungen von slowenischen Bären vorgesehen sind, die das Überleben der Bärenpopulation absichern sollen,
wird sich die Auseinandersetzung über Sinn und Nutzen der Aktion sicherlich noch weiter verschärfen.

2. Der TGV
Der TGV und das damit verbundene Hochgeschwindigkeitsnetz sind herausragende Beispiele für französische Hochtechnologie, die sich über Frankreich hinaus weltweit zu einem Exportschlager entwickelt hat. Der TGV ist in Frankreich zu einem ernsthaften Konkurrenten der Fluglinien geworden, die bereits zahlreiche Verbindungen einstellen mussten und überlegen,
ob sie nicht auch in den Zugverkehr einsteigen sollen. Städte und Regionen, die über einen TGV-Anschluss verfügen, weisen ein deutlich höheres Wirtschaftswachstum auf als die Gebiete, in denen kein TGV verkehrt. Der Aufbau bzw. Ausbau eines europäischen Hochgeschwindigkeitsnetzes wird in naher Zukunft alle wichtigen Metropolen miteinander verbinden und auch der grenzüberschreitenden Mobilität weitere Dynamik verleihen. Bereits jetzt sind der TGV und seine Geschwisterzüge Thalys und Eurostar außerhalb Frankreichs in Belgien, Deutschland, Großbritannien, in den Niederlanden, Italien, Luxemburg und in der Schweiz anzutreffen.

3. Die Regionalsprachen in Frankreich
Den deutschen Schülern ist meistens nicht bewusst, dass es in einzelnen (Grenz-)Regionen Frankreichs neben der offiziellen Nationalsprache Französisch weitere Sprachen nicht französischen Ursprungs gibt. Es handelt sich dabei nicht um die Sprachen der zahlreichen Einwanderer, sondern um Sprachen von kulturellen Minderheiten, die seit Jahrhunderten in Frankreich ansässig sind. Nach Jahrzehnten der Vernachlässigung durch die offizielle Bildungspolitik zeichnet sich in den letzten Jahren ein Trend zu einer Revitalisierung dieser Regionalsprachen ab, die nun auch an den Schulen der jeweiligen Regionen und auch in anderen Bildungsstätten gelehrt werden dürfen. Der Status des Französischen als alleinige Amtssprache, wie er in Artikel 2 der Verfassung von der V. Republik (1958) festgelegt ist, bleibt davon unberührt.

Vorschläge für Projekte und Klassenraumaktivitäten

Diese Lektion weist eine recht große Anzahl an Projekten und Klassenraumaktivitäten auf.
Hier noch einmal eine Übersicht:

A 4 Organiser un débat
B Au-delà du texte (1–3)
B 3 Projet: Sur les ponts
C Au-delà du texte (1–3)

A la carte 3

Vorbemerkungen

Situativer Rahmen: Das vorliegende fakultative Modul C3 ist eine Reise durch ausgewählte Epochen Frankreichs, die von historisch bedeutenden Ereignissen bzw. Persönlichkeiten geprägt wurden. Der Sturm auf die Bastille, Paris und seine Veränderungen im 19. Jahrhundert, die schwierigen Anfänge des Impressionismus sowie die Person Charles de Gaulle bilden die inhaltlichen Schwerpunkte.

Kommunikative Schwerpunkte: Die S werden in die Lage versetzt, Bilder und Karikaturen zu beschreiben und zu kommentieren. Sie sprechen über Vergangenes, über Geschichte, Technik und Kunst.

Grammatische Schwerpunkte: Die Adverbien *tant* und *autant* bilden den grammatischen Schwerpunkt des Moduls.

Lernbereiche	Lerninhalte	Übungen
Textverständnis	– Autour du texte	SB S. 76, 77, 79, 80
Lerntechniken	– Langue, culture et civilisation française – Travailler avec le dictionnaire unilingue	SB S. 78 SB S. 81
Integration	Révisions: – Gérondif – Tant, autant – Pronoms personnels objets/adverbiaux – Constructions avec l'infinitif – Indicatif ou subjonctif	GBH SB S. 76 GBH Révisions 23 b SB S. 78; GBH § 24 SB S. 78; GBH Révisions 5, 6, 7, 8 SB S 7 GBH Révisions 23 a SB S. 81 GBH Révisions 22
Transfer	– S'identifier à un personnage historique – Faire un résumé – Ecrire une biographie – Décrire une peinture et donner son avis	SB S. 76 SB S. 77 SB S. 79
Hörverstehen	– Au-delà du texte	SB S. 81
Landeskunde	– Fulgence Bienvenüe – Gustave Eiffel – Claude Monet	

Entrée: Voyage à travers les siècles

Überschrift: —
Entrée: *une paire*

	Schritte	Medien
1	**Hinführung:** Der L schreibt das Thema *„Voyage à travers les siècles"* an die Tafel und erklärt: *On va faire un voyage à travers la France des siècles passés. Quels sont les événements de l'Histoire de France que vous connaissez ou bien quels personnages historiques de ce pays connaissez-vous?/A quel(s) moment(s) de l'Histoire va-t-on s'arrêter? Nommez des événements et des personnages qui ont marqué l'Histoire de ce pays.* Die Schülerantworten kann der L an der Tafel notieren.	TB
2	**Erarbeitung 1:** Der L leitet zur Arbeit mit dem SB über: *Notre livre nous présente un choix d'événements et de personnages historiques de France. Voyons lequel.* Die S bearbeiten mündlich in PA die Aufgaben SB S. 74 Ex. 1 und 2. Anschließend werden die Ergebnisse im Plenum besprochen. Der L zeigt die Bilder der Folie C3/1 und lädt die S ein, die Aufgaben SB S. 74 Ex. 1, 2 und 3 zu bearbeiten.	SB Folie C3/1
3	**Festigung 1:** Die Schülerpaare aus Schritt 2 wählen eine der Persönlichkeiten aus und führen eine Internetrecherche durch mit dem Ziel, einen Steckbrief über diese Person zu erstellen. (Im Vorfeld sollten die zu findenden Informationen im Unterricht festgelegt werden wie z. B. Geburtsdatum, Geburtsort, Familienstand, Beruf etc.)	Internet
4	**Festigung 2:** Mit Hilfe des Steckbriefs spricht jeweils ein S in zusammenhängenden Sätzen zur gewählten Persönlichkeit. (maximal 6 S der Klasse)	
5	**Transfer:** Als HA bearbeiten die S schriftlich die Aufgabe: *Si tu pouvais être un personnage du passé, lequel choisirais-tu? Justifie en 60 mots environ.*	

Voyage à travers les siècles

Schwerpunkt: Bilder beschreiben und Meinungen äußern
Lerntechnik: Sammeln und Strukturieren von Informationen.
Arbeitsform: Im Plenum und dann als HA möglich
Hinweis: Zuerst mündlich dann schriftlich
Status: Obligatorisch
Lösungen: Aufgabe 1: Charles de Gaulle / image 7; Gustave Eiffel / image 2; Maximilien de Robespierre / image 5; Claude Monet / image 8; Fulgence Bienvenüe / image 4
Aufgabe 2: images 7 et 1: Le traité de l'Elysée a été signé en 1963 par le Président de la République française Charles de Gaulle et le Chancelier de l'Allemagne fédérale Konrad Adenauer; images 2 et 6: Gustave Eiffel est l'ingénieur qui a construit la tour Eiffel en 1889 pour fêter les 100 ans le la Révolution française/pour l'exposition universelle à Paris; images 5 et 9: Robespierre est un avocat français et un révolutionnaire sanglant. Il a fait guillotiner de nombreuses personnes avant d'être lui-même guillotiné; images 8 et 3: Claude Monet est un peintre français qui a révolutionné l'art de peindre. Sa toile, «impression, soleil levant» a fait scandale en 1873. Claude Monet a été le chef de file des peintres impressionnistes: Degas, Renoir, Manet, Sisley, Pissarro etc.; images 4 et 10: Fulgence Bienvenüe est l'ingénieur français qui a construit la première ligne de métro à Paris.
Aufgabe 3: Ces hommes ont marqué leur époque parce qu'ils ont participé à la transformation de la société et de la culture françaises.

Texte A: «Aux armes, citoyens!»

Approche

Lösungsmöglichkeiten: L'image nous montre la prise de la Bastille le 14 juillet 1989. Au premier plan des soldats tirent pour défendre la forteresse.

Überschrift:	*une arme; Aux armes!; un citoyen/une citoyenne*
Text:	*une révolution; la Révolution française; un petit-fils/une petite-fille; une révolte; c'est-à-dire; une naissanc; les Etats-Unis (m); une démocratie; à la différence de qn/qc; dès; une monarchie;Louis XVI; Marie-Antoinette; (Anne Robert Jacques) Turgot; (Jacques) Necker; une réforme; une résistance; une société; diviser qc; le pouvoir; la noblesse;posséder qn/qc; s'ennuyer; se révolter contre qn/qc; la Bastille*

Schritte		Medien
1	**Hinführung 1:** Der L erklärt: «Aux armes, citoyens!» est le début du refrain de l'hymne national français «la Marseillaise». Elle symbolise la République française et la Révolution de 1789.	SB
2	**Hinführung 2:** Der L führt in französischer Sprache in die Situation ein: *Aujourd'hui, vous allez vous informer sur un événement historique qui a révolutionné l'Histoire de France et de toute l'Europe.*	
3	**Erarbeitung 1:** In Vorbereitung auf die Arbeit mit dem Bild SB S. 75 erhält jeder S ein AB für die Wortschatzarbeit. (In die Wortschatzarbeit werden einige der im Text neu zu vermittelnden Vokabeln integriert.) Dieses wird individuell schriftlich, wenn nötig unter Zuhilfenahme eines zweisprachigen WB bearbeitet. Anschließend gleicht jeder S seine Ergebnisse mit denen eines zweiten und dritten S ab. Im Plenum werden nur noch die Vokabeln besprochen, deren Bedeutung unklar geblieben ist.	KV C3/1
4	**Erarbeitung 2:** Die S setzen sich in Kleingruppen (2–3 S) zusammen und bearbeiten die *Approche*-Aufgabe. Dazu nutzen sie die in Schritt 2 erarbeitete Wortliste. Anschließend stellen 2–3 Gruppen ihre Arbeitsergebnisse vor, wobei jeder S der Gruppe beteiligt sein soll.	SB KV C3/1
5	**Erarbeitung 3:** Individuell liest jeder S den Text A SB S. 75 und bearbeitet dazu Leseaufträge auf einem AB.	KV C3/2
6	**Festigung 1:** Der Text wird bei geöffneten Büchern vom Tonträger vorgespielt und anschließend von 2 Schülern laut vorgelesen. Das AB mit den Leseaufträgen wird im Plenum ausgewertet.	S-CD SB KV C3/2
7	**Erarbeitung 4:** Als HA bereiten die S den ersten Teil (Lisez la fable) der „Au-delà du texte"-Aufgabe 1 vor.	SB
8	**Festigung 2:** Die S bilden 4–5er-Gruppen. Sie lesen sich die Fabel gegenseitig vor. Aus jeder Gruppe wird ein S benannt, der diese anschließend vor der Klasse vorträgt.	SB
9	**Sicherung 1:** In PA bearbeiten die S einen Frage-Antworten-Katalog zum Text der Fabel. (Ein S sollte beginnen die Fragen zu stellen. Derselbe S kontrolliert die Antworten seines Partners anhand der Antwortzettel. Anschließend erfolgt der Rollentausch.)	KV C3/3
10	**Transfer 1:** Die Fabel wird szenisch in Kleingruppen umgesetzt.	SB

Schritte		Medien
11	**Transfer 2:** Die S bearbeiten schriftlich die „Au-delà du texte“-Aufgabe 2 (auch als HA möglich).	SB

Autour du texte
Übungstyp: Textverständnisaufgabe;
Schwerpunkt: Erklären, Argumente finden
Lerntechnik: Leseverstehen
Arbeitsform: Klassenverband
Sachfeld: Geschichte
Landeskunde: Französische Revolution
Status: Obligatorisch
Lösungsmöglichkeiten: 1. La Révolution française est une révolte qui a changé l'Histoire de ce pays. Au XVIIIe siècle il y a eu de nombreuses révolutions. La plus importante a eu lieu en Amérique et elle a permis la création des Etats-Unis d'Amérique. La révolution a détruit la monarchie. 2. Le clergé et les nobles étaient très riches et avaient beaucoup de pouvoir. Les paysans possédaient souvent leurs terres mais les impôts étaient trop lourds. De plus, en 1788 et 1789, les récoltes avaient été très mauvaises. Et le pain était trop cher pour les paysans.

Au-delà du texte
Übungstyp: Textverständnisaufgabe
Schwerpunkt: Eine Fabel verstehen und interpretieren
Lerntechnik: Leseverstehen
Arbeitsform: Partnerarbeit
Neu: surpris/surprise; menacer qn; augmenter; causer qc; une fable; la morale
Landeskunde: Französische Literatur
Status: Obligatorisch
Lösungsmöglichkeiten: 1. Un enfant se regarde pour la première fois dans un miroir. Il voit son image et lui fait une grimace. Puis il se dispute avec elle, il crie et pleure. Sa mère le console et lui dit que l'image a seulement réagi et qu'il faut être gentil avec elle pour qu'elle soit aussi gentille. 2. La morale est que les autres reflètent ce que nous sommes. Il faut être gentil pour que les autres soient gentils à leur tour.

Pratique A

Réviser: Liberté, égalité, fraternité → GBH § 1
Übungstyp: Révision
Schwerpunkt: Grammatikaufgabe: *Le Gérondif*
Lerntechnik: Gesetzmäßigkeiten anwenden
Arbeitsform: Einzelarbeit
Hinweis: Schriftliche Durchnahme empfohlen
Neu: juger qn; une guillotine; la terreur; l'égalité *(f.)*; la fraternité; Varennes; Maximilien de Robespierre
Sachfeld: Geschichte
Landeskunde: Französische Revolution
Status: Obligatorisch
Lösungen: a) 1. En ayant assez à manger, les gens n'auraient pas pris la Bastille. 2. En fuyant Paris dans la nuit du 20 juin 1791, Louis XVI et Marie Antoinette ne savent pas encore qu'on les arrêtera à Varennes. 3. En les conduisant à Paris, on a pu les juger. 4. Gérondif pas possible. **b)** 1. Robespierre installe la «Terreur» quand il envoie ceux qui ne pensent pas comme lui à la guillotine. 2. S'ils avaient été plus humains, lui et ses amis n'auraient peut-être pas trouvé la

mort de la même façon. 3. Quand il prend le pouvoir en 1799, Napoléon Bonaparte réussit à contrôler la situation en France et à créer une administration centralisée et une monnaie sûre, le franc. 4. Mais une chose est sûre: s'il avait fait moins de guerres, il aurait encore mieux servi la France.

Texte B: Au XIXe siècle, ça bouge à Paris!

Überschrift:	—
Vorspann:	*autant (de ... que/que); tant de; une queue; faire la queue*
Abschnitt 1:	*universel/universelle; une exposition universelle; admirer qn/qc; une invention; un écrivain/une femme écrivain; un monumen ; le fer; un sommet; une marche; un coup*
Abschnitt 2:	*la circulation; indispensable/indispensable; Fulgence Bienvenüe; durer; un voyageur/une voyageuse; la Porte de Vincenne; la Porte Maillot; immédiat/immédiate*

Schritte		Medien
1	**Hinführung 1:** Der L erklärt auf Französisch: *Paris fascine et attire chaque année des milliers de touristes. Mais Paris s'est développé et s'est transformé au cours des siècles. Les changements les plus importants ont eu lieu au XIXe siècle. Regardons maintenant les photos de la page 77 de votre livre. A droite, la tour Eiffel en 1889, à gauche en 2007. Comparez-les: Derrière la tour Eiffel, il y avait des arbres, aujourd'hui il y a des immeubles...* Im UG wird die *Approche*-Aufgabe SB S. 77 bearbeitet.	SB
2	**Erarbeitung 1:** Der L stellt auf Französisch die folgenden Fragen: *Qui est déjà allé à Paris?* Wenn die S schon Paris besichtigt haben, fragt der L weiter: *Vous êtes montés sur la tour Eiffel?* Oui → L: *A pied ou en ascenseur?* S: *A pied.* L: *A pied? Jusqu'au sommet de la tour?* Der L zeichnet die Spitze des Eiffelturms an die Tafel und schreibt «*le sommet*» daneben. / S: *En ascenseur.* L: *Pourquoi?* S: *C'est trop haut.* Der L zeichnet eine Stufe an die Tafel und schreibt «*une marche*» daneben. L: *Il y a plus de 1700 marches.* Non → L: *Pourquoi?* S: *C'est trop cher! / C'est trop haut! etc.* L: *Et il faut faire la queue. Il y a tant de monde qu'il faut faire la queue pour acheter un ticket: Il faut attendre et attendre et attendre!* Wenn die S noch nie in Paris waren, sagt der L: *La tour Eiffel est le monument le plus visité de France. Il y a tant de personnes qui veulent monter à son sommet ...* Der L zeichnet die Spitze des Eiffelturms an die Tafel und schreibt «*le sommet*» daneben. *...qu'il faut attendre et attendre pendant des heures – faire la queue pendant des heures – pour pouvoir entrer. Et la tour Eiffel a plus de 1700 marches!* Die unterstrichenen Wörter werden an die Tafel geschrieben.	
3	**Erarbeitung 2:** Einige Vokabeln des Textes SB S. 77 werden semantisiert: *autant (= dt.); faire la queue (A la caisse, il y a beaucoup de personnes qui doivent attendre. Ils font la queue.); une exposition (Au musée, on montre des expositions.); le fer (= ferrum = Fe); indispensable (= nécessaire; immédiat (= tout de suite); une invention (Les frères Montgolfier ont inventé la Montgolfière); le sommet (= la plus haute partie de montagne); une marche (= Zeichnung)*	SB
4	**Erarbeitung 3:** Der Text SB S. 77 wird den S als Hörtext von der CD präsentiert. Während des Hörens bearbeiten die S Höraufträge auf einem AB.	S-CD KV C3/4

Schritte		Medien
5	**Festigung 1:** Die Ergebnisse der Höraufträge werden in der Klasse ausgewertet und anschließend der Text laut vorgelesen.	SB
6	**Transfer:** Die S bearbeiten einzeln oder in PA die „Au-delà du texte"-Aufgabe SB S. 77.	SB
7	**Erarbeitung 4:** *tant + autant* Die S erhalten ein AB zum Thema, das sie individuell bearbeiten mit dem Ziel der Auseinandersetzung mit den Adverbien *tant* und *autant* sowie zur Findung von Regeln für den Gebrauch. (Die Beispielsätze sind z.T. aus dem GBH S. 77 und 78 entnommen.)	GBH KV C3/5
8	**Festigung 2:** Nach Beendigung der Einzelarbeit setzen sich die S in Gruppen (4–5 S) zusammen und besprechen und vergleichen ihre Lösungen. Anschließend erfolgt die Auswertung im Klassenverband. Gemeinsam wird eine Übersicht entwickelt, die als Zusammenfassung dient. / Das TB oder die Folie werden als Übersicht mit Lücken präsentiert. Die fehlenden Angaben (in der TB-Vorlage kursiv gedruckt) werden während des UG ergänzt.	TB C3/1
9	**Festigung 3:** Die S bearbeiten individuell schriftlich die Aufgabe SB S. 78 Ex. 1.	SB
10	**Sicherung:** Zur Sicherung der Kenntnisse bearbeiten die S als HA die Übung *Tout compris?* GBH S. 49 schriftlich.	GBH

TB C3/1: Les adverbes tant et autant

tant/autant
sind *Adverbien*
und bedeuten *„so viel(e)", „so sehr"*

Mengenadverb *tant + de + Nomen* Ex: Elle a tant de copains!	*Mengenadverb* *autant + de + Nomen* – drückt einen *Vergleich* aus – beschreibt die *Gleichheit/Ungleichheit* von *Dingen/Personen* Ex: Il a fait autant de fautes que moi.
Mengenadverb *tant (ohne Ergänzung)* – Ausdruck von *Intensität* Ex: Elle a tant travaillé ce week-end!	Mengenadverb *autant + Verb + que* – drückt einen Vergleich zweier *Tätigkeiten* aus – beschreibt die *Gleichheit/Ungleichheit* von Dingen/Personen Ex: Marc a autant travaillé que Nathan.

tant que
– *leitet einen NS ein,* der eine *Folge ausdrückt*.
Ex: Elle a tant travaillé qu'elle a réussi.

Approche

Schwerpunkt: Bilder beschreiben und vergleichen
Lerntechnik: Bildgesteuerte Beschreibung
Hinweis: Mündliche Aufgabe
Arbeitsform: Klassenverband
Lösungsmöglichkeiten: A droite, nous voyons la tour Eiffel en 1889, à gauche en 2007. Derrière la tour Eiffel de 1889, il y avait des arbres, aujourd'hui il y a des immeubles. Au pied de la tour Eiffel de 2007, il y a une esplanade. En 1889, la tour marquait l'entrée de l'exposition universelle.

Autour du texte

Übungstyp: Textverständnisaufgabe
Lerntechnik: Leseverstehen
Sachfeld: Architektur
Landeskunde: Weltausstellung 1900
Arbeitsform: Klassenverband
Status: Obligatorisch
Lösungsmöglichkeiten: 1. C'est pour fêter les 100 ans de la Révolution française que la tour Eiffel a été construite. La tour, de 300 mètres de haut, se trouve à l'entrée de la grande exposition que le gouvernement a organisée. Gustave Eiffel fête la fin des travaux avec quelques amis. Cinquante personnes l'accompagnent pour monter en haut de la «grande dame de fer». Arrivé au sommet avec seulement 20 personnes, Eiffel pleure, puis il hisse un gigantesque drapeau français. Enfin, 21 coups de canon annoncent la fin des travaux.
2. La plus grande attraction est, bien sûr, la tour Eiffel, une construction en fer de trois cents mètres de haut. Et puis, il y a de nouvelles inventions, comme le téléphone, par exemple. C'est le triomphe du fer, (mais c'est aussi celui de l'électricité dont on montre les possibilités dans un bâtiment.)
3. A l'approche de l'Exposition de 1900, la circulation à Paris devient de plus en plus difficile: on décide donc de construire une ligne de métro. L'ingénieur qui construit la ligne n° 1, s'appelle Fulgence Bienvenüe. Une station porte aujourd'hui son nom: c'est la station Montparnasse-Bienvenüe. C'est le 19 juillet 1900 que la ligne est ouverte au public. Elle a tout de suite un très grand succès: les voyageurs trouvent incroyable de ne mettre que vingt minutes pour aller de la Porte de Vincennes à la Porte Maillot.

Au-delà du texte

Übungstyp: Projekt
Schwerpunkt: Textproduktion
Lerntechnik: Sammeln und Strukturieren von Informationen
Sachfeld: Architektur
Arbeitsform: Gruppenarbeit
Hinweis: Schriftliche Aufgabe
Status: Obligatorisch
Lösungsmöglichkeiten:
Gustave Eiffel est né à Dijon le 15 décembre 1832. Ingénieur de l'Ecole Centrale de Paris, il construit des ponts, des viaducs et des gares partout dans le monde (Amérique du Sud, Hongrie, France, Portugal). Mais deux de ses œuvres sont connues dans le monde entier: La tour Eiffel et la statue de la Liberté de New York. Il meurt à l'âge de 91 ans.
Fulgence Bienvenüe est né le 27 janvier 1852 à Uzel. Diplômé des grandes écoles d'ingénieurs de Paris, il construit des lignes de Chemins de fer. Puis, dès 1884 à Paris, il participe aux grands chantiers de la ville et propose la construction d'un métro. Commencée en octobre 1897 la ligne Porte de Vincennes-Porte Maillot est inaugurée le 19 juillet 1900. En 1917, il est responsable de la modernisation des canaux de Paris. Il meurt en 1936 et est enterré au cimetière du Père Lachaise.

Pratique B

1 S'exercer: Autant que je sache ... → GBH § 24

Schwerpunkt: Grammatikaufgabe: tant und autant
Lerntechnik: Gesetzmäßigkeiten anwenden
Hinweis: Schriftliche Durchnahme empfohlen
Arbeitsform: Einzelarbeit
Sachfeld: Architektur
Landeskunde: Gustave Eiffel
Neu: autant que je sache
Status: Obligatorisch
Lösungen: 1. tant 2. Autant 3. tant 4. tant, tant, autant 5. tant

2 Réviser: Le père de la „dame de fer"

Schwerpunkt: Grammatikaufgabe: Pronomen
Lerntechnik: Gesetzmäßigkeiten anwenden
Hinweis: Schriftliche Durchnahme empfohlen
Arbeitsform: Einzelarbeit
Sachfeld: Architektur
Landeskunde: Gustave Eiffel
Status: Obligatorisch
Lösungen: 1. Non, je ne les ai jamais lues. 2. Oui, il y en a plus de 1700. 3. Oui, je le leur ai déjà montré. 4. Non, je ne le lui permets pas. 5. Oui, j'espère qu'ils s'en rappelleront. 6. Oui, ça me ferait plaisir de vous y accompagner.

3 Réviser: La tour-aventure → GBH § 1

Übungstyp: Révision
Schwerpunkt: Grammatikaufgabe: Infinitivkonstruktionen
Lerntechnik: Gesetzmäßigkeiten anwenden
Hinweis: Schriftliche Durchnahme empfohlen
Arbeitsform: Einzelarbeit
Sachfeld: Architektur
Status: Obligatorisch
Lösungen: 1. Sans être monté à pied sur la tour, Sylvain Doinon, un boulanger, réussit en 1891 à monter au premier étage sur des échasses. 2. En 1923, Pierre Labric descend en vélo les 363 marches du premier étage pour montrer à ses amis qu'il est l'homme le plus sportif de Paris.
3. Après avoir mis un vêtement qu'il a fait lui-même et avec lequel il pense pouvoir voler, l'Autrichien Franz Reichel se jette le 4 février 1912 à 8h30 du premier étage en bas ... mais il meurt. 4. Avant de grimper en 1996 sur le sommet de la tour à mains nues et sans protection en 45 minutes, Alain Robert s'est entraîné longtemps.
Neu: une échasse; un Autrichien/une Autrichienne; nu/nue

4 Langue, culture et civilisation française

Übungstyp: Projekt
Schwerpunkt: Meinung äußern
Lerntechnik: Sammeln und Strukturieren von Informationen
Arbeitsform: Partnerarbeit
Sachfeld: Erfindungen
Status: Obligatorisch
Lösungsmöglichkeiten: A mon avis, la capacité de faire du feu est l'invention la plus importante. Avec le feu, l'homme a pu chasser de grands animaux, vivre dans des endroits froids et cuire de la viande ce qui était très important pour le développement du cerveau humain. *Expressions utiles:* A mon avis, ... Pour ma part, ... Je pense que ... Grâce à cette invention, ... Avec cette invention, ...

Texte C: Impression(niste)s!

Überschrift: *un impressionniste/une impressionniste*
Text: *une injure; Claude Monet; le soleil levant; petit à petit; de près; vibrer*

Schritte		Medien
1	**Hinführung 1:** Diese dient zur Reaktivierung bekannten Wortschatzes zum Thema: *Description d'une photo/image/peinture.* Auf Folie hat der L sieben Gemälde zur Auswahl. Der L schreibt folgende Ausdrücke an die Tafel: *au premier plan; au milieu; au centre; à l'arrière plan; à gauche; à droite; dans le coin.* Die S werden aufgefordert, die Ausdrücke zu verwenden, um ein Bild ihrer Wahl zu beschreiben.	Folie C3/2 TB C3/2
2	**Erarbeitung 1:** Der L zeigt die Folie zu Text C. Mittels der wiederholten Vokabeln erhalten die S die Aufgabe, das Bild mündlich zu beschreiben. Die Bearbeitung der Aufgabe erfolgt in PA, d. h. dass jeder S seinem Partner das Bild beschreibt und umgekehrt. Anschließend präsentieren 3–4 S der Klasse ihre Beschreibungen.	SB
3	**Hinführung 2:** Der L leitet unter Verwendung der Folie C3/2 zur Textarbeit über: *Le dessin montre une salle d'exposition. C'est la première exposition des peintres impressionnistes.* In einem kurzen UG werden die S auf die Situation eingestimmt: *Quels impressionnistes connaissez-vous? Que pensez-vous, qui est le père des impressionnistes et alors de l'impressionnisme?* (Es ist davon auszugehen, dass die S die Impressionisten bereits aus dem Kunstunterricht kennen.) Nachdem die S die Fragen beantwortet haben, führt der L seine Ausführungen fort: *Bien qu'ils soient aujourd'hui dans tous les musées, les impressionnistes n'ont pas toujours eu du succès.*	Folie C3/2
4	**Erarbeitung 2:** Die S erhalten ein AB mit Sätzen, die inhaltlich dem Text C SB S. 79 entsprechen, aber in ihrer Struktur (leicht) verändert und zweigeteilt wurden. In PA versuchen die S, die passenden Satzteile zusammenzufügen. Zunächst lesen die S die einzelnen Satzteile und können im Anschluss die ihnen unbekannten Vokabeln erfragen.	KV C3/6
5	**Festigung:** Die S hören den Text C bei geschlossenen Büchern von der CD und vergleichen ihre Lösungen. Danach wird der Text C laut gelesen.	SB S-CD
6	**Sicherung:** Als HA bearbeiten die S mündlich die „Autour du texte"-Aufgabe 1 im SB S. 79.	SB
7	**Transfer:** Die Klasse wird in 6 Gruppen eingeteilt. Jede Gruppe zieht einen Zettel (darauf steht je ein Name eines impressionistischen Malers). Die Gruppen befassen sich mit der „Au-delà du texte"-Aufgabe. Am Ende der GA stellt jede Gruppe ihre Ergebnisse vor.	SB

TB C3/2: Décrire une photo/image/peinture

Décrire une peinture

Choisissez un tableau et décrivez-le en utilisant les expressions suivantes:

au premier plan - au second plan

à l'arrière plan

au milieu / au centre

à gauche – à droite

dans le coin

en haut – en bas

Approche

Lösungsmöglichkeiten: Le dessin montre une salle d'exposition. C'est la première exposition des peintres impressionnistes. A mon avis, les visiteurs ne sont pas contents de ce qu'ils voient. Ils sont rouges de colère. Ils crient, lèvent les bras, mettent les mains devant leurs yeux: ils ne veulent plus voir ses horreurs. Au premier plan, un petit homme tout rouge lève sa canne. Il va crier son injure qui deviendra célèbre: «impressionnistes!»

Autour du texte

Übungstyp: Textverständnisaufgabe
Lerntechnik: Leseverstehen
Arbeitsform: Klassenverband
Sachfeld: Kunst
Landeskunde: Französischer Impressionismus
Status: Obligatorisch
Lösungsmöglichkeiten: 1. C'est le tableau du peintre Claude Monet, un tableau intitulé «Impression, soleil levant» qui a donné leur nom aux impressionnistes. Un journaliste, voulant se moquer d'eux, et surtout de Claude Monet, les a appelés du nom du tableau qu'avait peint l'artiste. Le nom est resté.
2. C'est le numéro 3: Le tableau de Claude Monet, intitulé «Impression, soleil levant», montre le soleil qui se lève. Ce n'est pas un beau soleil jaune comme le peindraient des enfants, mais une «impression» de soleil qui se lève, qui donne une lumière rouge sur une mer bleue sur laquelle on peut voir des bateaux.

Au-delà du texte

Übungstyp: Projekt
Schwerpunkt: Bildgesteuerte Textproduktionsaufgabe
Lerntechnik: Visuelles Lernen; Meinung äußern
Arbeitsform: Gruppenarbeit
Sachfeld: Kunst
Landeskunde: Französischer Impressionismus
Status: Obligatorisch
Lösungsmöglichkeiten:
Edouard Manet: C'est l'été. Un homme et une femme sont en bateau. L'homme est vêtu de blanc et porte un chapeau de paille. Il dirige la barque. La femme porte une robe bleue et blanche. Elle aussi a un chapeau de paille. Sont-ils amoureux? Peut-être. A quoi pensent-ils? Je n'en sais rien. Que regardent-ils? Le peintre Edouard Manet? Pourquoi pas? Le calme de ce tableau me plaît. Pourtant si j'étais le jeune homme ou la jeune femme, je sourirais à cette belle journée.

Pierre-Auguste Renoir: On voit deux jeunes filles devant un piano. L'une joue du piano, l'autre tourne les pages. Ce sont des filles d'une famille riche.

Claude Monet: Sur ce tableau on peut voir des trains qui entrent en gare. La scène se passe il y a longtemps. Les trains sont à vapeur. Il y a beaucoup de fumée dans la gare.

Alfred Sisley: Marly est située au bord de la Seine, sans doute en automne à cause des inondations. Le ciel se reflète dans l'eau. L'horizon est bouché par le ciel et l'eau. Il n'y a plus de place pour marcher. Les rues ont disparu.

Edgar Degas: La scène se passe dans une école de danse. Les élèves écoutent les explications du professeur de danse. C'est une grande salle de danse avec des miroirs. Les jeunes filles préparent un ballet.

Camille Pissaro: Le tableau «Les boulevards extérieurs» montre une grande rue du XIXe siècle avec quelques personnes, des coches, des maisons et des arbres. L'image est très sombre;
les couleurs principales sont un vert gris et un marron, il y a un manque des contrastes, seules les personnes sont dessinées en noir. On ne voit pas de visages, donc, les gens sont égaux. Pour moi, l'image est très triste et ne donne pas envie de la regarder.
Pissarro a peint ce boulevard sur lequel se pressent quelques personnes vêtues de noir. La rue est grise, le ciel est gris. C'est l'hiver. Il fait froid.

Texte D: Un héros du XXe siècle: Charles de Gaulle

Approche:	*célèbre/célèbre*
Abschnitt 1:	*Londres; Alger*
Abschnitt 2:	*se battre avec qn; pardonner qc à qn*
Abschnitt 3:	*un ennemi/une ennemie*
Abschnitt 4:	*le Canada; le Québec; un discours;*
Abschnitt 5:	*reprocher qc à qn; une grève; résister à qn/qc*

Schritte		Medien
1	**Hinführung 1:** Durch ein UG zum Thema *„Etre un héros/une héroïne"* stellt der L die Fragen: *Avez-vous un héros/une héroïne? Comment s'appelle-t-il/elle?* Jeder S soll die Frage beantworten. Dabei notiert sich der L den Namen des Helden/der Heldin jedes Schülers auf einem Notizblatt.	
2	**Erarbeitung 1:** Der L führt in die konkrete Situation ein: *Aujourd'hui, on va parler d'un héros français du XXe siècle. Mais qu'est-ce que c'est un héros? Qu'est-ce qui le caractérise? Pourquoi est-il un héros?* Diese Fragen dienen als Grundlage für ein Vokabelnetz, das gemeinsam erarbeitet wird. (Mögliche Antworten sind in TB C3/3 festgehalten.)	TB C3/3
3	**Festigung 1:** Mit Hilfe des Vokabelnetzes beantworten die S mündlich folgende Frage: *Pourquoi XY est votre héros/héroïne préféré/e?* (Um die Frage ausführlich formulieren zu können, nutzt der L seinen Notizblatt aus Schritt 1.)	
4	**Hinführung 2:** Der L erklärt auf Französisch: *Comme on parle d'un héros français du XXe siècle, qui, d'après vous, pourrait être ce héros?* Die S benennen mögliche Namen.	
5	**Erarbeitung 2:** Der L hat an der Tafel Begriffe notiert, die verdeckt sind. Jeder dieser Begriffe kann Charles de Gaulle zugeordnet werden. Der L stellt die Frage: *Qui est ce personnage célèbre?* Es wird nun nacheinander jedes Wort freigegeben. Falls ein S eine Idee hat, wer die gesuchte Person sein könnte, sagt er deren Namen. Sollte der Name sehr schnell gesagt werden, werden danach die restlichen Begriffe aufgedeckt.	TB C3/4

Schritte		Medien
6	**Erarbeitung 3:** Der Text D SB S. 80 wird erarbeitet. Hierzu wird die Klasse wird in zwei Gruppen A und B eingeteilt. Gruppe A bearbeitet die Textabschnitte 1 und 2, Gruppe B bearbeitet die Abschnitte 3 bis 5. Die Textabschnitte sollen gelesen werden, anschließend sollen die S die Bedeutung der neuen Vokabeln herausfinden.	SB
7	**Festigung 2:** Die S hören den Text bei geöffneten Büchern von der CD und befragen sich anschließend zu ihren Textabschnitten.	S-CD
8	**Erarbeitung 4:** Der Text D wird erarbeitet. Hierzu wird die Klasse in zwei Gruppen A und B eingeteilt. Gruppe A bearbeitet die Textabschnitte 1 und 2, Gruppe B bearbeitet die Abschnitte 3 bis 5. Die Textabschnitte sollen gelesen werden, anschließend sollen die S die Bedeutung der neuen Vokabeln herausfinden.	SB
9	**Sicherung 1:** Die S erhalten die Aufgabe, die wichtigsten Etappen der Biografie Charles de Gaulles schriftlich als Zeitstrahl darzustellen. Sie arbeiten hierfür zu zweit. Anschließend stellen zwei Gruppen ihre Ergebnisse der Klasse vor.	SB KV C3/7
10	**Sicherung 2:** Die S bearbeiten schriftlich als HA die „Autour du texte“-Aufgabe 2. Dabei kann nochmals das Vokabelnetz aus Schritt 2 Verwendung finden.	SB TB C3/3
11	**Transfer:** Im Unterricht wird die „Au-delà du texte“-Höraufgabe bearbeitet.	S-CD SB

TB C3/3: Vokabelnetz – Etre un héros/une héroïne

être un héros/ une héroïne

- aider/protéger les pauvres, faibles
- trouver une solution dans des situations dangereuses
- ne pas avoir peur de devoirs difficiles
- avoir des traits caractéristiques positifs (être fort, intelligent, courageux, sportif, etc.)
- combattre le mal, lutter contre le mal, se battre contre le mal/pour le bien
- influencer changer la vie de qn

TB C3/4: Un héros

Un héros du XXe siècle – Cherchez son nom!

1. Lille
2. Général
3. L'occupation allemande
4. La Résistance
5. La Deuxième Guerre mondiale
6. Londres
7. En exil
8. Paris libéré
9. Président de la République
10. Adenauer

Autour du texte

Übungstyp: Textverständnisaufgabe
Lerntechnik: Leseverstehen
Arbeitsform: Klassenverband
Sachfeld: Geschichte
Landeskunde: Carles de Gaulle
Status: Obligatorisch
Lösungsmöglichkeiten: 1. Les deux caricatures célèbrent le général de Gaulle, ce héros qui est entré dans Paris libéré, en août 1944. Sur la caricature à gauche, la capitale française rend hommage au «grand Charles», grand par la taille et grand par son action politique. Même la tour Eiffel salue de Gaulle, de retour en France, une tour Eiffel dessinée par Jean Effel! Sur celle à droite, on voit un énorme Charles de Gaulle en train de recevoir/discuter avec les «petits» grands chefs d'Etat de l'époque, comme un monarque absolu. Le deuxième monsieur à droite par exemple est le chancelier Konrad Adenauer. Le premier, c'est Khrouchtchev, le chef de l'Union soviétique. Sur les murs, il y a trois portraits de de Gaulle à travers les siècles: de Gaulle, Roi de France, de Gaulle, empereur français et de Gaulle en révolutionnaire et une carte de l'Europe sur laquelle la France est énorme et les autres pays, surtout les Etats-Unis, l'Union soviétique et l'Algérie, sont tous petits. Avec cette caricature, le dessinateur se moque du caractère de de Gaulle qui se sent plus grand et plus important que les autres. Il se moque non seulement du général de Gaulle mais aussi de la «Grande nation», la France.
2. Le 18 juin 1940, à la radio anglaise, la BBC, alors qu'il était en exil à Londres, de Gaulle appelle les Français à résister à l'occupation allemande du pays. Il devient ainsi le chef de la Résistance.

Au-delà du texte

Übungstyp: DELF-Aufgabe
Übungstyp: Hörverstehensaufgabe
Lerntechnik: Selektives Hörverstehen
Arbeitsform: Klassenverband
Sachfeld: Geschichte
Landeskunde: Charles de Gaulle
Neu: chanceler; un sol; une armée; débarquer; l'Amérique *(f.)*
Status: Obligatorisch
Lösungsmöglichkeiten: 1. Le 6 juin 1944, les troupes alliées débarquent en Normandie et libèrent la France de l'occupation allemande. Le 25 août 1944, le Général de Gaulle rentre dans Paris et prononce son fameux discours.
2. Le général de Gaulle se trouve à Paris, à l'Hôtel de Ville. Il parle aux Parisiens qui sont dans la salle, mais aussi à tous les Français, à qui il demande de continuer à se battre contre l'ennemi, parce que la guerre n'est pas encore terminée. Il demande l'unité nationale.
3. Paris, libéré, France
4. 1/2/4/6: (libérée par elle-même, libérée par son peuple/elle y rentre sanglante/est entrée à Paris à coup de canon/vive la France!)

Pratique D

1 Réviser: Une vie au service de la France → GBH § 3

Übungstyp: Révision
Schwerpunkt: Grammatikaufgabe: *Subjonctif* und *indicatif*
Lerntechnik: Gesetzmäßigkeiten anwenden
Hinweis: Schriftliche Durchnahme empfohlen
Arbeitsform: Einzelarbeit
Sachfeld: Geschichte

Landeskunde: Charles de Gaulle
Neu: blesser qn; une collaboration; un allié/une alliée; un service; au service de qn/qc; Vichy
Status: Obligatorisch
Lösungen: 1. Comme de Gaulle est un très bon élève, il entre à l'âge de 19 ans à l'école militaire de Saint-Cyr. 2. Bien qu'il soit/ait été gravement blessé pendant la Première Guerre mondiale, il continue à s'engager dans la politique. 3. En juin 1940, il quitte le gouvernement de Vichy parce qu'il sait que la collaboration avec Hitler est une mauvaise solution. 4. Quand la situation devient dangereuse, il quitte la France, avant que les Allemands puissent réagir. 5. De Londres, il parle aux Français pour qu'ils fassent tout contre l'occupation allemande. 6. Même avec l'aide des Alliés, il faut attendre des mois jusqu'à ce que les Allemands aient quitté la France.

2 Travailler avec le dictionnaire monolingue

Übungstyp: Stratégie
Schwerpunkt: Savoir faire
Lerntechnik: Wörterbuch (einsprachig) verwenden
Arbeitsform: Partnerarbeit
Status: Obligatorisch
Neu: unilingue
Lösungen: 1. la résistance – l'opposition, la ténacité, le refus; se mettre à faire qc – commencer à faire qc; le soutien – l'aide; vaincre – gagner.
2. la trahison → verbe: trahir, reprocher → nom: le reproche, admirer → nom: une admiration, adjectif: admirable, une occupation → verbe: occuper.
3. la victoire ⟷ la défaite, se battre ⟷ se déclarer vaincu, fort/forte ⟷ faible, capituler ⟷ résister, des alliés ⟷ des ennemis, accepter qc ⟷ refuser qc.

Zu den Übungen im Cahier d'activités

1 Une visite à la Géode → GBH Révisions 23

Übungstyp: Révision. Grammatikaufgabe: Infinitivkonstruktionen
Schwerpunkt: Infinitivsätze
Lerntechnik: Gesetzmäßigkeiten anwenden
Sachfeld: Freizeit
Status: Obligatorisch
Lösungen: 1. Luc téléphone à Martine pour prendre rendez-vous avec elle. 2. Après avoir acheté un plan, il rencontre Martine devant le collège. 3. Luc sort son guide du Parc de la Villette pour le montrer à Martine. 4. Ils descendent du métro et vont dans le parc sans perdre de temps. 5. Ils visitent d'abord une exposition à la Cité des sciences et de l'industrie avant d'aller à la Géode. 6. Ils boivent leur café très vite pour ne pas arriver en retard au cinéma. 7. Martine rentre à 20 heures, mais elle n'oublie pas de téléphoner à sa copine pour lui parler de sa visite.

2 L'exposition universelle de 1900 → GBH § 3

Übungstyp: Révision. Grammatikaufgabe: *Subjonctif* und *Indicatif*
Lerntechnik: Gesetzmäßigkeiten anwenden; Räumlich ordnen
Sachfeld: Architektur
Landeskunde: Weltausstellung 1900
Status: Obligatorisch
Lösungen: → Cahier d'activités Lehrerausgabe

3 Monter à la tour Eiffel. → GBH Révisions 23

Übungstyp: Grammatikaufgabe: *tant* und *autant*
Lerntechnik: Gesetzmäßigkeiten anwenden
Sachfeld: Sehenswürdigkeiten

Landeskunde: Eiffelturm
Status: Obligatorisch
Lösungen: → Cahier d'activités Lehrerausgabe

4 Ecouter: Appel du général de Gaulle du 22 juin 1940 → CD 2, track 17

Übungstyp: DELF-Aufgabe
Schwerpunkt: Hörverstehensaufgabe
Lerntechnik: Selektives Hörverstehen; Auffordern
Sachfeld: Krieg
Landeskunde: Appell de Gaulles vom 22.6.1940
Status: Obligatorisch
Lösungen: **a)** 1. Les Allemands ont occupé une grande partie de la France et le reste de la France (la Zone libre) était gouverné par des collaborateurs. D'après l'appel du général de Gaulle que les élèves ont écouté, « Le territoire français serait occupé et le gouvernement de la France dépendrait de l'Allemagne et de l'Italie» 2. D'après le texte, d'Angleterre 3. Il l'a lancé après l'armistice. 4. Ce sont des forces de terre, de mer et de l'air. 5. L'Italie et l'Allemagne ont occupé la France.
Lösungsmöglichkeiten: **b)** 1. Pour des raisons qui s'appellent l'honneur, le bon sens, l'intérêt supérieur de la patrie, ils n'acceptent pas la capitulation. 2. Les militaires français et les ingénieurs et ouvriers français suivent le général; «Tous les Français qui veulent rester libres». 3. Vive la France libre dans l'honneur et dans l'indépendance.

5 La Bastille

Übungstyp: Tandemaufgabe
Schwerpunkt: Übersetzung
Lerntechnik: Selbständig mit dem Cahier arbeiten
Lerntechnik: Sprachmittlung; Informationen einholen/geben
Sachfeld: Geschichte
Landeskunde: Französische Revolution
Status: Obligatorisch
Lösungen: → Cahier d'activités Lehrerausgabe

6 Parler: Une jounée à Paris

Übungstyp: DELF-Aufgabe
Schwerpunkt: Gesprächssituative Aufgabe
Lerntechnik: Kommunikationsstrategien; Vorhaben/Absicht/Ziel zu erkennen geben
Sachfeld: Sehenswürdigkeiten
Landeskunde: Pariser Sehenswürdigkeiten
Status: Obligatorisch
Lösungen: **a)** → Cahier d'activités Lehrerausgabe
Lösungsmöglichkeiten: **b)** Martine et Léo discutent …
– Tu me connais, moi j'aime ...
– Oui, je sais. Mais moi je préfère…
– Ça va être difficile de visiter Paris ensemble. Mais j'ai une idée: Ecoute! On fait une promenade en bateau-mouche. Puis un grand magasin et le cimetière du Père Lachaise.
– Pourquoi pas?
– Et le soir, centre Pompidou et Montmartre.
– D'accord, mais on finit notre balade au centre Pompidou.

7 En français: Bläck Fööss, «Frankreich Frankreich» → CD 2, track 18

Übungstyp: Textproduktion
Lerntechnik: Selektives Hörverstehen; Informieren
Sachfeld: Musik

Landeskunde: Clichés über Frankreich
Status: Obligatorisch
Lösungen: **a)** Claudette et Jeannette volent une baguette et les cigarettes du chanteur. Chez le commissaire de police, il les retrouve.
Lösungsmöglichkeiten: **b)** L'accent français du chanteur est amusant. Les rimes aussi sont amusantes. «Baguette/Claudette/Jeanette/sehr nett.» Des mots allemands riment avec des mots français: Claudette/sehr nett//Voyeur/Verhör. La situation est simple. Le texte a quelques trous qui font jouer l'imagination de l'auditeur. Enfin, c'est aussi le manque d'un vrai sens qui rend la chanson agréable.
c) D'abord, il y a les Françaises charmantes; puis, la baguette et les cigarettes qui sont souvent des clichés français.

8 Savoir faire: Travailler avec le dictionnaire bilingue

Übungstyp: Savoir faire
Schwerpunkt: Wörter verstehen
Lerntechnik: Wörterbuch (einsprachig) verwenden; Räumlich ordnen
Sachfeld: Sehenswürdigkeiten
Landeskunde: Pariser Sehenswürdigkeiten
Status: Obligatorisch
Lösungen: → Cahier d'activités Lehrerausgabe

9 Ecrire: Une invitation

Übungstyp: DELF-Aufgabe
Schwerpunkt: Textproduktion
Lerntechnik: Kreatives Schreiben; Kontakt absichern
Sachfeld: Reise
Landeskunde: Französischer Nationalfeiertag
Status: Obligatorisch
Lösungsmöglichkeiten: Salut/Bonjour,
Merci pour ton invitation. J'aimerais bien aller à Honfleur, mais je ne peux pas. // Il y a une grande fête à l'école et comme je joue de la guitare dans son big band, on a besoin de moi. // Ma grand-mère est tombée malade et cette fois, c'est vraiment grave ☹. Mais on se revoit en automne à Berlin, non? Si, un jour, je peux aller à Paris, j'aimerais bien visiter la pyramide du Louvre ☺. Le 14 juillet à Paris, c'est comme en Suisse le 1er août? Des chanteurs, des groupes de musique, des feux d'artifice dans toutes les villes et villages?...
Allez à + !
Amitiés, Niklas

10 Lire: Perdu

Übungstyp: **a)** Textverständnisaufgabe **b)** Sprachproduktion
Schwerpunkt: **a)** Leseverstehen **b)** Rollenspiel
Lerntechnik: Auswendiglernen; Kontakt aufnehmen
Sachfeld: Reise
Hinweis: Gruppenarbeit empfohlen
Status: Obligatorisch

11 Auto-contrôle: Effort sans succès → GBH § 24

Übungstyp: Auto-contrôle
Schwerpunkt: Grammatikaufgabe
Lerntechnik: Gesetzmäßigkeiten anwenden; Erzählen
Grammatik: *tant* und *autant*
Sachfeld: Schule
Status: Obligatorisch
→ Cahier d'activités Lehrerausgabe

Landeskunde

Fulgence Bienvenüe

Fulgence Marie Auguste Bienvenüe wird am 27. Januar 1852 in Uzel (Côtes d'Armor) als 13. und letztes Kind einer bretonischen Familie geboren. Nachdem er die Schule beendet hat, wird er zum *chef d'arrondissement* in der Normandie ernannt. Er übernimmt dort die Leitung für den Bau zweier Eisenbahnlinien: Fougères-Vire und Domfront-Alençon. 1884 wird er nach Paris versetzt und ist u.a. am Bau der Seilbahn von Belleville beteiligt. Darüber hinaus wirkt er bei den Umbauarbeiten an den Buttes-Chaumont mit und beim Durchbruch der Avenue de la République. Am 9. Juli 1897 stimmt der Stadtrat von Paris seinem Projekt für den Bau der Metro zu. Die Arbeiten beginnen am 4. Oktober desselben Jahres mit dem Ziel der Fertigstellung vor der Eröffnung der Weltausstellung 1900. Die erste Metrolinie (Porte de Vincennes – Porte Maillot) wird am 19. Juli 1900 eröffnet. Im selben Jahr wird er Offizier der Ehrenlegion. Im Jahr 1911 wird er zum Leiter *du service de la voie publique, de l'éclairage et du nettoiement* der Stadt Paris ernannt. 1917 wird er Direktor des Pariser Hafens. Im Alter von 80 Jahren, am 6. Dezember 1932, geht er in Rente. Im darauffolgenden Jahr beschließt der Stadtrat von Paris, die Metrostation und den Platz Maine, in Würdigung des Vaters der Metro, umzubenennen. Nach seinem Tod am 3. August 1936 wird Fulgence Bienvenüe am 7. August auf dem Friedhof Père Lachaise beigesetzt.

Gustave Eiffel

Gustave Eiffel wird am 15. Dezember 1832 in Dijon geboren. Er ist ein französischer Ingenieur und einer der wichtigsten Brücken- und Hallenerbauer des 19. Jahrhunderts. Sein bekanntestes Bauwerk ist der von ihm entworfene und nach ihm benannte Eiffelturm für die Pariser Weltausstellung 1889. 1855, nach seinem Studium an der *Ecole Centrale des Arts et Manufacture*, wo Gustave Eiffel einen Abschluss als Chemieingenieur erlangt, arbeitet er zunächst in einer Sprengstofffabrik, später in der *Compagnie des chemins de fer de l'Ouest*. In dieser Zeit trifft er Charles Neveu, Stahlbauunternehmer, der ihn als Projektmanager im Eisenbrückenbahnbau engagiert. Von 1857 bis 1860 zeichnet sich Gustave Eiffel verantwortlich für die Errichtung der 500 Meter langen Eisenbahnbrücke in Bordeaux. In den Jahren 1867 bis 1869 baut er vier Eisenbahnviadukte aus Stahl auf der Eisenbahnlinie Gannat-Commentry. Seine Tätigkeit führt ihn aber auch ins Ausland. So arbeitet er von 1872 bis 1874 in Südamerika (Chile, Bolivien, Peru). Darüber hinaus ist er der Erbauer des Budapester Westbahnhofs, des Viadukts von Garabit, der Brücke von Szeged, des Trägersystems für die Freiheitsstatue (entworfen von Frédéric-August Bartholdi). Zu Beginn des 20. Jahrhunderts leistet er Pionierarbeit auf dem Gebiet der Windkanäle. Gustave Eiffel stirbt 91-jährig am 27. Dezember 1923 in Paris.

Nachname: **Monet**
Vorname: **Claude**
Geburtsdatum: 14.11.1840
Geburtsort: Paris (F)
Todesdatum: 06.12.1926
Todesort: Giverny (F)
Sternzeichen: Wassermann (21.01.–19.02.)

Claude-Oscar Monet wurde am 14. November 1840 in Paris geboren. Seine Kindheit und Jugend verbrachte er in Le Havre. Dort führte ihn der Maler Eugène Boudin an das naturgetreue Malen heran. Ab 1859 studierte Monet an der Académie Suisse in Paris. Ab 1860 besuchte er das Atelier des Schweizers Claude Gabriel Gleyre, wo er die Maler Pierre Auguste Renoir, Alfred Sisley und Jean-Frédéric Bazille traf. Mit ihnen zusammen malte er im Wald von Fontainebleau. Ab dem Jahr 1864 widmete sich Monet der Landschaftsmalerei.
Im Jahr darauf präsentierte er seine Gemälde wie „Die Seinemündung bei Honfleur" (1865) in einer Ausstellung mit großem Publikumserfolg. Ende der 1860er Jahre schuf Monet zusammen

mit Renoir in La Grenouillère die ersten impressionistischen Werke, wie zum Beispiel das Bild mit dem gleichnamigen Titel „La Grenouillère“. Auf der ersten Ausstellung, die von Claude Monet 1874 mitorganisiert wurde, zeigte er sein Werk „Impression, soleil levant“ (1872) und wurde als so genannter „Impressionist“ verspottet. Ab dem Jahr 1876 malte Monet Bildserien zu einem Motiv. Er begann mit der Reihe „Bahnhof Saint Lazare“, der noch weitere Serien folgten. Merkmal seines Ausdrucksstils waren die abstrakten Licht- und Farbimpressionen, die sich auf die abstrakte Kunstrichtung eines Kandinskys oder anderer Maler dieser Richtung auswirkten. 1883 zog er nach Giverny, wo er bis zu seinem Lebensende blieb. Im Jahr 1889 stellte sich der erste große öffentliche Erfolg während der Gemeinschaftsausstellung mit Auguste Rodin in einer Pariser Galerie ein. Doch in dieser Periode plagten ihn auch finanzielle Sorgen. 1893 erwarb er in Giverny ein Haus. Ab dem Jahr 1894 schuf er seine berühmten Seerosen-Motive, die vielfach Elemente des Expressionismus vorwegnahmen. Im Alter erblindete Claude Monet. Er starb im Jahr 1926.

Vorschläge für Projekte und Klassenraumaktivitäten

L'invention la plus importante du XXe siècle.

In Gruppenarbeit befassen sich die S mit den für sie wichtigsten Erfindungen des 20. Jahrhunderts. Sie wählen sich eine davon aus und erstellen eine Collage/ein Plakat, die sie am Ende der GA in der Klasse vorstellen. Zur Informationsbeschaffung verwenden sie Lexika, Internet etc. Im Vorfeld sollten inhaltliche Vorgaben festgelegt werden: Um welche Erfindung handelt es sich? Beschreibung dieser. Vor- und Nachteile. Informationen zum Erfinder.

Ça bouge, chez nous!

Ein „Elfchen“ schreiben: Ein Elfchen ist ein Gedicht, das aus 11 Wörtern besteht. Diese werden in (vom Lehrer) festgelegter Reihenfolge auf 5 Zeilen verteilt. Das Elfchen kann in Einzel- oder Partnerarbeit verfasst werden. Die Schüler wählen Wörter zum Thema „Die Stadt“.

Vorschlag:	Exemple:
Ligne 1: 1 Wort	Impressionnant
Ligne 2: 2 Wörter	Le Louvre
Ligne 3: 3 Wörter	Dans sa beauté
Ligne 4: 4 Wörter	Descendre, monter, visiter, admirer
Ligne 5: 1 Wort	Rêve

Anschließend werden die Schülerarbeiten vorgelesen und/oder im Klassenraum ausgehängt.

A la carte 4

Vorbemerkungen

Situativer Rahmen:
In drei verschieden Episoden werden Jugendliche gezeigt, die sich mitten im Übergang vom Jugendlichen zum Erwachsenen befinden.
A-Teil: Ein Sohn spielt gegen seinen Vater (Tennislehrer), der ihn jahrelang trainiert hat, zum ersten Mal ein Match, das er gewinnen wird. Hinter dieser vordergründig rein sportlichen Vater-Sohn-Auseinandersetzung werden die psychologischen Dimensionen sichtbar, indem sowohl die Perspektive des Vaters als auch die des Jungen dargestellt wird.
B-Teil: Ein junges Mädchen ist eine Außenseiterin, die zu sich selbst findet, als ihre Mutter ihr eines Tages stillschweigend ein Heft mit leeren Seiten in die Hand drückt. Die Tochter beginnt ein Tagebuch, das ihr hilft sich aus ihrer schwierigen Lage zu befreien, ohne ihren „look" und ihre Vorlieben dem allgemeinen Trend anzupassen und damit ihr Selbst gegenüber den anderen Jugendlichen zu verraten.
C-Teil: Ein junges Mädchen schwarzafrikanischer Herkunft entdeckt für sich ganz allein den Laufsport. Dabei steht sie vor der Entscheidung, ob sie wie ein Panther wird, der angreift und siegen will, oder eine Gazelle, die immer nur auf der Flucht ist. Eine erwachsenene Sportlerin hilft ihr dabei sich zu entscheiden. Ein Nebenaspekt stellt das Verhältnis zu ihren Eltern (insbesondere der Mutter) dar, die den sportlichen Ambitionen ihrer Tochter gegenüber zunächst gleichgültig eingestellt sind.

Kommunikative Schwerpunkte:
Die psychologische Dimension der Themen und die damit verbundenen inneren Konflikte bieten viele Sprechanlässe, die Personen und ihre unterschiedlichen Verhaltensweisen zu charakterisieren und die eigene Meinung dazu zu äußern.

Grammatische Schwerpunkte:
In diesem Dossier werden das *Futur antérieur* und die absolute (bzw. komplexe) Frage eingeführt.

Lernbereiche	Lerninhalte	Übungen
Textverständnis	– Fragen beantworten – Textaussagen mit einer Grafik vergleichen	SB, Autour du texte CdA, Ex. 3
Lerntechniken	– Code oral et code écrit	SB, S. 89 Ex. 3; CdA Ex. 8
Integration/ Grammatik	– Futur antérieur – Absolute Frage	SB, S. 84 Ex. 1; CdA Ex. 2 SB, S. 86 Ex. 1; CdA Ex. 3
Transfer	– Über Gefühle bei Sieg und Niederlage sprechen – Über Nonkonformismus und Anpassung diskutieren – Personen vergleichen – Je vous fais un portrait	SB, A Au-delà du texte SB, B Au-delà du texte SB, C Au-delà du texte SB, C Projet
Hörverstehen	Dobet Gnahoré	CdA, Ex. 5
Landeskunde	Le Tour de France	CdA, Ex. 1

Entrée: Passages

Überschrift: *un passage*
Entrée: *un sport individuel, un sport d'équipe*

Schritte		Medien
1	**Hinführung 1:** Der L zeigt alle Photos der Auftaktseite, lässt sie von den S beschreiben und fragt die S nach ihrer Meinung zu den verschiedenen Aktivitäten.	Folie C4/1 SB
2	**Hinführung 2:** Zu den Nomen der Bildunterschriften werden die entsprechenden Verben gesucht und an die Tafel geschrieben. Die S nennen Beispiele für *„sport individuel"* und *„sport d'équipe"*.	TB C4/1
3	**Erarbeitung:** Ausgehend von den Fotos sprechen die S über ihre persönlichen Vorlieben und versuchen Gründe dafür zu finden, warum sie eine Aktivität besonders mögen. Neben den dargestellten Aktivitäten können die S weitere individuelle Freizeitbeschäftigungen einbringen (Joker).	Folie C4/1 SB

TB C4 C/1 Les activités

Les activités

la danse: faire de la danse, danser
la lecture: lire (un roman, une BD, un journal ...)
la musique: faire de la musique, jouer d'un instrument, chanter
l'informatique: faire de l'informatique
le théâtre: faire du théâtre, jouer (un rôle)
cuisiner/faire la cuisine
dessiner, peindre, travailler avec ses mains
coudre, créer qc

Un sport individuel	Un sport d'équipe
pratiquer un sport individuel	pratiquer un sport d'équipe
faire du cheval/faire de l'équitation;	faire du tennis/jouer au tennis
monter un cheval	faire du foot(ball)/jouer au foot(ball)
faire du surf, surfer	le volley, le rugby
faire du ski/du vélo	faire de l'escalade, grimper
courir	faire de la natation, nager
plonger	

Aufgabe 1

Schwerpunkt: Bilder beschreiben; Meinungen äußern
Lerntechnik: Bildgesteuerte Produktion; Siehe Dossier 1 B
Arbeitsform: Klassenverband/Einzelarbeit
Hinweis: Zuerst mündlich, dann schriftliche Durchnahme als HA möglich
Sachfeld: Sport; Gefühle
Neu: Bild 1: monter un cheval, un cavalier/une cavalière, élégant/élégante, éprouver qc,
Status: Obligatorisch

Lösungsmöglichkeiten:

Bild 1: Une jeune femme monte un superbe cheval. A l'arrière plan des arbres, elle galope avec élégance et sourit. Elle part peut-être en promenade ou bien elle s'entraîne pour un concours. Elle ne semble pas avoir de difficultés.

Bild 2: Un groupe de jeunes femmes en pantalon noir et tee-shirt noir ou blanc danse dans un ensemble parfait.

Bild 3: Au premier plan un homme est assis à une table. Il est entouré de jeunes gens et écrit sur la première page d'un livre. Nous sommes certainement dans un salon du livre. Les jeunes sont peut-être les membres d'un jury qui doivent trouver le livre de l'année et l'homme, l'écrivain dont ils ont tant aimé le livre.

Bild 4: Une jeune fille est assise devant l'écran de son ordinateur. Elle regarde avec attention son clavier. Elle a certainement une recherche à faire sur Internet.

Bild 5: Au premier plan, il y a deux grosses caisses derrière lesquelles on voit une jeune femme très maquillée. C'est Amandine, elle est batteuse dans un groupe RnB.

Bild 6: Au premier plan, on voit un garçon qui va tirer un but. Il ne regarde que le ballon. Va-t-il réussir? Dans sa cité, c'est un as. Il aimerait entrer dans une école de foot.

Bild 7: Un jeune homme en maillot rouge est au centre de la photo. Il est sur la scène d'un théâtre. Il réfléchit et regarde vers le fond de la salle. Il tourne le dos à un homme assis à l'arrière plan. Un clochard? Un homme en vacances qui s'adresse au jeune homme du premier plan? Tous les deux jouent un rôle.

Bild 8: Un jeune métisse sourit. Il attend, impatient, la balle de son adversaire. Il va la renvoyer avec force et gagner le match. Il est heureux.

Aufgabe 2 und 3

Schwerpunkt: Meinungen äußern
Lerntechnik: Kreatives Schreiben
Arbeitsform: Einzelarbeit
Hinweis: Schriftliche Durchnahme empfohlen
Sachfeld: Freizeitbeschäftigungen
Status: Obligatorisch
Lösungsmöglichkeiten: Mon activité préférée, c'est ... parce que:

Bild 1: j'aime partir seul/e en forêt avec mon cheval. Je lui parle. C'est mon meilleur ami.

Bild 2: j'adore bouger au rythme de la musique. J'aime aussi le sport et la danse est un sport. Mais nous n'avons pas trouvé de garçons pour danser avec nous.

Bild 3: j'adore lire et rencontrer ceux qui écrivent les livres qui me plaisent.

Bild 4: pour moi l'ordinateur est un objet merveilleux. Avec lui le temps passe plus vite. Il y a toujours quelque chose à trouver ou à chercher.

Bild 5: taper sur une grosse caisse est un plaisir fantastique. J'adore frapper en rythme, accompagner un mouvement.

Bild 6: c'est un sport d'équipe. Il faut jouer ensemble, même si quelquefois la victoire dépend d'un seul joueur.

Bild 7: jouer la comédie est mon hobby préféré. J'adore apprendre de beaux textes et les offrir ensuite à ceux qui viennent au théâtre.

Bild 8: depuis que j'ai 5 ans, je joue au tennis. L'idole de mon père, c'était le joueur de tennis Yannick Noah. Je n'ai jamais vu jouer Noah mais le chanteur Noah, j'adore écouter ses chansons. Alors pourquoi pas une carrière à la Noah: d'abord star du tennis puis star de la musique.

Joker: aucune de ces activités ne me plaît. Moi, ce que j'adore, c'est: jouer du piano/de la guitare. – cuisiner – peindre – sculpter – coudre – créer des objets – faire le jardin ...

Texte A: Jeu, set et match

Approche:
Abschnitt 1: *servir, un adversaire, un filet*
Abschnitt 2: *ainsi, franchir qc, reculer, éprouver qc, tôt*
Abschnitt 3: *puisque, serrer le cœur à qn, la descente, atteindre qn/qc, progresser, au bout de qc*
Abschnitt 4: *joyeux/joyeuse, l'orgueil (m), croiser qn/qc, un regard, une nonchalance, une balle, rejoindre qn*

Schritte		Medien
1	**Hinführung 1:** (s. *Approche*): S-L-Gespräch über das Foto und die dort dargestellte Situation. Mit der Beschreibung des Bildes lernen S ein paar Wörter wie *un filet, une raquette de tennis, un match de tennis sur terre battue/ sur gazon, un court en dur/en gazon/en terre battue, un set* kennen.	Internet
2	**Erarbeitung 1:** Der L präsentiert den Text abschnittweise vom Tonträger, die Schüler lesen mit und fassen die Abschnitte kurz zusammen.	S-CD SB
3	**Erarbeitung 2:** Der L bittet die S dem Text alle Informationen, die Cédric betreffen, herauszusuchen (S. *Autour du texte*, Aufgabe 1).	SB TB C4/2
4	**Erarbeitung 3:** Die S erarbeiten mündlich eine genaue Personenbeschreibung von Cédric.	
5	**Erarbeitung 4:** Die S vergleichen die Wortliste (S. *Autour du texte*, Aufgabe 2) mit Michels (Seelen-)Zustand während des Spiels und begründen ihre Aussagen.	SB
6	**Transfer 1:** Die S diskutieren, ob und wie sich die Beziehung zwischen Vater und Sohn nach dem Spiel verändert hat (S. *Autour du texte*, Aufgabe 3).	
7	**Sicherung:** Die S bearbeiten *Autour du texte*-Aufgaben schriftlich.	SB
8	**Transfer 2:** Die S bearbeiten die *Au-delà du texte*-Aufgaben schriftlich.	SB
9	**Erarbeitung:** *Das Futur antérieur* Die S suchen den Beleg *(Ils savent tous les deux que quand ils duront terminé ce match de tennis, rien ne sera plus comme avant.)* im Einleitungstext und erstellen eine erste Regel: „Das ***Futur antérieur*** wird aus dem ***Futur simple*** von ***avoir*** oder ***être*** und dem ***Participe passé*** des jeweiligen Verbs gebildet. Es wird verwendet, wenn ein zukünftiges Geschehen **vor einem anderen zukünftigen Geschehen** *(...rien ne sera plus comme avant)* **stattgefunden hat.**" Die Regel wird während der Übung 1 im SB um folgende Aussage ergänzt: „Die **Angleichung des *Participe passé*** erfolgt nach den gleichen Regeln wie beim *Passé composé*."	SB TB C4/3
10	**Festigung:** SB, S. 84, Ex. 1 und CdA, Ex. 2.	SB, CdA

TB C4/2 Cédric

Cédric

- sert avec nonchalance
- triomphe, mais cache sa joie
- vit un moment historique
- est joyeux
- comprend très vite joyeux
- est sûr et fier de lui
- est fort en informatique
- a 15 ans
- est l'orgueil de ses parents
- est un garçon facile
- est brillant

TB C4/3 Das Futur antérieur

Das Futur antérieur

- Ils savent tous les deux que quand ils auront terminé ce match de tennis, rien ne sera plus comme avant.

  Das ***Futur antérieur*** wird aus dem ***Futur simple*** von ***avoir*** oder ***être*** und dem ***Participe passé*** des jeweiligen Verbs gebildet. Es wird verwendet, wenn ein zukünftiges Geschehen **vor einem anderen zukünftigen Geschehen** *(...rien ne sera plus comme avant)* **stattgefunden hat.**
- La leçon? Vous la trouverez facile quand vous l'aurez apprise.
- Ma copine? Vous la trouverez sympathique quand vous l'aurez rencontrée.

Die **Angleichung des *Participe passé*** erfolgt nach den gleichen Regeln wie beim *Passé composé.*

Autour du texte

Schwerpunkt: Textverständnisaufgabe
Lerntechnik: Leseverstehen; Informieren
Arbeitsform: Partnerarbeit
Sachfeld: Sport
Neu: un antonyme
Status: Obligatorisch
Lösungsmöglichkeiten: 1. Cédric a 15 ans. Il joue au tennis depuis huit ans avec son père. Du tennis, il a tout appris de son père. C'est un garçon billant et joyeux et un fils facile. Il comprend certaines choses plus vite que son père (l'informatique par exemple). Il joue avec la même nonchalance que son père. Il triomphe mais il cherche à cacher sa joie.
2. Michel est fier de son fils qui est brillant et qui est devenu un excellent joueur de tennis. Malheureusement, il a 45 ans et il est devenu trop lent pour gagner contre son fils. Il est triste de se trouver de l'autre côté du versant de la vie. A la fin du match, il est fatigué. Son fils pense certainement qu'il est cuit.

3. Michel comprend qu'il ne pourra plus gagner contre son fils parce qu'il n'est plus assez jeune et plus assez rapide. Il sait qu'il ne progressera plus. Cédric, lui, continuera à faire des progrès. Michel vient de perdre l'un de ses derniers bastions. Il se demande ce qu'il peut encore apprendre à son fils.

Au-delà du texte

Schwerpunkt: Textproduktion; Erzählen
Lerntechnik: Kreatives Schreiben
Hinweis: Schriftliche Aufgabe
Arbeitsform: Einzelarbeit
Sachfeld: Sport
Status: Obligatorisch
Lösungsmöglichkeiten: Comme Cédric gagne le match contre son père, celui-ci est fier parce qu'il a tout appris à son fils. Mais en même temps, il se sent vieux parce qu'il sait qu'il ne va plus progresser et il pense qu'il n'a plus rien à apprendre à son fils. Cédric aussi, il est fier et se réjouit, mais il essaie de ne pas trop montrer sa joie pour ne pas blesser son père. Il montre ainsi qu'il est devenu adulte. Depuis que j'ai commencé à aller au club de gym, j'ai fait des petits progrès en sport. Maintenant je peux courir plus longtemps. Et en natation, je vais plus vite. J'ai déjà battu trois fois mon propre record! Il faut seulement se comparer à soi-même et chacun doit progresser à son rythme.

Pratique A

1 S'exercer: Projets d'avenir → GBH § 25

Schwerpunkt: Grammatikaufgabe: *futur simple* und *futur antérieur*
Lerntechnik: Gesetzmäßigkeiten anwenden; Gewissheit äußern
Arbeitsform: Partnerarbeit
Neu: un vendeur/une vendeuse
Sachfeld: Lebenswelt
Status: Obligatorisch
Lösungen a) 1f, 2d, 3b, 4g, 5c, 6a, 7e
Lösungen b) a) Elle arrivera quand je serai parti. b) Oui, maman, nous passerons tout de suite chez toi quand nous serons arrivées. c) Je contacterai le maire quand j'aurai terminé mon article. d) Vous me donnerez votre avis quand vous aurez lu le texte. e) D'accord, on fera ce que vous aurez décidé. f) Cédric sera content quand il m'aura battu. g) Vous la trouverez sûrement sympathique quand vous la rencontrerez.

2 S'exercer: Qu'est-ce que tu aimes mieux faire?

Schwerpunkt: Grammatikaufgabe; Zustimmung/Ablehnung
Lerntechnik: Gesetzmäßigkeiten anwenden: *aimer (mieux) faire* und *préférer faire*
Arbeitsform: Partnerarbeit
Sachfeld: Lebenswelt
Neu: la vaisselle; faire la vaisselle; faire de l'équitation
Status: Obligatorisch
Lösungsmöglichkeiten: 1. Qu'est-ce que tu préfères? Sortir ou rester à la maison? – Je préfère sortir parce que je me dispute trop avec mes parents. 2. Qu'est-ce que tu aimes mieux? Écouter des CD ou regarder la télé? – J'aime mieux écouter des CD parce qu'à la télé, le programme est trop nul. 3. Qu'est-ce que tu préfères? Lire un roman ou aller au cinéma? – Je préfère lire un roman parce que ça coûte moins cher. 4. Qu'est-ce que tu aimes mieux? Te lever tôt ou rester au lit? – J'aime mieux rester au lit parce que je suis paresseux/-se. 5. Qu'est-ce que tu préfères? Dessiner ou faire des photos? – Je préfère faire des photos parce que je ne sais pas dessiner.

6. Qu'est-ce que tu aimes mieux? Préparer le repas ou faire la vaisselle? Je n'aime ni l'un ni l'autre. 7. Qu'est-ce que tu préfères? Faire de l'équitation ou jouer au foot? – Je préfère faire de l'équitation parce que je déteste le foot./Ni l'un, ni l'autre. Je déteste le foot et j'ai peur/horreur des chevaux.

Texte B: Bizarre

Einleitung:	*la poésie, fidèle*
Abschnitt 1:	*faire exprès de faire qc, formidable/formidable, vivant/vivante, frapper qn/qc, se souvenir de qn/qc*
Abschnitt 3:	*une écriture, en vouloir à qn de qc*
Abschnitt 4:	*rouvrir, une pensée, stupide/stupide, marin/marine, interpeller qn, glisser*

Schritte		**Medien**
1	**Erarbeitung 1**: Die S hören den Text und lesen ihn danach abschnittweise laut vor.	SB S-CD
2	**Hinführung 1**: Ausgehend on der Approche-Aufgabe sprechen die S über ihre Kleidungsgewohnheiten.	
3	**Hinführung 2**: Die S hören die Einleitung und stellen erste Hypothesen über den folgenden Text auf. Dann beziehen sie das Foto 3 (la lecture) mit in ihre Überlegungen ein.	S-CD Folie C4/1
4	**Erarbeitung 1**: Die S hören den Text und lesen ihn danach abschnittweise noch einmal leise durch.	CD, SB
5	**Erarbeitung 2**: Die S arbeiten in Kleingruppen, wählen eine der *Autour du texte* Aufgaben 1–4 aus und bearbeiten sie.	SB
6	**Erarbeitung 3**: Jede Gruppe stellt den anderen Gruppen ihr Ergebnis vor.	SB
7	**Sicherung**: Die Ergebnisse der Aufgaben 1–2 werden an der Tafel vom L festgehalten.	SB TB C4/3
8	**fakultativ: Transfer 1**: Die S bearbeiten die *Au-delà du texte* Aufgabe 1.	
9	**Transfer 2**: Die S bearbeiten die *Au-delà du texte* Aufgabe 2.	
10	**Erarbeitung der Grammatik**: Ausgehend von der Belegstelle im Einleitungstext *(Sa vie allait-elle continuer comme ça?)* leiten die Schüler folgende Regel ab: „Ist das Subjekt des Fragesatzes ein **Nomen**, so bleibt es vor dem Verb stehen und wird nach dem Verb durch das entsprechende **Subjektpronomen** wieder aufgenommen. Zwischen Verb und Subjektpronomen steht ein Bindestrich."	
11	**Festigung**: Übungen SB S. 86, Ex. 1 und CdA, Ex. 3.	SB CdA 3

TB C4/3 Lola et les autres

Lola et les autres

Les autres trouvent Lola bizarre parce qu'elle	Par contre elle est tout à fait normale:
- porte un pantalon en treillis noir, des baskets, des pulls d'occasion - s'intéresse à la poésie et pas aux sujets auxquels on s'intéresse normalement à son âge. - veut faire beaucoup de choses qui ne sont pas «branchées» Comment essaie-t-elle de sortir de la crise? →	Comme les autres elle rêve ... - de rencontrer des amis, - d'être acceptée comme elle est - d'être une bonne amie - de rencontrer un garçon qui la comprenne Comme les autres elle est triste, elle pleure, supporte mal sa vie sans copains. Elle écrit un journal intime qui l'aide à rester elle-même/à supporter la critique des autres.

Autour du texte

Schwerpunkt: Textverständnisaufgabe
Lerntechnik: Leseverstehen
Sachfeld: Lebenswelt
Arbeitsform: Einzelarbeit
Hinweis: Schriftliche Durchnahme empfohlen
Status: Obligatorisch
Lösungsmöglichkeiten: 1. Elle ne s'intéresse pas aux mêmes choses que ses camarades de classe. La mode, les bars, le cinéma ou la musique, ça ne l'intéresse pas. Elle ne s'habille pas comme les autres. Elle porte des treillis noirs et des pulls d'occasion. Elle s'intéresse surtout à la poésie.
2. Son plus grand rêve est d'être acceptée par les autres comme elle est vraiment. Mais elle est toujours seule et en souffre beaucoup. Elle rêve d'avoir une amie qui la comprenne vraiment ou de rencontrer un garçon qui l'aime. Comme tous les jeunes de son âge, elle rêve aussi de choses folles comme d'apprendre à parler inca, de partir pendant des années en Alaska ou d'apprendre en trois jours à jouer de la guitare.
3. Son journal devient une sorte d'amie à qui elle peut tout dire. Grâce à son journal, Lola apprend à se connaître et à s'aimer. Elle devient forte et fière d'être comme elle est. A mon avis, elle écrit dans son cahier rouge ses sentiments, sa façon de voir le monde, ses peurs, ses petits efforts et des poèmes.
4. Elle a vu sa fille pleurer parce que celle-ci n'a pas d'amis. Elle ne peut plus supporter de voir sa fille malheureuse et elle sait que les filles de cet âge ne savent plus parler avec leurs parents. Moi, je trouve que c'est une bonne idée parce qu'il faut exprimer des sentiments, et si on n'a pas d'amis, un journal peut bien nous aider, comme il a aidé Lola.

Au-delà du texte

Schwerpunkt: Textproduktion
Lerntechnik: Kreatives Schreiben; seine Meinung äußern
Arbeitsform: Gruppenarbeit
Hinweis: 1. mündlich, 2. schriftlich
Sachfeld: Lebenswelt
Neu: le goût
Status: Fakultativ

Lösungsmöglichkeiten: 1. Je pense que c'est facile de ne pas vivre comme les autres si on a confiance en soi. Une bonne famille et un bon copain peuvent aussi aider.
2. Salut, à vrai dire, je ne sais pas comment commencer. Tu es un cadeau de ma mère. Je pense qu'elle est un peu inquiète parce qu'elle m'a vue pleurer. Je commence par me présenter: je m'appelle Şeyma, je vis à Berlin avec mes parents et mon petit frère qui m'énerve beaucoup. A l'école, je n'ai ni copines ni copains. Je suis bonne à l'école, ma mère veut que je devienne médecin, mon père veut avoir une fille avocate. Mais moi, je veux seulement écrire. Les poèmes, c'est ma passion, et maintenant, c'est à toi que j'offre mes premiers textes ...

Pratique B

1 S'exercer: Qu'est-ce qu'elle a, Lola?

Schwerpunkt: Sprachkontrastive Aufgabe
Lerntechnik: Informationen einholen/geben, Gesetzmäßigkeiten anwenden
Grammatik: Fragestellungen
Arbeitsform: Klassenverband
Hinweis: Erst mündlich, anschließend schriftlich
Sachfeld: Gefühle
Status: Obligatorisch
Lösungen:

1. Lola pleure? Est-ce que Lola pleure? Lola pleure-t-elle? Lola, elle pleure?
2. Elle va mal? Est-ce qu'elle va mal? Va-t-elle mal?
3. Elle voulait rencontrer qui? Qui est-ce qu'elle voulait rencontrer? Qui voulait-elle rencontrer?
4. Elle est partie en vacances avec qui? Avec qui est-ce qu'elle est partie en vacances? Avec qui est-elle partie en vacances?
5. Un après-midi, elle est allée où? Où est-ce qu'elle est allée un après-midi? Où est-elle allée un après-midi?

Texte C: Gazelle ou panthère?

Überschrift:	*une gazelle, une panthère*
Abschnitt 1:	*se mettre à faire qc, bondir*
Abschnitt 2:	*un genre, un coureur/une coureuse, poursuivre qn/qc, avoir raison*
Abschnitt 3:	*chasser qn/qc*
Abschnitt 5:	*laver qn/qc, effacer qc, une glace, un cou*

Schritte		Medien
1	**Hinführung 1:** Vor der Lektüre stellen die S Vermutungen darüber an, was die beiden Tiere „Gazelle" und „Panthère" symbolisieren könnten (s. *Approche*).	
2	**Hinführung 2:** Die S hören den ersten Abschnitt des Textes – die Bücher sind geschlossen – In ihr Heft notieren sie die Wörter, die ihnen wichtig sind.	S-CD SB
3	**Erarbeitung 1:** Im L-S-Gespräch wird zunächst Kaline mit der Hilfe der notierten Wörtern vorgestellt. Der L kann auch Fragen stellen: *Qui parle dans le texte? Quel est son nom? C'est un livre sur quoi? Que font les panthères?*	SB
4	**Erarbeitung 2:** Im L-S-Gespräch wird zunächst das Wortspiel *„être à l'arrêt/ être à l'arrêt du bus"* erklärt. Dies ist hilfreich für die Beantwortung der Fragen 1 und 3.	

	Schritte	Medien
5	**Hinführung 3:** Die S lesen leise den Rest des humorvollen Textes abschnittweise und fassen jeden Abschnitt in einem oder zwei Sätzen zusammen.	
6	**Erarbeitung 3:** Die S bearbeiten nun *Autour du texte* Aufgaben 1 und 3 mündlich und überprüfen dabei die im *Approche* aufgestellten Hypothesen zur Symbolik der beiden Tiere.	SB TB C4/4
7	**Erarbeitung 3:** Die S beschäftigen sich mit Kalines Eltern und beantworten die Frage, warum sie nicht zu den Wettkämpfen kommen, an denen ihre Tochter teilnimmt.	SB
8	**Festigung:** Die S erarbeiten die *Autour du texte* Aufgaben 1, 3, 4 schriftlich.	
9	**Transfer 1:** Aus den *Au-delà du texte* Aufgaben wählen die S selbst ein Thema aus, das sie in Kleingruppen bearbeiten. Anschließend präsentieren sie ihre Ergebnisse im Plenum.	SB
10	**Transfer 2:** Die S schlüpfen in die Rolle einer frankophonen Persönlichkeit und stellen sich ihren Mitschülern vor. „Je vous fais un portrait".	Internet

TB C4/4 Panthère et gazelle

Kaline avant sa rencontre avec Anita Belle

Elle se sent transparente.	
Personne ne la voit et ne la regarde, même pas les garçons.	= gazelle qui fuit toujours
Elle court pour fuir quelque chose.	(et qui perd souvent)
Elle semble avoir peur de la vie.	

Kaline après sa rencontre avec Anita Belle

Elle comprend que pour gagner, il ne suffit pas de courir vite.	= panthère qui chasse
Il faut aussi vraiment vouloir gagner.	(et qui gagne)
La victoire commence dans la tête du sportif.	

Autour du texte

Schwerpunkt: Textverständnisaufgabe
Lerntechnik: Leseverstehen
Arbeitsform: Einzelarbeit
Sachfeld: Sport
Hinweis: Schriftliche Durchnahme empfohlen
Status: Obligatorisch
Lösungsmöglichkeiten: 1. Avant la rencontre avec Anita Belle, Kaline court seulement pour fuir sa vie. Elle ne l'aime pas parce qu'elle ne sait pas qu'elle est bonne en quelque chose. Après cette rencontre, elle commence à gagner, à chasser son bonheur. 2. «Etre à l'arrêt» veut dire attendre une proie pour la chasser, pour gagner, pour survivre. «Etre à l'arrêt du bus» veut dire attendre le bus, une chose quotidienne. 3. La gazelle court pour fuir, la panthère pour chasser; donc la gazelle est toujours en train de se défendre pendant que la panthère est en train de prendre ce qu'elle veut. 4. Les parents de Kaline ne montrent jamais qu'ils sont fiers d'elle. Ils ne comprennent pas ce que fait leur fille. La mère est fière de sa fille, mais elle est incapable de le dire. Ils ne viennent peut-être pas voir Kaline parce qu'ils savent qu'ils ne vont jamais comprendre l'autre partie de la vie de leur fille. Ils ont probablement peur de perdre Kaline.

Au-delà du texte
Schwerpunkt: Textverständnisaufgabe
Lerntechnik: Leseverstehen
Arbeitsform: Klassenverband
Sachfeld: Familie
Neu: taper qc; un transparent; distribuer qc
Status: Obligatorisch
Lösungsmöglichkeiten: 1. De Cédric, on connaît seulement le père. Celui-ci aime son fils et il est fier de lui. Il a tout appris à son fils et il prend part à la vie du garçon. Les parents de Kaline ne montrent jamais qu'ils sont fiers d'elle. Ils ne comprennent pas ce que fait leur fille. La mère est fière de sa fille, mais elle est incapable de le dire. 2. Lola me plaît plus parce qu'elle commence peu à peu à découvrir qui elle est et parce qu'elle apprend qu'il faut d'abord qu'elle se respecte elle-même pour que les autres la respectent aussi. J'aime bien Cédric. Grâce au tennis, il a appris à grandir, à devenir adulte et à respecter son père qui lui a tout appris. Kaline me fait rêver: courir comme une panthère, comme ce bel animal élégant des forêts d'Asie. Mais ses parents ne montrent pas assez combien ils sont fiers de leur fille. Ils sont peut-être simplement trop discrets.
3. Le point commun de «passages» est le changement de vies de trois adolescents. Tous les trois sont en train de devenir adultes et de prendre confiance en eux.

C Pratique de la langue

1 Mot à mot: Les sports

Schwerpunkt: Wortschatzaufgabe
Lerntechnik: Cluster-Technik
Arbeitsform: Partnerarbeit
Sachfeld: Sport
Neu: échec
Status: Obligatorisch
Lösungsmöglichkeiten:

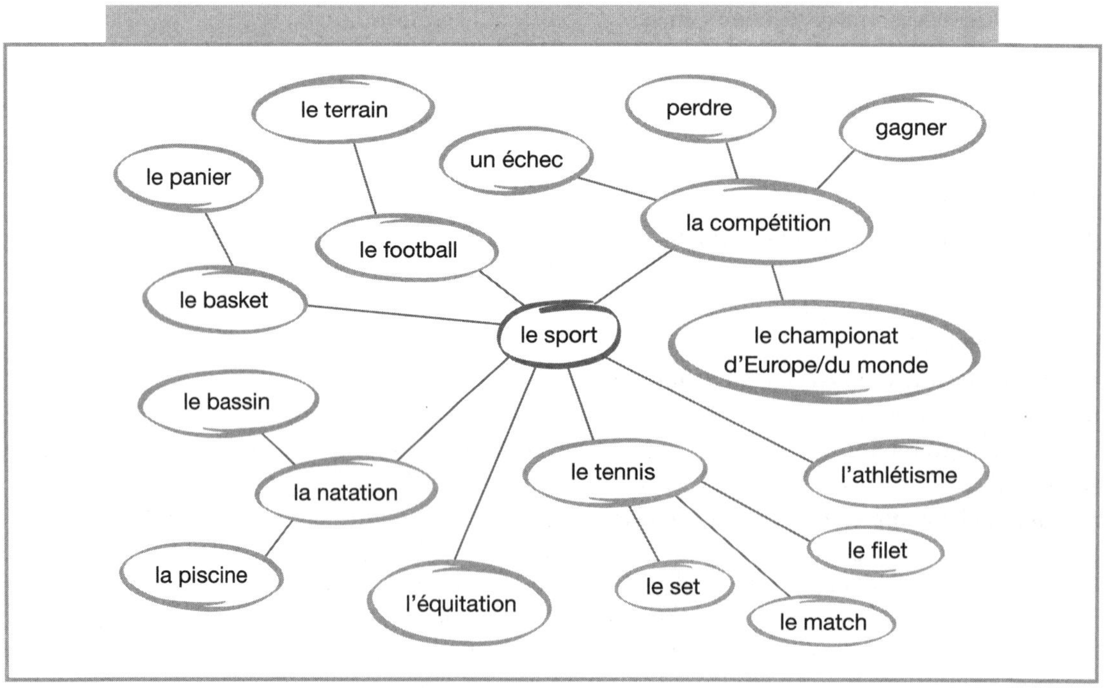

2 Réviser: Il faut que tu choisisses.

Schwerpunkt: Grammatikaufgabe: *Subjonctif* und *Indicatif*
Lerntechnik: Gesetzmäßigkeiten anwenden
Arbeitsform: Einzelarbeit
Hinweis: Schriftliche Durchnahme empfohlen
Sachfeld: Sport
Status: Obligatorisch
Lösungen:
Anita Belle: Avant que tu partes, il faut que tu saches que tes parents sont très tristes. Ils savent bien que c'est ta seule chance de réussir dans ton sport, mais ils craignent que tu ne viennes plus beaucoup les voir. Ton père préfèrerait que tu apprennes un vrai métier comme la coiffure. Bref, il voudrait que tu vives plus souvent près d'eux.
Kaline: Je comprends bien sa réaction, mais je sais aussi qu'il a peur que je fasse des bêtises. Mais ce n'est pas juste qu'il ait ces idées. Il est temps qu'il comprenne que je veux m'entraîner sérieusement.
Anita Belle: Oui, tu as raison, Kaline. Moi, je suis sûre que tu fais/fera attention à toi. Alors je vais parler à tes parents. Qu'est-ce que tu veux que je leur dise?
Kaline: Parlez à maman et dites-lui qu'il faut qu'elle ait confiance en moi. Moi, je vais parler à papa pour qu'il puisse accepter que je parte.

3 Code oral et code écrit

Schwerpunkt: Code oral et code écrit
Lerntechnik: Gesetzmäßigkeiten anwenden
Arbeitsform: Klassenverband
Sachfeld: Jugend
Landeskunde: *français familier*
Neu: code oral
Status: Obligatorisch
Lösungsmöglichkeiten: 1. Tu es complètement fou/folle. Est-ce que tu as un problème? 2. Les vêtements, ça m'est égal. Je déteste la mode. 3. Hier, je suis tombée amoureuse d'un bel homme. 4. Je n'ai toujours pas de travail. J'en ai assez. 5. Les jeunes, il faut bouger! Nous, nous travaillons tout le temps/C'est nous qui travaillons tout le temps. 6. Je ne le crois pas. Il a mis son jean le plus sale / ses jeans les plus sales.

Anlage:

1. Elle pleure?	Est-ce qu'elle pleure?	Pleure-t-elle?
2. Elle va comment?	Comment est-ce qu'elle va?	Comment va-t-elle?
3. Elle veut rencontrer qui?	Qui est-ce qu'elle veut rencontrer?	Qui veut-elle rencontrer?
4. Elle est partie avec qui?	Avec qui est-ce qu'elle est partie?	Avec qui est-elle partie?
5. Elle est allée où?	Où est-ce qu'elle est allée?	Où est-elle allée?
6. Lola rêve?	Est-ce que Lola rêve?	Lola rêve-t-elle?
7. Elle écrira combien de pages?	Combien de pages est-ce qu'elle écrira?	Combien de pages écrira-t-elle?
8. Elle écrit pourquoi?	Pourquoi est-ce qu'elle écrit?	Pourquoi écrit-elle?

Zu den Übungen im Cahier d'activités

1 Faut-il arrêter le Tour de France?

Schwerpunkt: Révision; Grammatikaufgabe: *Indicatif, conditionnel, subjonctif*
Lerntechnik: Gesetzmäßigkeiten anwenden
Sachfeld: Sport
Landeskunde: Die Tour de France
Status: Obligatorisch
Lösungsmöglichkeiten: a) → Cahier d'activités Lehrerausgabe
b) Il faut que le dopage en finisse! Il est dangereux pour ceux qui le pratiquent et il rend le sport absurde. Mais arrêter le Tour de France, c'est comme tuer un homme à cause d'une grippe.
Il faut lutter contre le dopage et non pas contre la manifestation sportive. A mon avis, la meilleure solution serait que les coureurs soient irrégulièrement contrôlés.

2 Il n'y a pas d'âge pour vivre ses rêves! → GBH §25

Schwerpunkt: Grammatikaufgabe: *futur simple/futur antérieur*
Lerntechnik: Gesetzmäßigkeiten anwenden
Sachfeld: Reise
Status: Obligatorisch
Lösungen: → Cahier d'activités Lehrerausgabe

3 Comment Kaline court-elle? → GBH §26

Schwerpunkt: Grammatikaufgabe: *Fragestellungen*
Lerntechnik: Gesetzmäßigkeiten anwenden
Sachfeld: Sport
Hinweis: Teil b ist fakultativ
Status: Obligatorisch
Lösungen: → Cahier d'activités Lehrerausgabe

4 Sondage sur les vacances

Schwerpunkt: Grammatikaufgabe: *préférer* und *aimer mieux*
Lerntechnik: Gesetzmäßigkeiten anwenden
Hinweis: Partnerarbeit empfohlen
Sachfeld: Freizeit
Status: Obligatorisch
Lösungsmöglichkeiten: a) *Exemples*: Qui est-ce qui préfère faire du surf plutôt que lire des BD? – C'est Lola qui préfère faire du surf plutôt que lire des BD. Quelle activité Alexandre aime mieux faire? Rester au lit ou se promener en forêt? – Il aime mieux se promener en forêt.
Qui est-ce qui préfère aller à la montagne plutôt que visiter des musées? – Ce sont Lola et Marion qui préfèrent aller à la montagne plutôt que visiter des musées.
b) Moi, je préfère lire un bon livre à la plage et faire du vélo.

5 Ecouter: Dobet Gnahoré → CD 2, track 22

Schwerpunkt: DELF-Aufgabe; Hörverstehensaufgabe
Lerntechnik: Selektives Hörverstehen
Sachfeld: Musik
Landeskunde: Dobet Gnahoré
Status: Obligatorisch
Lösungen: → Cahier d'activités Lehrerausgabe

6 Lire: Des princesses et des hommes

Schwerpunkt: Textverständnisaufgabe; DELF-Aufgabe
Lerntechnik: Wörter umschreiben
Hinweis: Schriftliche Aufgabe, als HA oder KA möglich
Sachfeld: Film
Status: **a)** und **b)** obligatorisch, **c)** fakultativ
Lösungsmöglichkeiten: → Cahier d'activités Lehrerausgabe
c. Ses parents sont divorcés. Sa mère ne s'intéresse qu'à la peinture et son père travaille tout le temps. Elle se sent seule dans sa propre famille. Elle ne se sent ni aimée ni importante. Avec sa famille imaginaire, c'est le contraire: pour ses parents imaginaires, elle est très importante. Ses parents imaginaires ont aussi peu de temps, mais ils n'oublient jamais leur fille.

7 Ah, les marques, c'est important!

Schwerpunkt: Tandemaufgabe, Übersetzung
Lerntechnik: Selbständig mit dem Cahier arbeiten; Sprachmittlung
Sachfeld: Kleidung
Status: Obligatorisch
Lösungsmöglichkeiten: → Cahier d'activités Lehrerausgabe

8 Savoir faire: Code oral et code écrit

Schwerpunkt: Wortschatzaufgabe
Lerntechnik: Worterschließung aus dem Kontext
Sachfeld: Lebenswelt
Status: Obligatorisch
Lösungen: → Cahier d'activités Lehrerausgabe

9 Auto-contrôle 1: Vive les grandes vacances! → GBH §26

Schwerpunkt: Grammatikaufgabe: *Fragestellungen*
Lerntechnik: Gesetzmäßigkeiten anwenden
Sachfeld: Ferien
Status: Obligatorisch
Lösungen: → Cahier d'activités Lehrerausgabe

10 Auto-contrôle 2: Les projets des frères Depardon → GBH §25

Schwerpunkt: Grammatikaufgabe: *futur antérieur*
Lerntechnik: Gesetzmäßigkeiten anwenden
Sachfeld: Sport
Lösungsmöglichkeiten: → Cahier d'activités Lehrerausgabe

Vorschläge für Projekte und Klassenraumaktivitäten

Im Rahmen des Projektes SB S. 88 (C-Teil) könnten die Schüler in den Biographien der ausgewählten frankophonen Persönlichkeiten recherchieren, wie diese in ihrer Jugend wichtige Entscheidungen getroffen haben, die ihr Leben nachhaltig beeinflusst bzw. verändert haben. Diese Episoden könnten dann von den Schülern im Sinne des kreativen Schreibens in kurzen Texten wiedergegeben und mit Hilfe von Fotos und anderen Dokumenten zu Collagen verarbeitet werden, die im Klassenraum ausgehängt werden können.

Kopiervorlage D2/1

La banlieue côté gris: Banlieue rouge

1. Où aimerait-elle vivre?
   - cité Mireille Mathieu ☐
   - cité Lénine ☐
   - cité jardin de Stains ☐

2. Pourquoi déteste-t-elle le weekend?

3. Combien de chambres a-t-elle?

4. Où travaille-t-elle?

5. A quoi est-ce qu'elle compare la banlieue?

Kopiervorlage D3/1

Hausaufgabe/Devoir

Lisez les phrases et cochez la ou les bonnes réponses.

1. S'il pleut,	☐ il vient ce soir.	☐ il viendra ce soir.
2. Si je te le demande,	☐ tu répondras à mes questions?	☐ tu répondrais à mes questions?
3. Si elle avait le choix,	☐ elle choisit le métier de prof.	☐ elle choisirait le métier de prof.
4. Ils seraient contents,	☐ si nous venions leur rendre visite.	☐ si nous viendrions leur rendre visite.
5. Nous irons à Berlin,	☐ s'il ferait beau la semaine prochaine.	☐ s'il fait beau la semaine prochaine.

ISBN 978-3-12-523885-5

Kopiervorlage D3/2

Hörverstehen/Compréhension orale

Vous allez entendre une chanson «Le balcon de la cité». Avant de l'écouter lisez attentivement les questions.
– Après la première écoute vous commencerez à répondre aux questions.
– Après la deuxième écoute, vous compléterez vos réponses.
Répondez aux questions en cochant la bonne réponse. Vous écrirez pour terminer l'exercice un résumé de la chanson «Le balcon de la cité» et les mots-clés demandés.

Le balcon de la cité

1. Le chanteur est ☐ dans la rue. ☐ sur son balcon.
2. Il regarde ☐ la nuit tomber. ☐ le jour se lever.
3. Il n'y a personne dans la rue. ☐ vrai ☐ faux ☐ on ne sait pas
4. Il y a des filles. ☐ vrai ☐ faux ☐ on ne sait pas
5. Il y a des garçons. ☐ vrai ☐ faux ☐ on ne sait pas
6. Ils ont 20 ans. ☐ vrai ☐ faux ☐ on ne sait pas
7. Ils ne s'ennuient jamais. ☐ vrai ☐ faux ☐ on ne sait pas
8. Ils sont en colère. ☐ vrai ☐ faux ☐ on ne sait pas
9. Ils ont réparé des voitures. ☐ vrai ☐ faux ☐ on ne sait pas
10. Ils les ont brûlés. ☐ vrai ☐ faux ☐ on ne sait pas
11. Les policiers les ont aidés. ☐ vrai ☐ faux ☐ on ne sait pas
12. Les jeunes gens se sont cachés. ☐ vrai ☐ faux ☐ on ne sait pas
13. Les pères de ces jeunes gens ont dû nettoyer les bêtises de leurs enfants ☐ vrai ☐ faux ☐ on ne sait pas
14. Nettoyer, c'est leur métier. ☐ vrai ☐ faux ☐ on ne sait pas
15. La police leur a dit de nettoyer. ☐ vrai ☐ faux ☐ on ne sait pas
16. Les pères ne comprennent pas leurs enfants. ☐ vrai ☐ faux ☐ on ne sait pas

Ecrivez un résumé de la chanson «Le balcon de la cité».

Un soir, de son balcon, le chanteur regardait ______________________________

____

____

____

 ISBN 978-3-12-523885-5

Kopiervorlage D3/3

Hörverstehen/Compréhension orale

Vous allez entendre un texte. Avant de répondre aux questions, vous aurez:
– 1 minute pour lire les questions.
– une première écoute, puis 1 minute de pause pour commencer à répondre aux questions.
– une deuxième écoute, puis une minute de pause pour compléter vos réponses.
Répondez aux questions en cochant la bonne réponse ou en écrivant l'information demandée

Camping à la ferme

1. Les 6 jeunes habitent ☐ dans la banlieue de Lyon. ☐ dans la banlieue de Paris.
2. Les jeunes vont passer un mois ☐ à la campagne. ☐ dans un quartier de Lyon.
3. Ils doivent faire ☐ un TAG ☐ un TIG ☐ un TOG
4. Amar s'occupe d'eux. ☐ vrai ☐ faux
5. Pourquoi?
   Ils vont aider les élèves du collège. ☐ vrai ☐ faux
   Ils vont aider les gens du village. ☐ vrai ☐ faux
6. L'un des garçons, Assane, a une petite amie à qui il ______________ tout le temps.
7. Répondez aux questions:
   David a un chien. ☐ vrai ☐ faux
   C'est le maire qui a invité les jeunes. ☐ vrai ☐ faux
   Le maire du village est un homme. ☐ vrai ☐ faux
   La télévision régionale va faire un reportage sur les jeunes. ☐ vrai ☐ faux
   Tous les habitants du village sont contents de la politique du maire. ☐ vrai ☐ faux
   Le maire organise une fête pour les jeunes. ☐ vrai ☐ faux ☐ on ne sait pas
8. Le groupe fait du camping chez M. Lacombe qui a ☐ un fils. ☐ une fille. ☐ deux fils.
9. Anaïs est tombée amoureuse de Bouba. ☐ vrai ☐ faux
10. Assane ne doit pas travailler dur. Il s'occupe d' un ______________ paysan.
11. Luigi est devenu ☐ catholique. ☐ musulman.
12. Larbi et Luigi doivent restaurer ☐ l'école du village. ☐ l'église du village. ☐ le clocher de l'église.
13. Jean-Rachid et David travaillent avec Bébert ☐ dans les champs ☐ au stade
14. C'est Bébert qui fait le travail. ☐ vrai ☐ faux
15. L'idée du maire était de faire ______________ pour le village et pour elle.

  ISBN 978-3-12-523885-5

Kopiervorlage D3/4

Exercice de vocabulaire

Chacun lit un paragraphe du texte p. 31/32 et cherche la traduction des mots allemands de la liste.

allemand	français
ein Kirchturm	
eine Bürgermeisterin	
ein Bauer	
eine Gewohnheit	
ein Gemeindezentrum	
ein Feld	
ein Erzieher	
ein Muslime	
jmd. ähneln	
ehrgeizig	
anstrengend/ermüdend	
gewiss/sicher	

 ISBN 978-3-12-523885-5

Kopiervorlage D4/1

Leseverstehen/Compréhension écrite

1. Michaela Hartmann travaille ☐ en Allemagne ☐ en France
2. Elle fait ses études ☐ en Allemagne ☐ en France
3. a) Elle est professeur d'allemand. ☐
   b) Elle aide les élèves à apprendre l'allemand. ☐
   c) Elle est assistante d'allemand. ☐
4. a) Elle voulait connaître la culture française. ☐
   b) Elle voulait faire connaître, partager la culture allemande. ☐
5. Ses élèves ont presque le même âge ☐ vrai ☐ faux
   Ils sont proches d'elle: *Justifiez:* ils vont passer leur ______________________.
   Ils sont en ______________________.
6. Ils parlent bien l'allemand, mais l'écrivent mal. ☐ vrai ☐ faux
7. A midi, elle mange à la cantine. ☐ avec les professeurs. ☐ avec ses élèves.
8. Ses élèves voulaient connaître la littérature allemande. ☐ vrai ☐ faux
9. Ses élèves étaient curieux de la vie des jeunes Allemands. ☐ vrai ☐ faux
10. Pour eux, un Allemand boit de la bière au petit-déjeuner. ☐ vrai ☐ faux
11. Les Français ont des clichés sur l'Allemagne. ☐ vrai ☐ faux
12. En travaillant en France, Michaela a compris que les clichés sont ☐ vrai ☐ faux

  ISBN 978-3-12-523885-5

Kopiervorlage D5/1

La francophonie, qu'est-ce que c'est?

Travaillez ensemble en groupe et répondez en français aux questions.

1. Qui a inventé le mot «francophonie» et quand?

___

2. Quel est le statut du français dans les pays francophones?

___

3. A quel moment, le mot «francophonie» regagne en importance?

___

4. Quelle en est la conséquence pour les nouveaux Etats?

___

5. Trouvez une définition pour la francophonie.

___

6. Qu'est-ce que «l'OIF» ? Quelle est sa fonction?

___

7. Expliquez le rôle de Léopold Sédar Senghor dans l'histoire de la francophonie.

___

___

8. Combien y a-t-il de francophones dans le monde? 600 millions ou bien 175 millions de personnes? Expliquez.

___

___

 ISBN 978-3-12-523885-5

Kopiervorlage D5/2

Die Fragepronomen → GBH S. 29, 30

a *Lisez les phrases, puis répondez aux questions en allemand.*

– Je viens d'acheter un roman.	– Lequel?
– J'aime bien une des chanteuses.	– Laquelle?
– Ce soir, je resterai chez moi. J'ai mes raisons.	– Lesquelles?
– Hier, j'ai vu Amadou avec des copains.	– Avec lesquels?
– Tu peux me présenter à un des acteurs?	– Auquel?
– Dans ma famille, on parle souvent des poèmes que Senghor a écrits.	– Desquels?

1. Welches ist die Funktion der unterstrichenen Wörter?
2. Kennt ihr andere Wörter, die so ähnlich aussehen? Welche?
3. Erklärt die Zusammensetzung dieser Wörter.

b *Lisez les phrases, puis répondez aux questions en allemand.*

– A quoi pensez-vous?/Vous pensez à quoi?	
– De quoi parlez-vous?/Vous parlez de quoi?	
– Je ne sais pas quoi faire.	
– Je vais travailler au Sénégal.	– Quoi? Au Sénégal?
– Un «grigri», c'est quoi?	

1. Wann wird „quoi" gebraucht?
2. Worin besteht der Unterschied/bestehen die Unterschiede zu den oben stehenden Formen?

  ISBN 978-3-12-523885-5

Kopiervorlage D5/3

Ecouter: L'enfant noir (Delf-Aufgabe)

Vous allez entendre un extrait du roman autobiographique «L'enfant noir» de Camara Laye.
Vous aurez:
- *1 minute pour lire les questions;*
- *une première écoute, puis 3 minutes de pause pour commencer à répondre aux questions;*
- *une deuxième écoute, puis 2 minutes pour compléter vos réponses. Répondez aux questions en cochant la bonne réponse.*

L'enfant noir

1. Camara raconte une épisode de sa vie quand il était …
   ☐ enfant ☐ jeune ☐ adulte.
2. En ce temps-là, il avait ☐ 15/16 ans ☐ 20 ans ☐ 5/6 ans.
3. Camara était près de la case de son père quand, tout à coup, il a vu …
   ☐ un serpent qui avait de grands yeux noirs.
   ☐ un serpent qui dormait près de la case.
   ☐ un serpent qui n'était ni agressif ni méchant.
4. Il avait très peur du serpent qui s'approchait de lui.
   ☐ vrai ☐ faux
5. Le serpent a mordu Camara.
   ☐ vrai ☐ faux
6. La mère de Camara
   ☐ riait ☐ criait ☐ pleurait.
7. Un jour, Camara remarque un autre serpent. Il informe tout de suite sa mère.
   ☐ vrai ☐ faux
8. Les apprentis et les autres personnes de la forge veulent tuer le serpent.
   ☐ vrai ☐ faux
9. La mère de Camara veut protéger le serpent car il est …
   ☐ le talisman de son père ☐ l'ami de son père ☐ le génie de son père.
10. Camara va encore en parler à son père.
    ☐ vrai ☐ faux

Kopiervorlage D5/4

Cherchez les paires

je trouvais	plus-que-parfait	je trouverais	présent
futur simple	que je trouve	conditionnel présent	je trouvai
je trouverai	passé composé	j'ai trouvé	subjonctif présent
passé simple	j'avais trouvé	imparfait	je trouve

 ISBN 978-3-12-523885-5

Kopiervorlage C2/1

a. *Lisez le questionnaire ci-dessous puis écoutez les textes.*
Cochez la bonne réponse ou écrivez l'information demandée.

1. Au XIXe siècle, les ours disparaissent de France
   ☐ parce que les hommes les chassent.
   ☐ parce que les ours sont malades.
2. En ______________, il reste environ ______________ ours dans les Pyrénées.
3. Les Français interdisent la chasse à l'ours en ______________.
4. Mais les ours continuent de disparaître. ☐ vrai ☐ faux
5. A partir de ______________, la France fait venir des ours de Slovénie.
6. En 2006 les paysans de Haute-Garonne manifestent parce que la France
   ☐ veut tuer les derniers ours des Pyrénées.
   ☐ va faire venir des ours slovènes dans les Pyrénées.
7. Un ______________ tue ______________ moutons en 2005.
8. Les moutons
   ☐ ont été mangés par l'ours.
   ☐ ont eu peur et sont tombés dans un ravin.
9. Le 1er novembre 2004, un ______________ tue Cannelle, une ______________.
   C'était la dernière ourse originaire des ______________.
10. Il reste une question:
    ☐ l'ourson a-t-il été tué?
    ☐ l'ourson pourra-t-il vivre sans sa mère?

b. *Reprenez chronologiquement les informations notées et écrivez un petit résumé.*

____

____

____

____

____

____

  ISBN 978-3-12-523885-5

Kopiervorlage C3/1

Wortschatzarbeit

Voici une liste de mots français. En dessous, vous trouvez des mots en allemand. Mais attention, il y en a de trop! Ecrivez la bonne traduction dans la deuxième colonne.

mot français	traduction allemande
une arme	
prendre	
tirer	
en pierre	
une révolte	
se révolter contre qn	
un blessé	
le pouvoir	
détruire	
la Bastille	

Les mots allemands: ein Gewehr, aus Stein, können, ein Toter, zerstören, abfeuern, die Macht, eine Waffe, ein Aufstand, einnehmen, sich gegen jmd. auflehnen, eine Armee,

 ISBN 978-3-12-523885-5

Kopiervorlage C3/2

«Aux armes, citoyens!»

Lisez le texte à la page 75, puis répondez aux questions, en cochant la bonne réponse, ou en écrivant l'information demandée.

1. Ce texte a pour but de: ☐ présenter l'historien Michel Vovelle et son travail
☐ présenter des arguments pour faire une révolution
☐ informer sur la Révolution française.

2. Répondez aux questions:
a. Quel est le nom des pays qui ont connu une révolution à la même époque?
____
b. Quel est le nom de la grande démocratie née à la fin du XVIIIe siècle?
____
c. Quelle est l'année de la Révolution française?
____
d. Quelle est la différence entre une révolte et une révolution?
____

3. Cochez la bonne réponse:
a. La Révolution française a mis fin
☐ à la monarchie ☐ au règne de Louis XIV ☐ à l'esclavage.
b. Turgot et Necker étaient
☐ des hommes de grandes qualités ☐ des réformistes ☐ les deux.

4. Cochez les bonnes réponses et justifiez votre choix.
a. L'Ancien Régime était la République française.
☐ vrai ☐ faux
Justification: ______________________________
____
b. Le clergé (l'Eglise) était l'ordre le plus riche.
☐ vrai ☐ faux
Justification: ______________________________
____
c. Les paysans qui vivaient dans la misère ont fait la révolution de 1789.
☐ vrai ☐ faux
Justification: ______________________________
____

  ISBN 978-3-12-523885-5

Kopiervorlage C3/3

L'enfant et le miroir

Voici des questions sur le texte de la fable et des réponses. Reliez les questions et les bonnes réponses! Puis travaillez deux par deux. L'un pose la première question, l'autre donne la bonne réponse.

1. Qui revient chez ses parents?	a. Sa mère
2. Qu'est-ce qui l'étonne?	b. Un enfant élevé dans un village
3. Comment provoque-t-il son image?	c. Le mal lui est rendu
4. Pourquoi l'enfant se met-il en colère?	d. Le bien lui est rendu
5. L'enfant se fait mal aux mains. Comment?	e. En faisant une grimace
6. Qui vient le consoler?	f. Un miroir
7. Que se passe-t-il si l'enfant fait le bien.	g. Il frappe le miroir
8. Que se passe-t-il si l'enfant fait le mal	h. Il a peur de son image

 ISBN 978-3-12-523885-5

Kopiervorlage C3/4

Exercice d'écoute

Vous allez entendre un document. Pour le document, vous aurez:
– 1 minute pour lire les questions,
– une première écoute, puis 1 minute pour commencer à répondre aux questions,
– un deuxième écoute, puis 1 minute pour compléter vos réponses.
Répondez aux questions en cochant la bonne réponse, ou en écrivant l'information demandée.

1. Quel est le monument le plus visité de Paris? ____________________
2. Quel est le problème quand on veut visiter ce monument?
   ☐ il y a souvent trop de touristes ☐ il faut souvent attendre des heures
   ☐ les deux.
3. A quelle occasion, la France décide d'organiser à Paris une grande exposition?
   Pour fêter ☐ les 100 ans de la Révolution
   ☐ les 200 ans de la Révolution ☐ les 150 ans de la Révolution.
4. Pour l'exposition, on construira une tour de ____________________ mètres.
5. Les bords de la Seine deviennent un chantier entre
   ☐ les Invalides et le Trocadéro ☐ le Champ de Mars et le Palais de Chaillot
   ☐ les Invalides et le Champ de Mars.
6. Les visiteurs qui viennent du monde entier se rendent à Paris à pied, à cheval et en voiture. ☐ vrai ☐ faux ☐ on ne sait pas
7. Les Parisiens qui y viennent s'intéressent surtout aux nouvelles ____________ exposées au palais des Machines et en particulier au ____________________.
8. Les visiteurs voient monter la tour Eiffel et sont tous enthousiasmés par ce projet.
   ☐ vrai ☐ faux ☐ on ne sait pas
9. Qui n'aime pas la tour Eiffel? ☐ Les ouvriers ☐ Les écrivains ☐ Les artistes
10. Gustave Eiffel, lui, dit de son monument: «Il sera ____________________, ____________________ et ____________________.»
11. Les travaux à la tour Eiffel se terminent
    ☐ le 13 mars 1789 ☐ le 13 mars 1899 ☐ le 31 mars 1889.
12. Et un groupe de ☐ 25 personnes ☐ 50 personnes ☐ 20 personnes
    escalade avec Gustave Eiffel la célèbre tour qu'on appelle déjà la grande ____________ de fer.
13. Chacun d'entre eux a escaladé
    ☐ plus de 1700 marches ☐ 2700 marches ☐ plus de 2000 marches.
14. L'ingénieur Fulgence Bienvenüe a construit la première ligne de métro.
    ☐ vrai ☐ faux ☐ on ne sait pas
15. C'était à l'occasion de l'Exposition universelle de 1900.
    ☐ vrai ☐ faux ☐ on ne sait pas
16. Les travaux vont durer ____________ ans.
17. La première ligne relie la Porte de Vincennes et la Porte de Maillot.
    ☐ vrai ☐ faux ☐ on ne sait pas
18. Le trajet dure ☐ 35 minutes ☐ 25 minutes ☐ 20 minutes.

  ISBN 978-3-12-523885-5

Kopiervorlage C3/5

Die Adverbien *tant* und *autant*

Lisez les exemples suivants. Traduisez-les en allemand. Puis, répondez en allemand aux questions.

1. Pourquoi est-ce que tu as invité tant de copains à ta fête ?

___

2. Il a déjà fait tant de voyages.

___

3. Il est fatigué. Il a tant travaillé ce week-end.

___

4. Elle espère tant revoir son copain.

___

5. Il travaille tant que sa femme veut le quitter.

___

6. Elle a tant travaillé qu'elle a réussi.

___

7. Il a fait autant de fautes que Valérie.

___

8. Aujourd'hui, Marc a autant travaillé que Chris.

___

Die Fragen

Frage 1: Wie lautet die deutsche Übersetzung von „tant“ und „autant“?

Frage 2: Was sind „tant“ und „autant“ für Wortarten?

Frage 3: Drückt „tant“ in den Sätzen 3 und 4 eine

☐ Art und Weise ☐ Quantität ☐ Intensität aus?

Frage 4: In den Sätzen 5 und 6 steht ebenfalls „tant“. Hier aber in Verbindung mit „que“. Wozu dient „que“?

Frage 5: Welche Funktion hat „autant“ in den Sätzen 7 und 8?

 ISBN 978-3-12-523885-5

Kopiervorlage C3/6

Impression(niste)s! – Travail à deux

1. Lisez les phrases coupées en deux.
2 Écoutez le texte deux fois.
3. Retrouvez les phrases.
4. Vérifiez vos solutions en écoutant le texte une 3ème fois.

1) Quelle	a) la première exposition des peintres impressionnistes.
2) Des injures accueillirent	b) d'un tableau de Claude Monet
3) L'exposition d'abord	c) traita d'impressionnistes.
4) On se moqua	d) intitulé: «Impression, soleil levant».
5) Le public s'était mis	e) horreur!
6) Un journaliste les	f) l'admiration des foules.
7) Le tableau était	g) à aimer la nouvelle peinture.
8) Plus tard, l'exposition suscita	h) était synonyme de scandale.

Kopiervorlage C3/7

La biographie de Charles de Gaulle

22/11/1890	______________________
Seconde Guerre mondiale	______________________
1944	______________________
1958	______________________
22/01/1963	______________________
1967	______________________
mai 1968	______________________
1969	______________________
09/11/1970	______________________

  ISBN 978-3-12-523885-5

Kopiervorlage D2/1

La banlieue côté gris: Banlieue rouge

1. Où aimerait-elle vivre?
   - cité Mireille Mathieu ☒
   - cité Lénine ☐
   - cité jardin de Stains ☐

2. Pourquoi déteste-t-elle le weekend?

   Les Parisiens viennent faire leurs courses.

3. Combien de chambres a-t-elle?

   Deux pièces.

4. Où travaille-t-elle?

   Elle travaille sur le parking de Carrefour.

5. A quoi est-ce qu'elle compare la banlieue?

   Elle la compare à un mur d'usine, un graffiti.

Kopiervorlage D3/1

Hausaufgabe/Devoir

Lisez les phrases et cochez la ou les bonnes réponses.

1. S'il pleut,	☐ il vient ce soir.	☒ il viendra ce soir.
2. Si je te le demande,	☒ tu répondras à mes questions?	☐ tu répondrais à mes questions?
3. Si elle avait le choix,	☐ elle choisit le métier de prof.	☒ elle choisirait le métier de prof.
4. Ils seraient contents,	☒ si nous venions leur rendre visite.	☐ si nous viendrions leur rendre visite.
5. Nous irons à Berlin,	☐ s'il ferait beau la semaine prochaine.	☒ s'il fait beau la semaine prochaine.

 ISBN 978-3-12-523885-5

Kopiervorlage D3/2

Hörverstehen/Compréhension orale

Vous allez entendre une chanson «Le balcon de la cité». Avant de l'écouter lisez attentivement les questions.
– Après la première écoute vous commencerez à répondre aux questions.
– Après la deuxième écoute, vous compléterez vos réponses.
Répondez aux questions en cochant la bonne réponse. Vous écrirez pour terminer l'exercice un résumé de la chanson «Le balcon de la cité» et les mots-clés demandés.

Le balcon de la cité

1. Le chanteur est ☐ dans la rue. ☒ sur son balcon.
2. Il regarde ☒ la nuit tomber. ☐ le jour se lever.
3. Il n'y a personne dans la rue. ☐ vrai ☒ faux ☐ on ne sait pas
4. Il y a des filles. ☐ vrai ☐ faux ☒ on ne sait pas
5. Il y a des garçons. ☒ vrai ☐ faux ☐ on ne sait pas
6. Ils ont 20 ans. ☒ vrai ☐ faux ☐ on ne sait pas
7. Ils ne s'ennuient jamais. ☐ vrai ☐ faux ☒ on ne sait pas
8. Ils sont en colère. ☒ vrai ☐ faux ☐ on ne sait pas
9. Ils ont réparé des voitures. ☐ vrai ☒ faux ☐ on ne sait pas
10. Ils les ont brûlés. ☒ vrai ☐ faux ☐ on ne sait pas
11. Les policiers les ont aidés. ☐ vrai ☒ faux ☐ on ne sait pas
12. Les jeunes gens se sont cachés. ☒ vrai ☐ faux ☐ on ne sait pas
13. Les pères de ces jeunes gens ont dû nettoyer les bêtises de leurs enfants
    ☒ vrai ☐ faux ☐ on ne sait pas
14. Nettoyer, c'est leur métier. ☒ vrai ☐ faux ☐ on ne sait pas
15. La police leur a dit de nettoyer. ☐ vrai ☒ faux ☐ on ne sait pas
16. Les pères ne comprennent pas leurs enfants.
    ☒ vrai ☐ faux ☐ on ne sait pas

Ecrivez un résumé de la chanson «Le balcon de la cité».

Un soir, de son balcon, le chanteur regardait la nuit tomber. Dans la rue, il a vu des jeunes gens de 20 ans qui s'ennuyaient. Ils étaient en colère, alors ils ont brûlé des voitures. La police est arrivée et les jeunes gens se sont cachés. Le lendemain matin, leurs pères ont dû balayer les rues : C'est leur métier. Ils ne comprennent pas leurs enfants.

  ISBN 978-3-12-523885-5

Kopiervorlage D3/3

Hörverstehen/Compréhension orale

Vous allez entendre un texte. Avant de répondre aux questions, vous aurez:
- *1 minute pour lire les questions.*
- *une première écoute, puis 1 minute de pause pour commencer à répondre aux questions.*
- *une deuxième écoute, puis une minute de pause pour compléter vos réponses.*

Répondez aux questions en cochant la bonne réponse ou en écrivant l'information demandée

Camping à la ferme

1. Les 6 jeunes habitent ☐ dans la banlieue de Lyon. ☒ dans la banlieue de Paris.
2. Les jeunes vont passer un mois ☒ à la campagne. ☐ dans un quartier de Lyon.
3. Ils doivent faire ☐ un TAG ☒ un TIG ☐ un TOG
4. Amar s'occupe d'eux. ☒ vrai ☐ faux
5. Pourquoi?
   - Ils vont aider les élèves du collège. ☐ vrai ☒ faux
   - Ils vont aider les gens du village. ☒ vrai ☐ faux
6. L'un des garçons, Assane, a une petite amie à qui il *téléphone* tout le temps.
7. Répondez aux questions:
   - David a un chien. ☒ vrai ☐ faux
   - C'est le maire qui a invité les jeunes. ☐ vrai ☒ faux
   - Le maire du village est un homme. ☐ vrai ☒ faux
   - La télévision régionale va faire un reportage sur les jeunes. ☒ vrai ☐ faux
   - Tous les habitants du village sont contents de la politique du maire. ☐ vrai ☒ faux
   - Le maire organise une fête pour les jeunes. ☐ vrai ☐ faux ☒ on ne sait pas
8. Le groupe fait du camping chez M. Lacombe qui a ☐ un fils. ☒ une fille. ☐ deux fils.
9. Anaïs est tombée amoureuse de Bouba. ☒ vrai ☐ faux
10. Assane ne doit pas travailler dur. Il s'occupe d' un *vieux* paysan.
11. Luigi est devenu ☐ catholique. ☒ musulman.
12. Larbi et Luigi doivent restaurer ☐ l'école du village. ☐ l'église du village. ☒ le clocher de l'église.
13. Jean-Rachid et David travaillent avec Bébert ☐ dans les champs ☒ au stade
14. C'est Bébert qui fait le travail. ☒ vrai ☐ faux
15. L'idée du maire était de faire *de la publicité* pour le village et pour elle.

 ISBN 978-3-12-523885-5

Kopiervorlage D3/4

Exercice de vocabulaire

Chacun lit un paragraphe du texte p. 31/32 et cherche la traduction des mots allemands de la liste.

allemand	français
ein Kirchturm	*un clocher*
eine Bürgermeisterin	*une femme maire*
ein Bauer	*un paysan*
eine Gewohnheit	*une habitude*
ein Gemeindezentrum	*un centre social*
ein Feld	*un champ*
ein Erzieher	*un éducateur*
ein Muslime	*un musulman*
jmd. ähneln	*ressembler à qn*
ehrgeizig	*ambitieux/ambitieuse*
anstrengend/ermüdend	*fatigant/e*
gewiss/sicher	*certainement/sûrement*

  ISBN 978-3-12-523885-5

Kopiervorlage D4/1

Leseverstehen/Compréhension écrite

1. Michaela Hartmann travaille	[ ] en Allemagne	[x] en France
2. Elle fait ses études	[x] en Allemagne	[ ] en France
3. a) Elle est professeur d'allemand.	[ ]	
b) Elle aide les élèves à apprendre l'allemand.	[x]	
c) Elle est assistante d'allemand.	[x]	
4. a) Elle voulait connaître la culture française.		[x]
b) Elle voulait faire connaître, partager la culture allemande.		[x]
5. Ses élèves ont presque le même âge	[x] vrai	[ ] faux

Ils sont proches d'elle: *Justifiez:* ils vont passer leur *bac*. Ils sont en *terminale*.

6. Ils parlent bien l'allemand, mais l'écrivent mal.	[ ] vrai	[x] faux
7. A midi, elle mange à la cantine.	[ ] avec les professeurs. [x] avec ses élèves.	
8. Ses élèves voulaient connaître la littérature allemande.	[ ] vrai	[x] faux
9. Ses élèves étaient curieux de la vie des jeunes Allemands.	[x] vrai	[ ] faux
10. Pour eux, un Allemand boit de la bière au petit-déjeuner.	[x] vrai	[ ] faux
11. Les Français ont des clichés sur l'Allemagne.	[x] vrai	[ ] faux
12. En travaillant en France, Michaela a compris que les clichés sont	[ ] vrai	[x] faux

 ISBN 978-3-12-523885-5

Kopiervorlage D5/1

La francophonie, qu'est-ce que c'est?

1. *En 1880, un géographe français a inventé le mot «francophonie».*
2. *Soit le français est langue officielle, soit il est langue maternelle, soit c'est une langue de partage, une langue apprise à l'école en deuxième langue.*
3. *C'est in 1960 que le mot regagne en importance, quand es pays africains obtiennent leur indépendance.*
4. *Ils gardent grâce à la langue française des liens privilégiés avec la France et les pays francophones des autres continents.*
5. *La francophonie, espace politique et économique, est l'ensemble des pays et des régions où soit l'on parle français soit le français y jouit d'une place particulière, en y incluant des peuples différents. C'est une communauté d'intérêt qui a la langue française en partage.*
6. *L'OIF, c'est l'organisation internationale de la francophonie qui existe depuis 1997. Cette organisation est l'organe politique de la francophonie, elle a le statut d'observateur à l'Organisation des Nations Unies. Régulièrement, des conférences des chefs d'Etat et de gouvernements membres de la francophonie ont lieu.*
7. *C'est en 1960 que Léopold Sédar Senghor a eu l'idée de renforcer des liens entre les peuples qui parlent le français dans le monde. D'après lui, tous ces peuples sont forment une communauté politique et culturelle. Il est le «père de la francophonie».*
8. *Il y a 175 millions de vrais francophones dans le monde entier. Les pays appartenant à la francophonie comptent 600 millions d'habitants mais les habitants de ces pays ne connaissent pas tous le français : par exemple, on estime qu'en Roumanie 15 % de la population a appris le français langue étrangère.*

  ISBN 978-3-12-523885-5

Kopiervorlage D5/2

Die Fragepronomen → GBH S. 29, 30

a *Lisez les phrases, puis répondez aux questions en allemand.*

- Je viens d'acheter un roman. – Lequel?
- J'aime bien une des chanteuses. – Laquelle?
- Ce soir, je resterai chez moi. J'ai mes raisons. – Lesquelles?
- Hier, j'ai vu Amadou avec des copains. – Avec lesquels?
- Tu peux me présenter à un des acteurs? – Auquel?
- Dans ma famille, on parle souvent des poèmes que Senghor a écrits. – Desquels?

---

1. *Diese Pronomen sind Fragepronomen. Sie fragen nach Sachen oder Personen, von denen wir schon gesprochen haben.*
2. *Die Fragepronomen Lequel? Laquelle? usw. haben dieselbe Form wie die Relativpronomen lequel, laquelle usw.*
3. *Die Präpositionen «à» und «de» verschmelzen mit den Fragepronomen lequel, lesquels und lesquelles: auquel, auxquels, auxquelles, duquel, desquels, desquelles.*

---

b *Lisez les phrases, puis répondez aux questions en allemand.*

- A quoi pensez-vous?/Vous pensez à quoi?
- De quoi parlez-vous?/Vous parlez de quoi?
- Je ne sais pas quoi faire.
- Je vais travailler au Sénégal. – Quoi? Au Sénégal?
- Un «grigri», c'est quoi?

---

1. *Mit dem Pronomen „quoi" fragen wir nach Sachen. Damit drücken wir unser Erstaunen aus.*
2. *Hier steht „quoi" in einem Satz mit nachgestelltem Fragewort.*

 ISBN 978-3-12-523885-5

Kopiervorlage D5/3

Ecouter: L'enfant noir (Delf-Aufgabe)

Vous allez entendre un extrait du roman autobiographique «L'enfant noir» de Camara Laye.
Vous aurez:
- *1 minute pour lire les questions;*
- *une première écoute, puis 3 minutes de pause pour commencer à répondre aux questions;*
- *une deuxième écoute, puis 2 minutes pour compléter vos réponses. Répondez aux questions en cochant la bonne réponse.*

L'enfant noir

1. Camara raconte une épisode de sa vie quand il était …
   ☒ enfant ☐ jeune ☐ adulte.
2. En ce temps-là, il avait ☐ 15/16 ans ☐ 20 ans ☒ 5/6 ans.
3. Camara était près de la case de son père quand, tout à coup, il a vu …
   ☐ un serpent qui avait de grands yeux noirs.
   ☐ un serpent qui dormait près de la case.
   ☒ un serpent qui n'était ni agressif ni méchant.
4. Il avait très peur du serpent qui s'approchait de lui.
   ☐ vrai ☒ faux
5. Le serpent a mordu Camara.
   ☐ vrai ☒ faux
6. La mère de Camara
   ☐ riait ☒ criait ☐ pleurait.
7. Un jour, Camara remarque un autre serpent. Il informe tout de suite sa mère.
   ☒ vrai ☐ faux
8. Les apprentis et les autres personnes de la forge veulent tuer le serpent.
   ☐ vrai ☒ faux
9. La mère de Camara veut protéger le serpent car il est …
   ☐ le talisman de son père ☐ l'ami de son père ☒ le génie de son père.
10. Camara va encore en parler à son père.
    ☒ vrai ☐ faux

Kopiervorlage D5/4

Cherchez les paires

je trouvais	imparfait	je trouverais	conditionnel présent
subjonctif présent	que je trouve	passé simple	je trouvai
je trouverai	futur simple	j'ai trouvé	passé composé
plus-que-parfait	j'avais trouvé	présent	je trouve

  ISBN 978-3-12-523885-5

Kopiervorlage C2/1

a. *Lisez le questionnaire ci-dessous puis écoutez les textes. Cochez la bonne réponse ou écrivez l'information demandée.*

1. Au XIXe siècle, les ours disparaissent de France
   - [x] parce que les hommes les chassent.
   - [ ] parce que les ours sont malades.
2. En *1920*, il reste environ *200* ours dans les Pyrénées.
3. Les Français interdisent la chasse à l'ours en *1962*.
4. Mais les ours continuent de disparaître. [x] vrai [ ] faux
5. A partir de *1996*, la France fait venir des ours de Slovénie.
6. En 2006 les paysans de Haute-Garonne manifestent parce que la France
   - [ ] veut tuer les derniers ours des Pyrénées.
   - [x] va faire venir des ours slovènes dans les Pyrénées.
7. Un *ours* tue *162* moutons en 2005.
8. Les moutons
   - [ ] ont été mangés par l'ours.
   - [x] ont eu peur et sont tombés dans un ravin.
9. Le 1er novembre 2004, un *chasseur* tue Cannelle, une *ourse*.
   C'était la dernière ourse originaire des *Pyrénées*.
10. Il reste une question:
    - [ ] l'ourson a-t-il été tué?
    - [x] l'ourson pourra-t-il vivre sans sa mère?

b. *Reprenez chronologiquement les informations notées et écrivez un petit résumé.*

Au XIXe siècle les ours disparaissent de France parce que les hommes les chassent. En 1920, il reste environ 200 ours dans les Pyrénées. Malgré l'interdiction de la chasse en 1962 les ours continuent de disparaître.
En 1996, la France décide de faire venir des ours slovènes dans les Pyrénées.
Un chasseur tue, le 1er novembre 2004, Cannelle, la dernière ourse originaire des Pyrénées. On se demande si son petit va pouvoir survivre sans sa mère. En 2005, un ours tue 162 moutons et en 2006, les paysans de Haute-Garonne manifestent contre la venue d'ours slovènes dans les Pyrénées.

 ISBN 978-3-12-523885-5

Kopiervorlage C3/1

Wortschatzarbeit

Voici une liste de mots français. En dessous, vous trouvez des mots en allemand. Mais attention, il y en a de trop! Ecrivez la bonne traduction dans la deuxième colonne.

mot français	traduction allemande
une arme	*ein Gewehr/eine Waffe*
prendre	*einnehmen*
tirer	*abfeuern*
en pierre	*aus Stein*
une révolte	*ein Aufstand*
se révolter contre qn	*sich gegen jmd. auflehnen*
un blessé	*ein Verletzter*
le pouvoir	*die Macht*
détruire	*zerstören*
la Bastille	*die Bastille*

Les mots allemands: können, ein Toter, eine Armee

  ISBN 978-3-12-523885-5

Kopiervorlage C3/2

«Aux armes, citoyens!»

Lisez le texte à la page 75, puis répondez aux questions, en cochant la bonne réponse, ou en écrivant l'information demandée.

1. Ce texte a pour but de: ☐ présenter l'historien Michel Vovelle et son travail
☐ présenter des arguments pour faire une révolution
☒ informer sur la Révolution française.

2. Répondez aux questions:
   a. Quel est le nom des pays qui ont connu une révolution à la même époque?
   La Suisse, la Belgique, Les Pays-Bas, Les Etats-Unis
   b. Quel est le nom de la grande démocratie née à la fin du XVIIIe siècle?
   Les Etats-Unis
   c. Quelle est l'année de la Révolution française?
   1789
   d. Quelle est la différence entre une révolte et une révolution?
   Une révolution change l'histoire d'un pays.

3. Cochez la bonne réponse:
   a. La Révolution française a mis fin
   ☒ à la monarchie ☐ au règne de Louis XIV ☐ à l'esclavage.
   b. Turgot et Necker étaient
   ☐ des hommes de grandes qualités ☒ des réformistes ☐ les deux.

4. Cochez les bonnes réponses et justifiez votre choix.
   a. L'Ancien Régime était la République française.
   ☐ vrai ☒ faux
   Justification: *L'Ancien Régime était celui du Royaume de France.*
   b. Le clergé (l'Eglise) était l'ordre le plus riche.
   ☒ vrai ☐ faux
   Justification: *En premier, le clergé, l'eglise catholique qui était très riche.*
   c. Les paysans qui vivaient dans la misère ont fait la révolution de 1789.
   ☒ vrai ☐ faux
   Justification: *Les paysans devaient payer au seigneur des redevances très lourdes ... Ils ont pris la Bastille le 14 juillet 1789.*

Kopiervorlage C3/3

L'enfant et le miroir

Réponses: 1/b.; 2/ f.; 3/e.; 4/h.; 5/g.; 6/a.; 7/d.; 8/c.

 ISBN 978-3-12-523885-5

Kopiervorlage C3/4

Exercice d'écoute

Vous allez entendre un document. Pour le document, vous aurez:
– 1 minute pour lire les questions,
– une première écoute, puis 1 minute pour commencer à répondre aux questions,
– un deuxième écoute, puis 1 minute pour compléter vos réponses.
Répondez aux questions en cochant la bonne réponse, ou en écrivant l'information demandée.

1. Quel est le monument le plus visité de Paris? *La tour Eiffel*
2. Quel est le problème quand on veut visiter ce monument?
   [x] il y a souvent trop de touristes [x] il faut souvent attendre des heures
   [x] les deux.
3. A quelle occasion, la France décide d'organiser à Paris une grande exposition?
   Pour fêter [x] les 100 ans de la Révolution
   [ ] les 200 ans de la Révolution [ ] les 150 ans de la Révolution.
4. Pour l'exposition, on construira une tour de *300* mètres.
5. Les bords de la Seine deviennent un chantier entre
   [ ] les Invalides et le Trocadéro [ ] le Champ de Mars et le Palais de Chaillot
   [x] les Invalides et le Champ de Mars.
6. Les visiteurs qui viennent du monde entier se rendent à Paris à pied, à cheval et en voiture. [x] vrai [ ] faux [ ] on ne sait pas
7. Les Parisiens qui y viennent s'intéressent surtout aux nouvelles *inventions* exposées au palais des Machines et en particulier au *Palais de machines* .
8. Les visiteurs voient monter la tour Eiffel et sont tous enthousiasmés par ce projet.
   [ ] vrai [x] faux [ ] on ne sait pas
9. Qui n'aime pas la tour Eiffel? [ ] Les ouvriers [x] Les écrivains [x] Les artistes
10. Gustave Eiffel, lui, dit de son monument: «Il sera *beau* , *colossal* et *utile* .»
11. Les travaux à la tour Eiffel se terminent
    [ ] le 13 mars 1789 [ ] le 13 mars 1899 [x] le 31 mars 1889.
12. Et un groupe de [ ] 25 personnes [x] 50 personnes [ ] 20 personnes
    escalade avec Gustave Eiffel la célèbre tour qu'on appelle déjà la grande *Dame* de fer.
13. Chacun d'entre eux a escaladé
    [x] plus de 1700 marches [ ] 2700 marches [ ] plus de 2000 marches.
14. L'ingénieur Fulgence Bienvenüe a construit la première ligne de métro.
    [x] vrai [ ] faux [ ] on ne sait pas
15. C'était à l'occasion de l'Exposition universelle de 1900.
    [x] vrai [ ] faux [ ] on ne sait pas
16. Les travaux vont durer *deux* ans.
17. La première ligne relie la Porte de Vincennes et la Porte de Maillot.
    [x] vrai [ ] faux [ ] on ne sait pas
18. Le trajet dure [ ] 35 minutes [x] 25 minutes [ ] 20 minutes.

  ISBN 978-3-12-523885-5

Kopiervorlage C3/5

Die Adverbien *tant* und *autant*

Lisez les exemples suivants. Traduisez-les en allemand. Puis, répondez en allemand aux questions.

1. Pourquoi est-ce que tu as invité tant de copains à ta fête ?
   Warum hast du so viele Freunde zu deinem Fest eingeladen?
2. Il a déjà fait tant de voyages.
   Er hat schon so viele Reisen gemacht.
3. Il est fatigué. Il a tant travaillé ce week-end.
   Er ist müde. Er hat an diesem Wochenende so viel gearbeitet.
4. Elle espère tant revoir son copain.
   Sie hofft so sehr ihren Freund wieder zu sehen.
5. Il travaille tant que sa femme veut le quitter.
   Er arbeitet so viel, dass ihn seine Frau verlassen möchte/will.
6. Elle a tant travaillé qu'elle a réussi.
   Sie hat so viel gelernt, dass sie bestanden hat.
7. Il a fait autant de fautes que Valérie.
   Er hat genauso viele Fehler gemacht wie Valérie.
8. Aujourd'hui, Marc a autant travaillé que Chris.
   Er hat genauso viele Fehler gemacht wie Valérie.

Die Fragen

Frage 1: *„so sehr" und „genauso"*

Frage 2: *Adverbien*

Frage 3: Drückt „tant" in den Sätzen 3 und 4 eine

☐ Art und Weise ☐ Quantität ☒ Intensität aus?

Frage 4: *„Que" drückt hier das erreichte Ziel aus*

Frage 5: *Vergleich*

 ISBN 978-3-12-523885-5

Kopiervorlage C3/6

Impression(niste)s! – Travail à deux

1) à e); 2) à a); 3) à h); 4) à b); 5) à g); 6) à c); 7) à d); 8) à f)

Kopiervorlage C3/7

La biographie de Charles de Gaulle

22/11/1890	*naissance à Lille*
Seconde Guerre mondiale	*en exil à Londres, puis à Alger (organise la Résistance)*
1944	*entrée en héros dans Paris libéré*
1958	*devient Président de la République*
22/01/1963	*signature du «traité de l'Elysée» avec Adenauer (marque la réconciliation des deux ennemis d'hier)*
1967	*visite officielle au Canada (est pour l'indépendance de la province francophone du Québec)*
mai 1968	*révolte contre de Gaulle*
1969	*de Gaulle quitte le pouvoir*
09/11/1970	*mort de de Gaulle*

  ISBN 978-3-12-523885-5

Hörtexte Schülerbuch

Dossier 1

Ex. C3 Ecouter: Elle m'a dit

Je crois que je ne t'aime plus
Elle m'a dit ça hier
Ça a claqué dans l'air
Comme un coup de revolver

Je crois que je ne t'aime plus
Elle a jeté ça hier
Entre le fromage et le dessert
Comme mon cadavre à la mer

Je crois que je ne t'aime plus
Ta peau est du papier de verre
Sous mes doigts ... sous mes doigts
Je te regarde et je pleure
Juste pour rien ... comme ça.

Sans raison je pleure
A gros bouillons je pleure
Comme devant un oignon je pleure,
arrêtons là ...
Lalala ...

Elle m'a dit, Elle m'a dit

Je crois que je ne t'aime plus
Relève-toi, relève-toi
Ne te mouche pas dans ma robe
Pas cette fois, relève-toi.

Tu n'as plus d'odeur
Tes lèvres sont le marbre
De la tombe de notre amour
Elle m'a dit ça son sang était froid

Quand je fais l'amour avec toi
Je pense à lui
Quand je fais l'amour avec lui
Je ne pense plus à toi
Lalala ...

Elle m'a dit, Elle m'a dit

Je crois que je ne t'aime plus
Elle m'a dit ça hier
Ça a pété dans l'air
Comme un vieux coup de tonnerre

Je crois que je ne t'aime plus
Je te regarde et je ne vois rien
Tes pas ne laissent plus de traces
A coté des miens

Je ne t'en veux pas
Je ne t'en veux plus
Je n'ai juste plus d'incendie
Au fond du ventre c'est comme ça
Lalala ...

Elle m'a dit, Elle m'a dit

Alors j'ai éteint la télé
Mais je n'ai pas trouvé le courage
Par la fenêtre de me jeter
Mourir d'amour n'est plus de mon âge

Elle m'a dit, Elle m'a dit

Bruno Caliciuri

Dossier 5

Entrée

1. *Aminata :* Salut! Je m'appelle Aminata et je suis de Dakar. Vous connaissez le «Paris – Dakar»? Moi personnellement, je ne l'aime pas à cause de la pollution surtout dans le désert.
2. *Alisson :* Bonjour, je m'appelle Alisson. J'ai 16 ans, je suis de Tahiti. Peut-être que vous connaissez les fameuses perles de mon île?
3. *Aimé :* Bonjour, moi, c'est Aimé. J'habite à Saint-Denis de la Réunion. Chez nous, il y a un volcan qui s'appelle la Fournaise. En ce moment, il est très actif.

Texte A4

Femme noire, femme africaine

Femme nue, femme noire/Vêtue de ta couleur qui est vie, de ta forme qui est beauté !/J'ai grandi à ton ombre ; la douceur de tes mains bandait mes yeux./Et voilà qu'au cœur de l'Été et de Midi, je te découvre, Terre promise, du haut d'un haut col calciné/Et ta beauté me foudroie en plein cœur, comme l'éclair d'un aigle./Femme nue, femme obscure,/Fruit mûr à la chair ferme, sombres extases du vin noir, bouche qui fait lyrique ma bouche/Savane aux horizons purs, savane qui frémit aux caresses ferventes du Vent d'Est/Tamtam sculpté, tamtam tendu qui gronde sous les doigts du vainqueur
Ta voix grave de contralto est le chant spirituel de l'Aimée.
Femme nue, femme obscure/Huile que ne ride nul souffle, huile calme aux flancs de l'athlète, aux flancs des princes du Mali/Gazelle aux attaches célestes, les perles sont étoiles sur la nuit de ta peau/Délices des jeux de l'esprit,

les reflets de l'or rouge sur ta peau qui se moire/A l'ombre de ta chevelure, s'éclaire mon angoisse aux soleils prochains de tes yeux./ Femme nue, femme noire/Je chante ta beauté qui passe, forme que je fixe dans l'Eternel/ Avant que le Destin jaloux ne te réduise en cendres pour nourrir les racines de la vie.
Chants d'Ombre 1945

A la carte 1

Ex. 1. Ecouter: La météo à la radio

RTL
Journaliste 1: Valérie Quintin, ce samedi 27 janvier, plein soleil à Narbonne, à la Seyne-sur-Mer aussi ou à Calvi.
Journaliste 2: Oui, c'est vrai qu'il fera très beau sur les régions méditerranéennes mais alors comme souvent dans ces cas-là ce sera au prix de vents violents... Mistral et tramontane vont flirter souvent avec les 100km/heure en pointe et à noter qu'il fera très beau également sur les Alpes et sur les Pyrénées.
Journaliste 1: Partout ailleurs, une majorité de nuages mais aussi de belles éclaircies possibles par endroits
Journaliste 2: Bon alors ce matin faut pas compter dessus, bon ça c'est clair, mais c'est vrai qu'au fil des heures des éclaircies vont se développer sur le Nord, la Picardie, l'Ile de France, la Normandie, les pays de Loire, l'Aquitaine et le Midi-Pyrénées.
Ça va rester plus chargé, mais sans vraiment mauvais temps sur la Bretagne, le centre et le Poitou-Charentes.
Journaliste 1: Et des chutes de neige, eh oui, du Limousin à l'Alsace ...Et ça tombe en ce moment... d'ailleurs en Alsace et en Franche-Comté notamment. Donc pour le Nord-est, le Lyonnais, l'Auvergne, des chutes de neige faibles pourront se produire à tout moment de la journée. Pour l'instant, donc c'est le cas également sur la Lorraine également, sur l'Alsace... Le Limousin aura le droit à quelques flocons voire quelques bruines verglaçantes surtout au cours de la matinée...
Journaliste 2: Les températures dans la fourchette: -1... 14... ça remonte. Oui, alors pour ce matin, en tout cas, c'est encore Aurillac qui s'y colle avec la température la plus basse: -15 degrés actuellement. Il fera cet après-midi 1 degré à Chambéry... 2 à Clermont-Ferrand 3 à Tarbes... 4 degrés à Strasbourg et Montélimar 5 à Mont-de-Marsan 6 à Reims 7 à Paris et au Mans 8 degrés à Nîmes et à Dieppe 10 à Brest et 11 degrés à Nice.

Ex. 5. Ecouter: Un reportage de sport

1. (TF1): Au Tournoi ATP de tennis de Rotterdam, le Suisse Roger Feder a battu le Français Paul-Henri Matthieu. TF1 vous remontrera les images du match dans le journal de 20 heures.
2. (France 2) Dans France-foot, ce soir, vous assiterez au match Lyon-Marseille pour la Coupe de France. Vous pourrez consulter les résultats du match sur notre site : www.france2.fr
3. (TV5 Monde) Le journal de TV5 : Bonsoir, Aux championnats du monde de natation, la France est en bonne position ...
4. (ARTE) Ce soir, sur ARTE : Le cheval et l'homme. De la course à cheval au rodéo en passant par les chevaux de ferme, vous saurez tout sur ce noble animal, ami de l'homme.

A la carte 3

Texte D Au-delà du texte: Discours du Général de Gaulle

25 août 1944
Hôtel de ville de Paris

«Et Pourquoi voulez-vous que nous dissimulions l'émotion qui nous étreint tous, hommes et femmes, qui sommes ici, qui sommes ici chez nous, dans Paris levé, debout pour se libérer et qui a su le faire de ses mains. Non ! Nous ne dissimulerons pas cette émotion profonde et sacrée. Il y a là des minutes, nous le sentons tous, qui dépassent chacune de nos pauvres vies. Paris ! Paris outragé, Paris brisé, Paris martyrisé, mais Paris libéré! Libéré par lui-même, libéré par son peuple avec le concours des armées de la France, avec l'appui et le concours de la France toute entière, de la France qui se bat, de la seule France, de la vraie France, de la France éternelle. Eh bien ! Puisque Paris est libéré, puisque l'ennemi qui le tenait a capitulé dans nos mains, la France rentre à Paris, chez elle. Elle y rentre sanglante, mais elle y rentre bien résolue. Elle y rentre, éclairée par l'immense leçon, mais elle y rentre plus certaine que jamais de ses devoirs et de ses droits. Je dis d'abord de ses devoirs, et je les exprimerai tous pour le moment en disant qu'il s'agit de la guerre. L'ennemi chancelle, l'ennemi n'est pas encore abattu. Il en reste sur notre sol. Et il ne suffira même pas que nous l'ayons, avec le concours de nos chers et admirables alliés, chassé de chez nous pour que nous nous tenions pour satisfaits après ce qui s'est passé. Nous voulons sur son territoire entrer comme il se doit, en vainqueurs. C'est pour cela que l'avant-garde française est entrée à Paris à coups de canon. C'est pour cela que la grande armée française d'Italie a débarqué dans le Midi et remonte rapidement la vallée du Rhône. C'est pour cela que nos braves et chères forces de l'intérieur vont devenir des unités modernes. C'est pour avoir cette revanche, cette vengeance, et en même temps, cette justice que nous saurons continuer de nous battre jusqu'au dernier jour, jusqu'au jour de la victoire totale et complète, la seule qui puisse nous satisfaire. Ce devoir de guerre, tous les hommes qui sont ici, tous ceux qui nous entendront en France savent bien qu'il comporte d'autres devoirs dont le principal s'appelle l'unité nationale!»

Hörtexte Cahier d'activités

Dossier 1

Exercice 8: Ecouter: Frères et sœurs

David: Salut, Radio Ados, c'est David! SOS, j'ai besoin de toi et de vous tous les copains qui écoutez Radio Ados. Aidez-moi ou je vais faire une bêtise. Je vous appelle parce que j'en ai plus qu'assez de mon frère et de ma sœur. A cause d'eux, ma vie est un enfer. Ils passent leur temps à m'énerver. J'aimerais bien être le seul enfant de la famille. Mais voilà, je suis le plus petit et je dois toujours faire ce qu'ils veulent. Je suis un peu leur esclave. Ils me font sortir la poubelle à leur place ou promener le chien ou acheter le pain. A la maison, je ne peux jamais décider de ce que j'ai envie de faire. Ils sont toujours derrière moi. Ils me volent mon argent de poche, ils prennent mes affaires. Si on regarde la télé, ils choisissent le programme. En plus, on dirait que les parents ne voient rien. Ils croient toujours ce que mon frère et ma sœur racontent et ils sont toujours d'accord avec eux. Moi, personne ne m'écoute, personne ne fait attention à ce que je dis. Pour les parents, je suis encore un bébé. Un bébé de dix-sept ans! Je n'en peux plus. J'ai envie de partir de cette maison. Je ne vois pas de solution. Dis, Radio Ados, qu'est-ce que je pourrais faire pour qu'ils comprennent que j'en ai assez et que ça doit changer? Merci de me répondre. A bientôt, Radio Ados!

Dossier 2

Exercice 5: Ecouter: Une interview avec les élèves …

David, jeune journaliste de Radio Ado, fait une interview avec des élèves du collège Jean-Jaurès.

David: Bonjour, chers auditeurs. Aujourd'hui, je vais vous présenter quatre élèves du collège Jean Jaurès à Pantin qui ont écrit des poèmes en classe avec leur professeur, Boris Seguin. Ils ont eu un grand succès avec leur livre. Youssef, comment est-ce que tu as réagi quand M. Seguin vous a proposé d'écrire des poèmes?
Youssef: Au début, on s'est moqués de lui. On trouvait son idée trop nulle, mais très vite on a compris que ce n'était pas si bête que ça.
David: Qu'est-ce que vous faisiez au collège avant l'arrivée de M. Seguin?
Youssef: Avant, on ne faisait rien, on oubliait de faire nos devoirs, et nos notes étaient une catastrophe.On trouvait que l'école, c'était nul. La seule chose qu'on aimait assez, c'était la lecture, Fatya?
Fatya: Oui, c'est vrai. Alors, quand M. Seguin nous a proposé d'écrire des poèmes, nous avons choisi des thèmes qui nous intéressaient: la banlieue, les voisins, l'école, l'amour, nos problèmes. Ce qui était bien c'était que M. Seguin nous respectait, qu'il se mettait de notre côté, qu'il nous donnait des conseils et qu'il nous comprenait.
David: Mikki, qu'est-ce que ça a changé pour toi d'écrire des poèmes?
Mikki: Avant, je n'avais jamais écrit des poèmes. Alors, ça m'a donné confiance en moi, et ça m'a permis de mieux m'exprimer. Je me sentais plus forte pour faire mes devoirs et dans la rue, j'étais plus sûre de moi. Avant, quand j'étais avec mes copines et mes copains, j'avais peur de dire ce que je pensais. Maintenant, je n'ai plus de problèmes pour m'exprimer.
David: Et toi, Tony. Pourquoi est-ce que la poésie a été importante pour toi?

Tony: Ça m'a aidé à mieux comprendre la banlieue. Avant, je pensais que c'était nul: Maintenant, je ne sais plus si la banlieue, c'est bien ou mal.
David: Merci pour cette interview, les jeunes. C'était très intéressant.

Dossier 3

Exercice 6: Ecouter: Etre maire de son village.

Présentateur: Dans l'actualité ce matin, les élections ... Portrait d'un jeune maire avec Virginie Boulet.
Virginie Boulet: A 21 ans, Frédéric voulait faire le tour du monde à vélo. Un vieux rêve qu'il a depuis très longtemps. Maintenant, son voyage devra attendre un peu, car Frédéric est devenu maire d'un village de 533 habitants le jour de son 21e anniversaire.
«Ce n'est peut-être pas un grand village, et je peux bien sûr prendre des vacances, mais pas question de partir très longtemps, car il y a toujours quelque chose à faire», explique Frédéric.
Quand on est maire, même dans un petit village, il faut donner beaucoup de son temps libre ... il y a toujours des problèmes, et il faut trouver des solutions. Par exemple, il y a des voisins qui ne s'entendent pas, des poubelles qu'on n'a pas ramassées, et les problèmes de la pollution ... Frédéric est l'un des plus jeunes maires de France.
«C'est un peu le hasard», raconte-t-il.
«Comme partout, personne ne voulait devenir maire du village.»
Frédéric était le plus jeune du conseil municipal. C'est pour cette raison que ses collègues l'ont élu. Frédéric a réfléchi quelques secondes, puis il a accepté. Pour lui, la vie du village, c'est important. Depuis toujours, il a fait beaucoup de choses. Par exemple, en plus de ses études, il a donné des cours de judo aux jeunes du village.
«J'aurais pu aller aider en Afrique», explique-t-il. «Pour le moment, je reste ici, dans mon village. Un jour, peut-être, j'irai dans un autre pays aider les gens qui manquent de tout».
Les habitants du village sont contents d'avoir un maire jeune. Ils pensent que leur commune va bouger maintenant. Frédéric n'a pas de projets fous pour sa commune. Il veut surtout se battre pour que le village garde son école. Certains voudraient la fermer, et les enfants du village devraient aller à l'école de la ville d'à côté.
«L'école, c'est le cœur du village», dit-il. «Sans école, sans enfants, le village meurt. Et, moi, je veux qu'il vive. Notre village ne doit pas devenir un lieu de promenade ou un parcours de santé ou encore une banlieue verte pour les habitants des grandes villes le week-end!»

Dossier 4

Exercice 9: Ecouter: Mieux comprendre les Français

Texte 1:
Monsieur Krug va partir avec 18 élèves de quinze à seize ans à Paris. Les élèves font un échange avec un collège. Dans ses cours de français, monsieur Krug essaie de leur expliquer que dans certaines situations les Français réagissent différemment par rapport aux Allemands. Il veut que la surprise ne soit pas trop grande et que les élèves essaient de comprendre. Pour cette raison, il leur présente quelques situations typiques.

Texte 2:
M. Krug: Alors, vous êtes à Paris et vous voulez traverser la rue à un feu rouge. Eh bien, vous allez voir que beaucoup de Français ne respectent pas le feu rouge et traversent la rue, même s'il y a un policier. C'est comme ça en France. Mais ne faites pas comme eux même si vos copains français vont se moquer de vous. Les Français aiment se moquer des Allemands qui attendent devant un feu rouge même s'il n'y a aucune voiture qui arrive.

Texte 3:
M. Krug: Vous arrivez dans un café ou un restaurant et vous voulez vous asseoir. Attention: Ne vous asseyez jamais à une table occupée, même s'il y a seulement une personne. Quand vous voulez payer, appelez le monsieur qui vous a servi. Si vous voulez lui donner un peu d'argent pour le service, laissez-le sur la petite assiette sur laquelle il a mis l'addition. Vous pouvez partir sans le lui donner personnellement.

Texte 4:
M. Krug: Vous êtes invités à dîner chez un ami de votre correspondant à huit heures du soir. Attention, n'arrivez pas à huit heures. Il est possible que la mère de cet ami soit encore

sous la douche ou soit en train de se maquiller. Prenez votre temps et arrivez un quart d'heure ou vingt minutes plus tard. En plus, si vous apportez des fleurs, n'enlevez pas le papier comme vous le feriez peut-être en Allemagne. Si vous apportez un cadeau, par exemple des chocolats, des gâteaux ou une bouteille de champagne, il est normal que la mère de votre correspondant ouvre le cadeau et offre ce qu'elle a reçu au cours de la soirée aux invités qui sont là. En France, on ouvre les cadeaux tout de suite. Ce n'est pas une gaffe, c'est comme ça.

Dossier 5

Exercice 6: Ecouter: Léopoldine, le français et l'arbre à palabres

Je m'appelle Léopoldine. Je suis née à Dakar et je suis prof de français à Lille. J'ai presque toujours vécu en France et toute ma famille y vit depuis longtemps: mes tantes, mes cousins. Je ne rentre qu'une fois par an au Sénégal pour voir ma vieille grand-mère. Elle me manque beaucoup quand je suis loin d'elle, même à mon âge: j'ai 40 ans. C'est ma grand-mère qui m'a donné mon prénom Léopoldine à cause de Léopold Sédar Senghor pour qui elle avait beaucoup de respect. Mes parents ont accepté pour lui faire plaisir. C'est elle aussi qui m'a donné envie de devenir professeur de français. Elle me lisait des poésies et me donnait des livres quand j'étais petite.
Les premières années, quand j'ai été prof, à chaque rentrée, c'était la même chose. Quand les jeunes découvraient que j'étais leur prof de français, ils n'y croyaient pas ou ils se demandaient si c'était sérieux, si on ne se moquait pas d'eux. Ils n'avaient jamais eu de prof noir. Aujourd'hui, je suis prof dans le même lycée depuis huit ans. Les élèves me connaissent et ils savent qu'avec moi, ils ne vont pas s'ennuyer en cours de français. J'aime tellement cette langue que j'ai envie aussi que mes élèves l'aiment. Je fais tout ce qui est possible: on va au cinéma, au théâtre, on fait des concours de poésie, on organise des soirées théâtre. On a même fait un arbre à palabres au CDI. En Afrique, les anciens se retrouvent sous l'arbre à palabres pour discuter ensemble quand il faut décider quelque chose, quand il y a un problème. Dans mon lycée, j'emmène les élèves s'asseoir sous notre arbre à palabres une fois par mois. Notre arbre n'est qu'en papier et je n'attends pas d'avoir des problèmes pour les y conduire. L'important, c'est de parler, l'un après l'autre. Les élèves attendent leur tour; ils apprennent à écouter les autres et à exprimer leurs sentiments. Les élèves adorent aller sous l'arbre à palabres. Pour moi, c'est ça, la francophonie: vivre en France, mais sans oublier que je viens d'Afrique.

A la carte 1

Exercice 11: Ecouter: Une information de France Info

Voix féminine: Vous écoutez France Info. Il est 14 h 27. Une nouvelle chaîne pour le public international. Ecoutez le reportage de Gilles Fleury.
Voix masculine: Une nouvelle chaîne internationale: France 24. France 24 est la première chaîne de télévision française d'informations. Elle s'adresse aux spectateurs internationaux. Elle est en concurrence directe avec la chaîne américaine CNN International, la chaîne anglaise BBC World et la chaîne arabe Al Jazira. France 24 émet sur Internet, sur le câble et le satellite en France, en Europe, dans le monde arabe et en Amérique du Nord. Il y a des émissions en français, en anglais et en espagnol. Depuis le 2 avril 2007, il y a aussi quatre heures de programmes en langue arabe pour les téléspectateurs du monde arabe. 380 personnes dont 170 journalistes de 30 nationalités réalisent des journaux télévisés de 10 minutes, 24 h sur 24, toutes les demi-heures. L'équipe France 24 se sert surtout d'images des chaînes françaises TF1 et France Télévision. Au programme, il y a des informations politiques et des reportages qui parlent du sport, des sciences, de la santé, de la cuisine et aussi de la culture française. Deux mois après la première émission, un sondage montre que 75 % des Français interrogés pensent que France 24 est très utile et nécessaire.

A la carte 2

Exercice 5: Ecouter: Le nom des ours

Animateur: Bonjour Virginie, aujourd'hui vous cherchez un nom pour un bébé … en fait un bébé ours. C'est bien cela?
Virginie: Oui et je ne suis pas la seule! L'association «Pays des ours» a reçu beaucoup

d'idées. Déjà 8000 noms ont été proposés pour les ours qui sont nés depuis le début de cette année 2007 dans les Pyrénées. L'année dernière, l'association «Pays des ours» en avait reçu 10 000 en tout. Pour l'association, ce succès montre que la population veut garder les ours dans les montagnes. D'ailleurs, un sondage indique que 77 % des Français sont pour le retour de l'ours dans les Pyrénées. Depuis longtemps dans les Pyrénées, il est très important de donner un nom aux ours. Dans cette région, des légendes racontent que l'ours est un parent de l'homme et qu'il le comprend. Il y a même un proverbe qui dit «Ne tue pas l'ours, c'est ton père!» C'est pourquoi les gens ne devaient jamais appeler l'ours «ours». Ils ne devaient même pas dire le mot. Ils lui donnaient un nom pour qu'il ne comprenne pas qu'on parlait de lui. Souvent, les habitants des Pyrénées l'appelaient «le gros» ou «le vieux».
Ils lui donnaient aussi des prénoms ordinaires comme Martin ou Dominique. Aujourd'hui, les noms des ours correspondent aux noms des villages des Pyrénées, des montagnes, des rivières. Par exemple, en 2006, on avait appelé Franska une ourse qui venait de Slovénie. En slovène, son nom voulait dire France. Il y eut aussi Chocolat et Cannelle à cause de la couleur de l'animal. Mellba pour l'ours qui avait été lâché dans la commune de Melles. Et si vous aussi vous avez une idée, alors, rendez-vous sur Internet sur le site www.paysdelours.com. Vous avez jusqu'au 5 avril pour proposer un nom. Ensuite, entre le 5 et le 15 avril, les maires et les conseils municipaux de la région choisiront les noms définitifs. Ceux qui auront proposé ces noms recevront un ours ... enfin pas un vrai!

A la carte 3

Exercice 2: Ecouter: Appel du général de Gaulle du 22 juin 1940

Speaker: Vous allez entendre maintenant une déclaration de la plus grande importance que va vous faire le général de Gaulle.

Général de Gaulle: Le gouvernement français, après avoir demandé l'armistice, connaît maintenant les conditions dictées par l'ennemi. Il résulte de ces conditions que les forces françaises de terre, de mer et de l'air seraient entièrement démobilisées, que nos armes seraient livrées, que le territoire français serait totalement occupé et que le gouvernement français tomberait sous la dépendance de l'Allemagne et de l'Italie. On peut donc dire que cet armistice serait non seulement une capitulation mais encore un asservissement. Or beaucoup de Français n'acceptent pas la capitulation ni la servitude. Pour des raisons qui s'appellent l'honneur, le bon sens, l'intérêt supérieur de la patrie. Moi, général de Gaulle, j'entreprends ici, en Angleterre, cette tache nationale. J'invite tous les militaires français des armées de terre, de mer et de l'air. J'invite les ingénieurs et les ouvriers français spécialistes de l'armement, qui se trouvent en territoire britannique ou qui pourraient y parvenir à se réunir à moi. J'invite les chefs, les soldats, les marins, les aviateurs des forces françaises de terre, de mer, de l'air, où qu'ils se trouvent actuellement, à se mettre en rapport avec moi. J'invite tous les Français qui veulent rester libres à m'écouter et à me suivre. Vive la France libre dans l'honneur et dans l'indépendance.

A la carte 3

Exercice 7: Ecouter: Bläck Fööss «Frankreich, Frankreich»

Ich kauf mir ein Baguette
und treff mich mit Jeanette
Da kommt auch noch Claudette
Claudette ist auch sehr nett
Baguette, Jeanette, Claudette, so nett
Et moi: Oh la, la, la, la, la.

Wir gehen dann zum Strand
und liegen dort im Sand
ich rauch ein Cigarette
mit Jeanette und Claudette
Baguette, Jeanette, Claudette, une cigarette
Et moi: Oh la, la, la, la, la.
Frankreich, Frankreich,
Frankreich, Frankreich,
Frankreich, Frankreich,
Frankreich

Ich werde wach mit Schreck
meine Cigarette sind weg
und auch noch das Baguette
wo sind Jeanette und Claudette
Cigarette, Baguette, Jeanette, Claudette,
sind weg
O la la la la la

Bonsoir (Bon Soir) Herr Kommissar
O la la sie sind schon da